금융관계법규

Financial Relations Lows

황인태 · 오근혜 · 조인영

형지사

머리말

최근 우리나라 금융산업의 건전성과 경영효율성을 확보하기 위한 선진화되고 국제화된 금융시스템의 확립과 금융시장의 육성은 아무리 강조해도 결코 지나침이 없는 핵심적인 과제이다. 특별히 우리나라 금융기관들은 글로벌 금융환경변화에 적극적으로 대응할 뿐만 아니라 앞으로의 변화를 예측하고 창조적 혁신으로 행동해야만 존속과 성장을 유지할 수 있게 되었다. 즉 대내적으로는 금융기관간의 본격적인 무한경쟁의 돌입으로 가격경쟁력보다는 비가격경쟁력이 강한 금융기관만이 안정된 수익을 창출할 수 있는 경제환경의 전환이 이루어지고 있으며, 대외적으로는 금융국제화 및 범세계화의 경쟁에 직면하여 수익성을 향상시키고 국제경쟁력을 확보하지 않으면 안 된다.

이러한 시대변화에 발맞추어 우리나라의 금융산업은 2009년 2월부터 자본시장통합법이 시행되면서 금융산업 전반의 질적인 발전과 선진 투자은행과의 경쟁이 가능한 법적 근거를 마련하였다. 이러한 투자자보호강화 및 자본시장의 자금중개기능 효율화를 목적으로 하는 자본시장과 금융투자업에 관한 법률의 시행은 금융산업 환경의 변화와 더불어 새로운 도전과 기회를 던져 주고 있다. 이에 금융투자회사를 비롯한 금융관련기업뿐만 아니라 증권전문인력들은 금융관련법률에 대한 종합적이면서 체계적인 이해와 폭넓은 적용 등 깊이 있는 지식을 필요로 한다.

이에 따라 본서는 금융기관 및 금융투자회사 그리고 금융투자전문인력의 업무수행과 투자자보호의무의 이행에 도움이 되는 기초적인 금융관련법률과 함께 증권투자권유대행인 및 자산관리사의 업무수행과 관련된 세무법규 등을 다루고 있다. 금융관련자격시험제도가 도입된 후 자격시험 요강에 맞추어 다년간 연구하고 강의한 자료들을 중심으로 체계적으로 정리하여 집필하였다. 따라서 본서는 금융관련자격시험대비 뿐만 아니라 대학에서 금융관련법률 또는 증권관련법률의 교재로 사용할 수 있을 것이다.

본서는 제1부 금융관련법률, 제2부 세무로 구성되어 있다. 세부적으로 살펴보면, 제1부에는 자본시장과 금융투자업에 관한 법률과 회사법의 핵심내용들이 정리되어 있으며, 제2부에는 세금의 기초, 소득세, 금융소득 종합과세, 부동산 관련 세금, 증여·상속세의 내용들로 구성되어 있다. 또한 해당 분야의 다양한 핵심 내용들을 모두 포함하고 있으며, 실전문제를 통해 단시일 내에 효율적으로 정리할 수 있도록 체계적으로 제시하였다.

아무쪼록 본서를 통하여 금융증권분야에 대한 전문가로서의 법률적 지식을 갖추는 데 많은 도움이 되었으면 하는 것이 저자의 바람이며, 부족한 내용과 오류는 성심성의껏 보완 및 증보해 나갈 계획이다.

끝으로 본서가 나오기까지 자료의 수집과 정리를 위해 수고를 아끼지 않은 형지사의 유성열 사장님과 관계자 여러분께 감사를 드린다.

2019년 7월

봉담골에서

차 례

제2부 세 무

제 1 부

금융관련법률

제 1 장 자본시장과 금융투자업에 관한 법률

제 1 절　자본시장법 개요

1. 자본시장의 개요

(1) 자본시장의 개념

자본시장은 자금의 수요와 공급이 이루어지는 시장을 의미하며 구체적으로 자금잉여자의 잉여자금과 자금부족자의 부족자금이 교환되는 금융시장을 말한다. 금융시장은 금융기관을 중심으로 자금이 수요자에게 공급되는 간접금융시장과 자금의 수요자가 발행 및 유통시장을 통해 장기자금을 직접 조달하는 직접금융시장으로 구분한다. 간접금융시장에서는 안전선호형 자금이 공급되며 직접금융시장인 자본시장에서는 위험선호형 자금이 공급되어 위험자산이나 기업에 투자된다.

우리나라의 금융시장은 간접금융시장을 중심으로 발달하여 자본시장이 제구실을 하지 못하고 성장이 정체되는 등 문제점이 발생하였다. 이에 「자본시장과 금융투자업에 관한 법률」 등의 법제를 마련하여 자본시장 활성화를 추구하고자 하였다.

(2) 자본시장에 대한 종전 법률규제의 문제점

① 금융투자상품 열거주의

금융상품에 대해 한정적으로 열거하는 포지티브시스템으로 금융회사가 취급할 수 있는 상품의 범위가 제한적이었으며, 새로운 상품이 나타날 때마다 기존 법률에 추가하는 등 혁신적 금융상품의 출현을 제약하고 금융산업의 발전에 저해 요소가 되었다.

② 기관별 규제체제

금융회사를 중심으로 한 기관별 규율체계를 따르고 있어 대형 금융회사의 출현을 막는 결과를 초래하였고, 규모의 경제를 이루지 못해 해외 금융회사와의 경쟁에서 뒤처지는 원인으로 작용하였다.

③ 미흡한 투자자보호

자본시장에서 투자자에게 정보비대칭으로 피해가 생길 가능성이 많아 투자자를 보호하여 자본시장의 참여를 유도하기 위해 투자자보호를 선진화하였다.

(3) 자본시장법의 목적 및 의의

① 의의

자본시장에서 금융혁신과 공정한 경쟁 촉진, 투자자보호 및 건전한 금융투자업을 육성하고 자본시장의 공정성·신뢰성 및 효율성을 고양하여 국민경제발전을 도모하고자 한다. 즉, 자본시장의 효율적인 자본중개와 투자자보호를 강화하여 국제적으로 경쟁력 있는 금융투자회사를 출현하기 위한 금융환경의 법적 기반을 마련하고자 한다.

② 특징 및 효과

㉠ 금융투자상품 열거주의 ⇨ 포괄주의 규율체제로 전환

㉡ 기관별 규제체제 ⇨ 기능별 규율체제로 도입

㉢ 엄격한 업무 규제 ⇨ 업무범위의 확대

㉣ 미흡한 투자자보호 ⇨ 투자자보호제도의 선진화

③ 자본시장 규제의 3대 요소

자본시장법은 자본시장의 규제에 관하여 3가지 중요한 개념을 도입하고 있는데 '금융투자상품, 금융투자업, 투자자'이다. 먼저, 투자성이 있는 금융상품을 금융투자상품이라고 추상적·포괄적으로 정의하고 있다. 또한, 이러한 금융투자상품에 대한 매매·중개와 관련된 영업을 하는 금융회사를 금융투자업이라 부르며 그동안 기관별 규율체계를 기능별 규율체계로 변경하였다. 금융투자상품에 대한 투자자를 전문투자자와 일반투자자로 구분하여 투자자보호제도를 차별적으로 적용하여 일반투자자보호를 강화하고 있다.

2. 금융투자업 감독기관 및 관계기관

금융투자업 감독기관으로는 금융위원회, 증권선물위원회, 금융감독원이 있으며 그 외 기관들은 금융투자업 관계기관들이다.

(1) 금융위원회(Financial Services Commission : FSC)

금융위원회(이하 금융위)는 「금융위의 설치 등에 관한 법률」에 의해 금융정책, 외국환업무취급 기관의 건전성 감독 및 금융감독에 관한 업무를 수행하기 위하여 국무총리 소속하에 설치된 기구이다. 금융위는 정부조직법에 따른 중앙행정기관으로서 그 권한에 속하는 사무를 독립적으로 수행한다.

① 구성

㉠ 9인의 위원으로 구성된 합의제 행정기관

㉡ 위원장, 부위원장 각 1인, 상임위원 2인, 비상임위원 5인으로 구성. 비상임위원 중 4인(기획재정부 차관, 금융감독원 원장, 예금보험공사 사장, 한국은행 부총재)과 경제계 대표 1인으로 구성

㉢ 위원장, 부위원장은 대통령이 임명

② 운영

㉠ 금융위 회의는 3인 이상 위원의 요구가 있는 때에 위원장이 소집(위원장이 단독으로도 소집 가능)

㉡ 금융위 의결방법에 관하여 법률에 특별한 규정이 있는 경우를 제외하고 재적위원 과반수의 출석과 출석위원 과반수의 찬성으로 의결

③ 소관사무

㉠ 금융에 관한 정책 및 제도에 관한 사항

㉡ 금융기관 감독 및 검사·제재에 관한 사항

㉢ 금융기관의 설립, 합병, 전환, 영업 양·수도 및 경영 등의 인·허가에 관한 사항

㉣ 자본시장의 관리·감독 및 감시 등에 관한 사항

㉤ 금융 중심지의 조성·발전에 관한 사항

ⓑ 금융관련 법령 및 규정의 제·개정 및 폐지에 관한 사항 등

(2) 증권선물위원회(Securities & Futures Commission : SFC)

증권선물위원회(이하 증선위)는 금융위설치법에 의해 자본시장 및 기업회계와 관련한 주요 업무를 수행하기 위해 금융위 내에 설치된 기구이다.

① 구성

위원장, 상임위원 1인, 비상임위원 3인으로 구성(증선위 위원장은 금융위 부위원장 겸직, 대통령이 임명)

② 소관사무

㉠ 자본시장의 불공정거래 조사

㉡ 기업회계의 기준 및 회계감리에 관한 업무

㉢ 금융위 소관사무 중 자본시장의 관리·감독 및 감시 등과 관련된 주요사항 사전심의 등

(3) 금융감독원(Financial Supervisory Service : FSS)

금융감독원(이하 금감원)은 금융위 및 증선위의 지도·감독을 받아 금융기관에 대한 검사·감독업무를 수행하기 위해 설립된 기관으로 무자본특수법인이다.

① 업무

금융기관의 업무 및 재산 상황에 대한 검사, 검사결과 제재, 금융기관업무와 관련한 분쟁조정, 금융위 및 소속기관에 대한 업무지원 등

② 금융위 및 증선위와의 관계

금융위 및 증선위는 금감원의 업무를 지도·감독·명령·취소·집행정지를 할 수 있다.

(4) 한국거래소

한국거래소는 증권 및 장내파생상품시장의 공정한 가격 형성과 그 매매, 그 밖의 거래의 안정성 및 효율성을 도모하고자 설립되었다. 자본금 1천억 원 이상의 주식회사이다.

① 업무

㉠ 유가증권시장·코스닥시장·코넥스시장 및 파생상품시장의 개설·운영에 관한 업무

㉡ 증권 및 장내파생상품의 매매에 관한 업무

㉢ 증권 및 장내파생상품의 거래에 따른 매매확인, 채무인수, 차감, 결제증권·품목·금

액의 확정, 결제이행보증 · 불이행 처리 및 지시에 관한 업무

㉣ 장내파생상품의 매매거래에 따른 품목인도 및 대금지급에 관한 업무

㉤ 증권의 상장에 관한 업무

㉥ 상장법인의 신고 · 공시에 관한 업무 등

② 청산 및 결제기관

증권시장 및 파생상품시장에서의 매매거래에 따른 매매확인, 채무인수, 차감, 결제증권 · 품목 · 금액의 확정, 결제이행보증 · 불이행 처리 및 결제지시 등 청산소 업무수행

(5) 한국금융투자협회

종전의 한국증권업협회, 자산운용협회, 선물협회가 자본시장법 부칙에 따라 한국금융투자협회로 통합되었다.

① 개요

㉠ 회원 상호 간의 업무 및 공정한 거래질서 확립, 투자자보호 및 금융투자업의 건전한 발전을 목적으로 설립

㉡ 회원조직으로서 민법상 사단법인 규정 준용

② 업무

㉠ 회원 간의 건전한 영업질서 유지 및 투자자보호를 위한 자율규제업무

㉡ 회원의 영업행위와 관련된 분쟁의 자율조정업무

㉢ 주요직무 종사자(투자권유자문인력, 조사분석인력, 투자운용인력 등)의 등록 및 관리에 관한 업무 등

③ 회원

금융투자업자 및 금융투자업과 관련된 업무를 영위하는 자(일반사무관리회사, 집합투자기구평가회사, 채권평가회사 등)

(6) 한국예탁결제원

증권의 집중예탁과 계좌 간 대체, 매매거래에 따른 결제업무 및 원활한 유통을 위해 설립되었으며 법인으로 상법상 주식회사 규정을 준용한다.

① 업무

㉠ 증권 등의 집중예탁업무

㉡ 증권 등의 계좌 간 대체업무

㉢ 증권의 매매거래에 따른 증권인도·대금지급·결제이행·불이행 결과를 거래소에 대한 통지업무 등

② 증권시장 결제기관

증권시장의 결제기관으로 증권시장에서의 매매거래에 따른 증권인도·대금지급 업무를 수행

(7) 증권금융회사

현재 자본시장법에 따라 한국증권금융(주)만이 증권금융회사의 업무를 수행하고 있으며 자기자본 200억 원 이상의 주식회사로 금융위의 인가를 받아 설립되었다.

① 업무

㉠ 금융투자상품의 매매와 관련하여 투자매매업자 또는 투자중개업자에게 필요한 자금 또는 증권을 대여하는 업무

㉡ 증권시장 및 파생상품시장에서의 매매거래에 필요한 자금 또는 증권을 거래소를 통해 대여하는 업무

㉢ 증권을 담보로 대출하는 업무 등

제 2 절 기능별 규제의 기본 개념

1. 금융투자상품

(1) 유가증권개념의 포괄주의 도입

① 열거주의와 포괄주의

열거주의는 법률에 유가증권의 종류를 일일이 열거하여 이에 명시되지 않은 유가증권은 유가증권으로 보지 않는 입법주의를 의미하며, 포괄주의는 유가증권의 개념에 대해 금융상품의 공통적인 특성을 찾아내어 그 특성을 유가증권개념으로 정의하는 입법주의를 말한다.

② 유가증권개념의 포괄주의 도입

자본시장법에서는 유가증권개념에 포괄주의를 도입하여 금융투자상품이라는 개념을 설정하고 투자성이라는 특징을 갖는 모든 금융상품을 금융투자상품이라고 추상적으로 정의하고 있다.

(2) 금융투자상품

① 금융투자상품의 개념

이익을 얻거나 손실을 회피할 목적으로 현재 또는 장래의 특정 시점에 금전 등 재산적 가치가 있는 것을 지급하기로 약정함으로써 취득하는 권리로 원본손실가능성(투자성)이 있는 금융투자상품을 말한다.

② 원본손실의 가능성

원본손실가능성(투자성)이 있으면 금융투자상품이며 은행의 예금이나 보험 등 원본손실가능성이 없으면 비금융투자상품이다.

③ 금융투자상품의 예외규정

양도성 예금증서(CD)와 관리신탁의 수익권, 주식매수선택권(스톡옵션)은 금융투자상품에서 제외한다. 양도성 예금증서는 원본손실가능성이 있지만 만기가 짧아 금리변동에 따른 가치변동 위험이 미미하고 관리신탁은 수탁자에게 신탁재산의 처분 권한이 부여되지 않아 정책적으로 배제되었다.

(3) 증권과 파생상품으로 구분

① 증권

증권은 금융투자상품 중 투자자가 취득과 동시에 지급한 금전 등 그 외에는 어떠한 명목으로든지 추가로 지급의무를 부담하지 아니하는 것으로 원금손실의 가능성은 있으나 투자한 원금까지만 손실한도액이 정해진 것이다.

② 파생상품

파생상품은 장래 특정 시점에 금전 등을 지급하는 것으로 투자자가 취득 이후 추가적인 지급의무를 부담하는 원본초과손실 발생 가능성이 있는 금융투자상품이다.

[그림 1-1] 금융투자상품의 분류

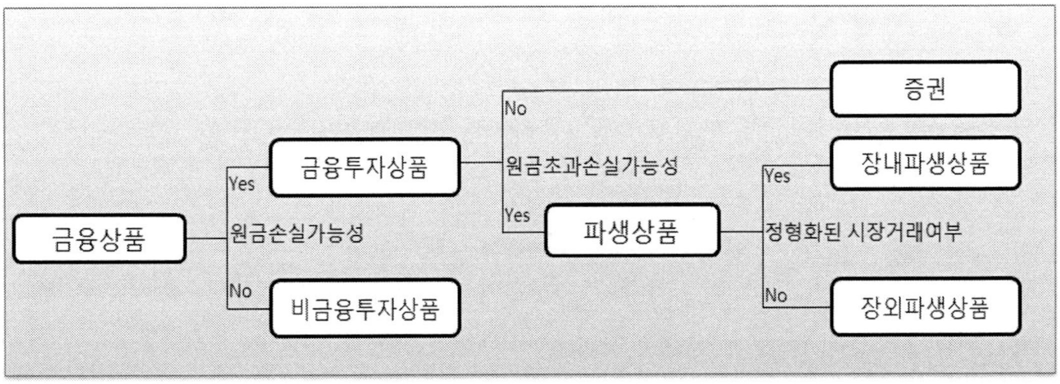

(4) 증권

① 정의

투자자가 취득과 동시에 지급한 금전 등 그 외에는 어떠한 명목으로든지 추가로 지급의무를 부담하지 아니하는 금융투자상품을 의미한다.

② 증권의 분류

[표 1-1] 증권의 분류

분 류	정 의
채무증권	· 국채증권, 지방채증권, 특수채증권, 사채권, 기업어음증권, 그 밖에 이와 유사한 것으로 지급청구권이 표시된 증권 · 원본이 보장되나 유통과정에서 원본손실이 발생할 수 있음.
지분증권	주권, 신주인수권이 표시된 증권, 법률에 의하여 직접 설립된 법인의 출자증권, 상법과 민법상 출자지분이 표시된 증권
수익증권	금전 및 투자신탁의 수익증권, 신탁형 집합투자기구의 수익증권, 그 밖에 이와 유사한 신탁 수익권이 표시된 증권(주택저당증권, 자산유동화증권 해당)
투자계약증권	특정 투자자가 그 투자자와 타인 간의 공동사업에 금전 등을 투자하고 주로 타인의 수행한 공동사업의 결과에 따른 손익을 귀속 받는 계약상의 권리가 표시된 증권(집합투자증권, 비정형 간접투자증권)
파생결합증권	기초자산의 가격, 이자율, 지표, 단위 또는 이를 기초로 하는 지수 등의 변동과 연계하여 미리 정하여진 방법에 따라 지급금액 또는 회수금액이 결정되는 권리가 표시된 증권(ELS, ELW, DLS, CLN)
증권예탁증권	증권을 예탁받은 자가 그 증권이 발행된 국가 외의 국가에서 발행한 것으로서 그 예탁받은 증권에 관련된 권리가 표시된 증권(KDR, ADR, GDR)

(5) 파생상품

① 파생상품의 의의

파생상품은 선도와 옵션 그리고 스왑과 같이 계약상의 권리를 말하는데 증권과는 달리 금전 등의 지급시기가 현재가 아닌 장래의 일정 시점이며 투자 원본 이상의 손실이 발생할 가능성이 있는 금융투자상품을 말한다. 파생상품의 개념을 추상적으로 정의하여 다양한 상품을 파생상품의 범주에 속할 수 있도록 하였다.

② 파생상품의 분류

㉠ 선도(Forward) - 선도란 기초자산이나 기초자산의 가격, 이자율, 지표, 단위 또는 이를 기초로 하는 지수 등에 의하여 산출된 금전 등을 장래의 특정시점에 인도할 것을 약정하는 계약을 말한다.

㉡ 옵션(Option) - 옵션이란 당사자 어느 한쪽의 의사표시에 의해 기초자산이나 기초자산의 가격, 이자율, 지표, 단위 또는 이를 기초로 하는 지수 등에 의하여 산출된 금전 등을 수수하는 거래를 성립시킬 수 있는 권리를 부여하는 것을 약정하는 계약을 말한다.

㉢ 스왑(Swap) - 스왑이란 장래의 일정기간동안 미리 정한 가격으로 기초자산이나 기초자산의 가격, 이자율, 지표, 단위 또는 이를 기초로 하는 지수 등에 의하여 산출된 금전 등을 교환할 것을 약정하는 계약을 말한다.

③ 거래방법의 의한 분류

㉠ 장내파생상품 - 정형화된 시장(파생상품시장 한국거래소)에서 거래되는 것을 말한다.

㉡ 장외파생상품 - 장내파생상품이 아닌 것으로 거래소를 통하지 않고 금융회사와 투자자 간 계약에 의해 거래되는 것을 말한다.

2. 금융투자업

(1) 금융투자업자의 의의 및 종류

① 금융투자업의 개념

금융투자업이란 이익을 얻을 목적으로 계속적, 반복적인 방법으로 금융영업행위로 투자매매업, 투자중개업, 집합투자업, 투자자문업, 투자일임업, 신탁업의 어느 하나에 해당하는 업을 말한다.

② 금융투자업의 종류

㉠ 투자매매업

누구의 명의로든지 자기의 계산으로 금융투자상품의 매도, 매수, 증권발행, 인수 또는 청약의 권유, 청약, 청약의 승낙을 영업으로 하는 것을 말한다. 여기에는 장외파생상품이나 파생결합증권 발행, IPO, 회사채 발행도 포함된다.

㉡ 투자중개업

누구의 명의로든지 타인의 계산으로 금융투자상품의 매도, 매수, 증권발행, 인수 또는 청약의 권유, 청약, 청약의 승낙을 중개하는 것을 영업으로 하는 것을 말한다.

㉢ 집합투자업

2인 이상의 투자자로부터 모은 금전 등을 일상적인 운용지시를 받지 아니하면서 자산을 취득, 처분 또는 그 밖의 방법으로 운용하고 그 결과를 투자자에게 배분하여 귀속시키는 집합투자를 영업으로 하는 것을 말한다.

㉣ 투자자문업

금융투자상품의 가치 또는 투자판단에 관하여 자문을 영업으로 하는 것을 말한다.

㉤ 투자일임업

투자자로부터 금융투자상품에 대한 투자판단의 전부 또는 일부를 일임받아 투자자별로 구분하여 자산을 취득, 처분 그 밖의 방법으로 운용하는 업을 말한다.

㉥ 신탁업

신탁 영업을 하는 업을 말한다. 신탁법상 신탁이란 위탁자와 수탁자의 특별한 신임관계에 기하여 위탁자가 특정의 재산권을 수탁자에게 이전 및 처분을 하고 수탁자는 수익자의 이익을 위하여 그 재산권을 관리, 처분하는 법률관계를 말한다.

㉦ 전문사모집합투자업

집합투자업 중 전문투자형 사모집합투자기구를 통한 집합투자를 영업으로 하는 것을 말한다.

㉧ 온라인소액투자중개업

온라인상에서 누구의 명의로든지 타인의 계산으로 일정한 자가 채무증권, 지분증권, 투자계약증권의 모집, 사무에 관한 중개를 영업으로 하는 것을 말한다.

(3) 금융투자업의 영위

① 금융투자업에 대한 겸영허용

금융투자업을 영위하고자 하는 자는 금융투자업의 전부나 일부를 선택해서 인가를 받거나 등록을 하면 된다. 또한 은행이나 보험업자도 금융투자업을 겸영할 수 있다.

② 금융투자업자에 대한 규제

자본금 등의 인가 또는 등록요건을 규정하여 무인가 영업행위 등을 엄격히 규제한다.

③ 부수업무의 포괄적 허용

금융투자업에 부수하는 업무를 영위하고자 하는 경우 그 업무를 영위하고자 하는 날의 7일 이내에 금융위원회에 신고하도록 하고 있다.

④ 겸영업무 범위의 확대

지급보증업무와 기업금융관련 신용공여 업무의 겸영이 가능하도록 하여 IB업무의 획기적 발전을 기대할 수 있게 하고 결제서비스를 허용하였다.

3. 투자자

(1) 투자자 개념의 도입

투자자마다 전문성과 위험감수능력이 다르므로 이에 따라 구분하여 투자자보호의 수준을 달리 적용하기 위해 투자자 개념을 도입하였다.

(2) 일반투자자와 전문투자자의 구분

① 전문투자자

전문투자자는 전문성과 위험감수능력이 있는 투자자로 일반투자자에 비해 투자자보호의 필요성이 적다. 전문투자자에게는 완화된 규제를 적용하며 여기에는 국가, 한국은행, 대통령령으로 정하는 금융기관, 주관상장법인, 그 밖에 대통령령으로 정하는 자가 해당한다.

㉠ 절대적 전문투자자

일반투자자 대우를 받을 수 없는 전문투자자로 국가, 한국은행, 외국정부, 외국중앙은행, 국제기구, 금융기관, 이에 준하는 기관 등

㉡ 상대적 전문투자자

서면통지로 의사를 표시하면 일반투자자 대우를 받을 수 있는 투자자로 주권상장법인, 자발적 전문투자자, 기타 기관(기금관리운용법인, 공제사업영위법인, 지방자치단체, 이에 준하는 법인 및 외국인)

㉮ 주권상장법인이 장외파생상품 거래를 하는 경우 별도 의사표시가 없으면 일반투자자로, 전문투자자 대우를 받으려면 서면으로 통지해야 함

㉯ 상대적 전문투자자는 일반투자자로 대우받기를 원하는 경우 혹은 장외파생상품 거래를 위한 전문투자자 대우를 받으려면 의사표시를 서면으로 통지하여야 함

㉢ 자발적 전문투자자

전문투자자 대우를 받고자 하는 법인 및 개인으로 금융위에 신고한 자로 금융위가 확인 후 2년간 가능

㉮ 금융투자상품 잔고 100억 원 이상인 법인

㉯ 금융투자상품 잔고 50억 원 이상인 개인으로 직전연도 소득액 1억원 이상이거나 관련자료 제출일 전날의 재산가액 10억 원 이상인 자

② 일반투자자

전문투자자 이외의 개인 및 법인투자자를 의미하는데 절대적 일반투자자와 상대적 일반투자자로 구분된다.

㉠ 절대적 일반투자자

전문투자자가 아닌 투자자

㉡ 상대적 일반투자자

상대적 전문투자자가 일반투자자 대우를 받겠다는 의사표시를 서면으로 통지한 자

(3) 투자자보호제도의 적용

전문투자자 중 전문성이 낮은 투자자에게 본인의 의사에 따라 일반투자자의 자격을 얻을 수 있도록 하고 일반투자자가 자격을 갖추지 못한 경우 아무리 투자자가 원해도 전문투자자의 대우를 받을 수 없다.

제 3 절 금융투자업자의 규제

1. 금융투자업자의 진입규제

금융투자업의 금융기능을 고려하여 인가 및 등록 단위를 세분화하였다. 인가・등록별로 각각 인가・등록을 하는 것이 아니라 하나의 금융투자업 인가와 하나의 금융투자업 등록을 한 후 필요한 업무단위는 추가하여 업무영역을 확장할 수 있게 되었다.

(1) 인가・등록업무 단위

금융투자업의 종류, 금융투자상품 등의 범위, 투자자의 유형에 따라 인가등록업무 단위를 42개로 구분하였다.

① 금융투자업 중 투자매매업, 투자중개업, 집합투자업, 신탁업, 투자자문업, 투자일임업으로 구분한다. 다만 투자매매업은 인수업무 포함 여부를 별도로 표시한다.

② 인가제 적용

㉠ 고객과 직접 채권·채무 관계를 가지거나 고객의 자산을 수탁하는 금융투자업

㉡ 투자매매업, 투자중개업, 집합투자업, 신탁업은 인가제 적용

③ 등록제 적용

㉠ 고객의 자산을 수탁하지 않는 금융투자업

㉡ 투자자문업, 투자일임업은 등록제 적용

(2) 인가 및 등록요건

① 자본시장법상 자기자본요건

[표 1-2] 자본시장법상 자기자본 요건

구분	단위별 필요 자기자본	
투자매매업	증권	500억 원
	장내파생상품	100억 원
	장외파생상품	900억 원
투자중개업	증권	30억 원
	장내파생상품	20억 원
	장외파생상품	100억 원
집합투자업	증권펀드 및 MMF	40억 원
	모든 펀드	80억 원
신탁업	금전신탁	130억 원
	모든 신탁재산	250억 원
투자자문업	금융투자상품, 부동산	8억 원
투자일임업	금융투자상품	27억 원
전문사모집합투자업		20억 원
온라인소액투자중개업		5억 원

㉠ 인가금융투자업 전부 영위하기 위해서는 1,980억원의 자기자본이 필요
㉡ 전문투자자만을 대상으로 하는 경우에는 위 자기자본의 1/2만 충족해도 인가·등록이 가능

② 인가요건

㉠ 회사형태 : 주식회사, 주식회사가 아닌 특수한 형태의 금융기관, 외국 금융투자업자로서 국내지점 및 영업소 설치한 자
㉡ 인가업무 단위별 자기자본요건을 갖출 것
㉢ 사업계획이 타당하고 건전할 것
㉣ 투자자보호가 가능하고 업무수행에 필요한 인력, 전산 및 물적 설비를 갖출 것
㉤ 임원이 결격요건에 해당하지 않을 것
㉥ 대주주 및 신청인이 충분한 출자능력, 건전한 재무상태 및 사회적 신용을 갖출 것

㉦ 이해상충방지체계를 갖출 것

③ 등록요건

㉠ 회사형태 : 주식회사, 외국 투자자문업자·일임업자 국내지점 및 영업소(Cross-Border영업도 가능)

㉡ 등록업무 단위별 자기자본요건을 갖출 것

㉢ 전문인력 요건 : 투자자문업은 투자권유자문인력 1인 이상, 투자일임업은 투자운용인력 2인 이상

㉣ 임원이 결격요건에 해당하지 않을 것

㉤ 대주주 및 신청인이 충분한 출자능력, 건전한 재무상태 및 사회적 신용을 갖출 것

㉥ 이해상충방지체계를 갖출 것

④ 인가등록절차 및 유지

㉠ 금융위에 인가신청서를 접수 후 3개월 이내에 인가 여부를 문서로 통지함

㉡ 금융위에 등록신청서를 접수 후 2개월 이내에 등록 여부를 문서로 통지함

㉢ 금융투자업자는 인가·등록한 금융투자업을 계속 영위하기 위해서는 인가·등록요건을 유지하여야 함(단, 자기자본 및 대주주요건은 완화된 요건을 적용).

2. 지배구조규제 및 건전성 규제

(1) 금융투자업자의 지배구조 규제(법 제22조~29조)

① 대주주 변경 시 규제

인가 대상 금융투자업자가 발행하는 주식을 취득하여 대주주가 되려면 금융위의 사전승인을 받아야 한다.

㉠ 대주주의 범위

최대주주, 주요주주, 최대주주의 특수관계인인 주주, 최대주주가 법인인 경우 그 법인의 최대주주 및 대표자

㉡ 미승인 주식취득은 처분명령 가능, 의결권행사 불가

② 임원 자격 규제

다음에 해당하는 자는 금융투자업의 임원이 될 수 없으며 임원이 된 후에 이에 해당되면 그 직을 상실한다.

㉠ 미성년자, 금치산자, 한정치산자, 복권되지 않은 파산자 등 행위무능력자
㉡ 금고 이상의 실형 또는 금융관련법령 위반으로 벌금 이상의 형을 선고받고 그 집행이 종료되거나 면제된 날부터 5년 미경과자
㉢ 금고 이상의 형의 집행유예 선고를 받고 그 유예기간 중에 있는 자 등은 임원이 될 수 없다.

③ 사외이사 규제

사외이사는 3인 이상, 이사 총수의 1/2 이상 되어야 한다. 다만, 다음의 어느 하나에 해당하는 자는 사외이사 선임의무가 면제된다.

㉠ 최근 사업연도 말을 기준으로 자산총액 2조원 미만이면서 집합투자재산, 신탁재산 및 투자일임재산의 합계액이 6조원 미만인 자
㉡ 외국 금융투자업자 국내지점 및 영업소
㉢ 주주총회일로부터 6월 이내 합병 등으로 소멸하는 자
㉣ 회생절차가 개시되거나 파산선고를 받은 자
㉤ 해산결의자

다음의 어느 하나에 해당하는 자는 사외이사가 될 수 없다.

㉠ 최대주주, 최대주주의 특수관계인, 주요주주 및 그 배우자와 직계존속,
㉡ 해당 회사 또는 그 계열회사의 상근 임직원 또는 최근 2년 이내 상근 임직원이었던 자
㉢ 해당 회사 임원의 배우자 및 직계존비속 등

④ 감사위원회 및 상근감사 설치의무

금융투자업자는 감사위원회를 설치하여야 한다. 다만 사외이사 선임의무가 면제되는 금융투자업자의 경우 감사위원회 설치의무도 면제된다.

㉠ 감사위원회 설치 요건 : 총 위원의 2/3이상이 사외이사일 것, 위원 중 1인 이상은 회계·재무전문가일 것, 감사위원회의 대표는 사외이사이어야 함.
㉡ 금융투자업자는 1인 이상의 상근감사를 두어야 함
　㉮ 감사위원회를 설치한 경우에는 상근감사를 둘 수 없음
　㉯ 자산총액이 1천억 원 미만이면서 집합투자재산, 신탁재산 및 투자일임재산의 합계액이 3조원 미만인 자는 상근감사 두지 않아도 됨

⑤ 내부통제 관련규제

㉠ 금융투자업자는 내부통제기준을 정하고, 준법감시인 1인 이상 두어야 함

㉡ 금융투자업자는 상근임원으로 파생상품업무책임자를 1인 이상 두어야 함

(2) 금융투자업자의 건전성 규제(법 제30조~36조)

① 재무건전성 유지

전업 투자자문·일임업자를 제외한 금융투자업자는 영업용순자산을 총위험액 이상으로 유지하여야 한다.

② 경영건전성 기준

자본의 적정성, 자산의 건전성, 유동성 등 금융위가 정하는 경영건전성 기준을 준수해야 한다.

㉠ 금융투자업자는 매분기마다 자산 및 부채에 대한 건전성을 "정상-요주의-고정-회수의문-추정손실"의 5단계로 분류하여야 함

㉡ 금융투자업자는 회수의문 또는 추정손실로 분류된 자산을 조기에 상각하여 자산의 건전성을 확보하여야 함.

㉢ 금융투자업자는 자산건전성 분류기준의 설정 및 변경, 동 기준에 따른 자산건전성 분류 결과 및 대손충당금 등 적립결과를 금감원에 보고하여야 함.

㉣ 충당금 적립기준은 다음과 같으며 충당금 적립기준에 미달하는 경우 그 미달액을 대손준비금으로 적립하여야 한다.

㉮ "정상" 분류자산의 100분의 0.5

㉯ "요주의" 분류자산의 100분의 2

㉰ "고정" 분류자산의 100분의 20

㉱ "회수의문" 분류자산의 100분의 75

㉲ "추정손실" 분류자산의 100분의 100

㉤ 채권중개전문회사 및 다자간매매체결회사에 관하여는 자산건전성 분류 및 대손충당금 등의 적립기준에 관한 규정을 적용하지 아니함

③ 순자본비율 규제

㉠ 급변하는 시장 환경에서 금융투자업자의 재무건전성을 도모함으로써 궁극적으로 투자자를 보호하는데 목적이 있음

㉡ 감독당국의 주요감독수단일 뿐만 아니라 금융투자업자의 경영활동에도 매우 중요한

제도로서 금융투자업자는 자본적정성 유지를 위해 순자본비율 100% 이상 유지되도록 하여야 함

㉢ 순자본비율이 일정 수준에 미달하는 경우 단계별로 경영개선조치를 취함

㉮ 순자본비율 50% 이상 ~ 100% 미만 : 경영개선권고

㉯ 순자본비율 0% 이상 ~50% 미만 : 경영개선요구

㉰ 순자본비율 0% 미만 : 경영개선명령

㉣ 순자본비율 규제 기본원칙

㉮ 금융투자업자의 자산, 부채, 자본은 연결 재무제표에 계상된 장부가액을 기준으로 함

㉯ 시장위험과 신용위험을 동시에 내포하는 자산에 대하여는 시장위험액과 신용위험액을 모두 산정함

㉰ 영업용순자본 차감항목에 대하여는 원칙적으로 위험액을 산정하지 않음

㉱ 영업용순자본의 차감항목과 위험액 산정대상 자산 사이에 위험회피효과가 있는 경우 위험액 산정대상 자산의 위험액을 감액할 수 있음

㉲ 부외자산과 부외부채에 대해서도 위험액을 산정하는 것을 원칙으로 함

④ 회계기간은 매년 4월부터 다음 해 3월까지로 함(단, 신탁업자는 정관에서 정하는 기간으로 함)

⑤ 분기별 업무보고서(홈페이지 공시) 및 월별 업무보고서를 금융위에 제출하고, 경영상황에 중대한 영향을 미칠 사항에 대하여 경영고시를 해야 함

⑥ 대주주와의 거래 제한

㉠ 대주주가 발행한 증권 소유 불가, 대주주에 대한 신용공여 불가

㉡ 자기자본의 8%를 초과한 계열회사 발행주식·채권·약속어음 소유불가

㉢ 예외적으로 대주주에 대한 신용공여 또는 계열회사 발행증권 취득 시 재적이사 전원 찬성에 의한 이사회결의가 필요함

3. 영업행위 규칙

(1) 공통영업행위 규칙(법 제37조~45조)

① 금융투자업자는 신의성실의무, 충실의무, 주의의무 등을 준수해야 함

금융투자업자는 정당한 사유없이 투자자의 이익을 해하면서 자기 또는 제3자의 이익을 추구해서는 아니 된다.

② 금융투자업자가 아닌 자는 금융투자업자로 오인할 수 있는 상호 사용불가

㉠ 금융투자업자가 아닌 자는 사용금지 문자 : 금융투자(financial investment)

㉡ 증권대상 투자매매업자 및 투자중개업자가 아닌 자는 사용금지 문자 : 증권(securities)

㉢ 파생상품 대상 투자매매업자 및 투자중개업자가 아닌 자는 사용금지 문자 : 파생(derivatives), 선물(futures)

㉣ 집합투자업자가 아닌 자는 사용금지 문자 : 집합투자(collective investment, pooled investment), 투자신탁(investment trust, unit trust), 자산운용(asset management)

㉤ 투자자문업자가 아닌 자는 사용금지 문자 : 투자자문(investment advisory)

㉥ 투자일임업자가 아닌 자는 사용금지 문자 : 투자일임(discretionary investment)

㉦ 신탁업자가 아닌 자는 사용금지 문자 : 신탁(trust)

③ 금융투자업자는 자기명의 대여 불가

④ 겸영제한(겸영 금융투자업자 제외)

겸영업무 또는 부수업무를 영위하고자 하는 경우 영위예정일 7일 전까지 금융위에 신고해야 한다.

⑤ 금융투자업자는 금융투자업, 겸영업무, 부수업무의 일부를 제3자에게 위탁 가능하다.

㉠ 본질적인 업무는 위탁받은 자가 당해 업무수행에 필요한 인가·등록한 자이어야 함

㉡ 핵심 업무는 위탁 금지됨

㉢ 원칙적으로 재위탁 불가(단순업무, 외화자산운용 및 보관업무는 위탁자의 동의를 받아 재위탁 가능)

㉣ 업무 위탁 규제

㉮ 업무 위탁 시 위탁계약 체결, 실제업무 수행일 7일 전까지 금융위 보고

㉯ 업무 위탁 내용을 계약서류, 투자설명서에 기재, 사후 내용 변경 시 투자자에게 통보

⑥ 이해상충행위 금지

㉠ 이해상충방지 일반규제 : 신의성실의무, 투자자의 이익을 해하면서 자기 또는 제3자의 이익도모 금지, 직무관련 정보이용 금지, 선관주의의무

㉡ 이해상충방지 직접규제 : 선행매매·과당매매 금지, 이해관계인과의 투자자 재산거

래 제한 등

㉢ 이해상충관리의무

㉮ 금융투자업자와 투자자 간, 특정 투자자와 다른 투자자 간 이해상충을 방지하기 위해 내부통제기준이 정하는 방법·절차에 따라 적절히 관리해야 한다.

㉯ 이해상충이 발생할 가능성이 있다고 인정되는 경우 투자자에게 그 사실을 미리 알리고, 이해상충이 발생할 가능성을 내부통제기준에 따라 투자자보호에 문제없는 수준으로 낮춘 후에 거래를 해야 한다

㉰ 이해상충이 발생할 가능성을 낮추는 것이 곤란하다고 판단되는 경우 거래를 해서는 안 된다.

⑦ 정보교류 차단

㉠ 고유재산 운용업무, 투자매매업, 투자중개업, 집합투자업, 신탁업 정보교류 차단이 필요

㉡ 내부 정보교류 차단장치 주요 내용 : 정보제공금지, 임직원의 겸직 금지, 사무 공간 및 전산설비 공동사용 금지, 부서 및 업무 독립, 회의 및 통신기록의 기록관리 및 준법감시인의 확인

㉢ 금지의 예외 : 정보를 제공할 상당한 이유가 있거나 최소한 범위로 한정되거나, 임원 및 준법감시인의 사전승인을 받을 것, 해당 임직원이 제공받은 정보를 업무 외의 목적으로 이용할 수 있는 업무를 담당하지 않는 경우

㉣ 외부 정보교류 차단장치 설치 범위 : 계열회사, 외국 금융투자업자 본점, 집합투자증권 판매회사

㉤ 외부 정보교류 차단장치 주요내용 : 정보제공금지, 임직원 겸직·파견금지, 사무공간 및 전산설비 공동이용 금지

(2) 투자권유에 대한 영업행위 규제(46조~65조)

특정 투자자를 상대로 금융투자상품의 매매, 투자자문·일임·신탁계약의 체결을 권유하는 행위를 제한한다.

① 적합성 원칙

투자권유 전에 전문투자자인지 일반투자자인지 파악하여 일반투자자의 경우에 투자목적과 재산상황, 투자경험 등의 정보를 파악하고 서명, 기명날인, 녹취 등의 방법으로 확인

하여 관리하고 투자자의 특성에 적합한 권유를 해야 한다.

② 적정성 원칙

일반투자자에게 투자권유를 하지 않더라도 파생상품을 판매하는 경우 투자목적과 재산 상황, 투자경험 등의 정보를 파악하여 투자자에 적정한 상품을 판매하여야 한다. 적정한 판매가 이루어진 사항에 대해 투자자에게 서명 등의 확인을 받아야 한다.

③ 설명의무

금융투자상품의 내용, 투자위험, 투자성에 관한 구조와 성격, 수수료에 관한 사항, 조기 상환 조건이 있는 경우 그에 관한 사항, 계약의 해지·해제에 관한 사항 등을 일반투자자가 이해할 수 있도록 설명하여야 하며, 투자자가 이해하였음을 서명 등의 방법으로 확인해야 한다. 또한 금융투자업자는 설명함에 있어서 투자자의 투자판단이나 금융상품의 가치에 중대한 영향을 미치는 중요사항을 거짓으로 설명하거나 누락하여서는 안 되며, 설명의무 위반 시 손해배상책임을 진다.

④ 부당권유 금지

㉠ 허위정보 제공금지

거짓 내용을 알리는 행위, 불확실한 사항에 대한 단정적 판단 제공, 확실하다고 오인하게 할 소지가 있는 내용을 알리는 행위 등은 금지된다.

㉡ 요청하지 않은 투자권유의 규제

장외파생상품처럼 위험이 큰 금융투자상품은 투자자로부터 투자권유의 요청을 받지 아니하고 방문·전화 등 실시간 대화의 방법을 이용하는 행위를 금지

㉢ 의사에 반하는 재권유 금지

투자자가 거부의 취지 의사표시를 함에도 투자권유를 계속하는 행위를 금지하나 투자성 있는 보험계약, 일정기간(1개월)이 지난 후의 재권유, 다른 종류의 상품권유는 가능

㉣ 일반투자자로부터 금전의 대여나 그 중개·주선·대리의 요청을 받지 않고 투자권유를 하는 행위를 금지

⑤ 투자권유준칙

금융투자업자는 투자권유를 함에 따라 임직원이 준수해야 할 구체적인 기준 및 절차를 정해야 한다

⑥ 투자권유대행인제도

㉠ 투자권유대행인 : 투자권유자문인력·투자운용인력 시험에 합격한 자, 보험모집에 종사하고 있는 보험설계사·중개사·대리점 등록요건을 갖춘 자로서 금융투자협회가 정한 교육을 이수한 자

㉡ 투자권유대행인의 금지행위 : 위탁한 금융투자업자를 대리하여 계약을 체결하는 행위, 투자자로부터 금전 등의 재산수취 행위, 투자권유대행업무의 제3자에 대한 재위탁 행위, 둘 이상의 금융투자업자와 투자권유위탁계약 체결 행위 등

㉢ 투자권유대행인이라는 사실을 게시하거나 증표를 보여야 하며, 투자권유대행에 대해 금융투자업자의 명칭, 금융투자업자를 대리하여 계약을 체결할 권한이 없다는 사실, 투자자로부터 금전을 수취할 수 없다는 사실 등을 투자자에게 알려야 함

㉣ 투자권유대행인이 투자권유 시 투자자에게 손해를 끼친 경우 금융투자업자는 민법상 사용자책임 부담

㉤ 금융투자업자는 투자권유대행인에게 투자권유를 위탁할 수 있으나 파생상품에 대한 투자권유는 위탁할 수 없음

⑦ 직무관련 정보의 이용 금지 등

금융투자업자는 외부에 미공개된 정보로서 직무상 알게 된 정보를 정당한 사유없이 자기 또는 제3자의 이익을 위하여 이용하여서는 아니된다.

㉠ 손실보전 등의 금지 : 금융투자상품의 매매 그 밖의 거래와 관련하여 사전·사후에 손실의 보전 또는 이익의 보장을 금지한다.

㉡ 약관 : 금융투자업자는 금융투자업 영위와 관련하여 약관을 제정·변경하고자 할 때 미리 금융위에 신고하여야 함

㉢ 투자광고의 규제 : 금융투자업자가 아닌 자는 금융투자업자의 영위업무 또는 금융투자상품 광고를 하면 안 됨(협회, 금융지주회사, 증권의 발행인 및 매출인은 가능)

㉮ 투자광고에는 금융투자업자의 명칭, 금융투자상품의 내용, 투자위험 등을 포함

㉯ 집합투자증권의 투자광고에는 간이투자설명서를 읽어볼 것, 원금손실이 발생할 수 있다는 사실, 과거 운용실적이 미래 수익률을 보장하는 것이 아니라는 내용을 포함해야 하며, 집합투자기구의 명칭, 종류, 투자목적, 운용전략 외에는 광고 금지

㉰ 금융투자업자는 준법감시인의 사전확인을 받는 등 금융위가 정하는 방법에 따라야 함

㉣ 수수료 : 금융투자업자는 수수료의 부과기준 및 절차에 관한 사항을 정하여 공시해

야 하며, 수수료 부과기준을 정함에 있어 정당한 사유없이 투자자를 차별해서는 안 됨.

㉤ 계약서류 교부

금융투자업자는 투자자와 계약을 체결한 경우 투자자가 서면으로 거부의사를 표시하거나 우편이나 전자우편으로 제공하는 경우, 기본계약 체결 후 계속적·반복적으로 금융투자상품을 거래하는 경우를 제외하고는 계약서류를 투자자에게 지체없이 교부하여야 함

㉥ 임직원의 금융투자상품 매매 : 금융투자업자의 임직원은 자기계산으로 특정 금융투자상품을 매매하는 경우 자기의 명의로 하나의 투자중개업자를 통하여 매매하여야 하며 매매명세를 분기별로 소속회사에 통지하여야 함

㉦ 손해배상책임 : 금융투자업자는 법령·약관·집합투자규약·투자설명서를 위반하거나 그 업무를 소홀히 하여 투자자에게 손실을 발생시킬 경우 배상책임이 있으며, 관련임원에게 귀책사유가 있는 경우 금융투자업자와 연대하여 손해배상책임이 있음

제4절 투자매매업자 및 투자중개업자의 영업행위규제

1. 매매·중개업무 규제

자본시장법은 6개 금융투자업자에게 공통으로 적용되는 영업행위규칙과 각 금융투자업자에게만 적용되는 업자별 영업행위규칙을 나누어 규정하고 있다. 매매·중개업무 규제는 투자매매업자 및 투자중개업자와 겸영금융투자업자 중 투자매매업과 투자중개업을 영위하는 금융투자업자에게 적용된다.

(1) 매매형태 명시의무

투자자로부터 금융투자상품의 매매에 관한 주문을 받는 경우에는 사전에 그 투자자에게 자기가 투자매매업자인지 투자중개업자인지를 밝혀야 한다(법 제66조). 매매형태 명시의무를 위반할 시에는 1년 이하의 징역 또는 3천만 원 이하의 벌금에 처할 수 있다(법 제446조 제11호).

(2) 자기계약 금지의무

금융투자상품에 관한 같은 매매에 있어 자신이 본인이 됨과 동시에 그 거래의 상대방이 될 수 없다. 자기계약 금지의무를 위반할 시에는 1년 이하의 징역 또는 3천만 원 이하의 벌금에 처할 수 있다(법 제446조 제12호).

(3) 최선집행의무

투자자로부터 금융투자상품의 매매에 관한 주문·청약을 최선의 거래조건으로 처리하기 위한 기준을 마련하고 공표하여야 하며, 최선집행기준의 내용을 3개월마다 점검하여야 한다

(4) 자기주식의 예외적 취득

투자자로부터 증권시장 매매수량 단위 미만의 자기주식 매도주문을 받은 경우 이를 증권시장 밖에서 취득 가능(법 제69조). 취득한 자기주식은 3개월 이내에 처분해야 함

(5) 임의매매 금지

투자자나 그 대리인으로부터 금융투자상품의 매매주문을 받지 아니하고는 투자자로부터 예탁받은 재산으로 금융투자상품의 매매 불가. 위반 시 5년 이하의 징역 또는 2억 원 이하의 벌금(법 제446조 제7호).

2. 불건전 영업행위 · 신용공여 등의 규제

투자매매업자 및 투자중개업자는 영업의 영위와 관련하여 투자자보호 또는 건전한 거래질서를 해칠 우려가 있는 행위를 할 수 없으며 이를 위반하였을 시 손해배상책임과 행정조치 및 형사처벌 대상이 된다. 자본시장법은 불건전 영업행위 중 정도가 중한 대표적인 유형을 직접 열거하여 그 위반행위에 대해 5년 이하 징역 또는 2억 원 이하의 벌금에 처한다. 시행령 하위규정을 위반하였을 경우 5천만 원 이하의 과태료를 부과한다.

(1) 불건전 영업행위 규제(법 제71조)

① 선행매매 금지

금융투자상품의 가격에 중대한 영향을 미칠 수 있는 매수 · 매도 주문을 받게 될 경우 고객의 주문을 체결하기 전에 자기의 계산으로 매수 · 매도하거나 제3자에게 매수 · 매도를 권유하는 행위를 할 수 없다(법 제71조 제1호).

다음에 해당하는 경우는 선행매매에 해당하지 아니한다.

㉠ 투자자의 매매주문에 관한 정보를 이용하지 않았음을 입증하는 경우

㉡ 증권시장과 파생상품시장 간의 가격 차이를 이용한 차익거래 등

② 조사분석자료 공표 후 매매금지(스캘핑 금지)

특정 금융투자상품의 가치에 대한 주장 또는 예측을 담고 있는 자료를 투자자에게 공표하고 나서 24시간이 경과하기 전까지 그 조사분석자료의 대상이 된 금융투자상품을 자기의 계산으로 매매할 수 없다(법 제71조 제2호).

다음에 해당하는 경우는 조사분석자료 공표 후 매매에 해당하지 아니한다.

㉠ 조사분석자료의 내용이 직 · 간접으로 특정 금융투자상품의 매매를 유도하지 않은 경우

㉡ 조사분석자료의 공표가 매매유발이나 가격변동에 의도적으로 이용되었다고 볼 수 없는 경우

㉢ 조사분석자료의 내용을 이용하여 매매하지 않았음을 입증하는 경우

㉣ 조사분석자료가 공표된 자료와 비교하여 새로운 내용이 발견되지 않는 경우

③ 조사분석자료 작성자에 대한 성과보수 금지

조사분석자료 작성자에 대한 기업금융업무와 연동된 성과보수를 지급할 수 없다.(법 제71조 제3호)

성과보수 연동이 금지되는 기업금융업무는 다음의 조사분석업무를 말한다.

㉠ 인수업무

㉡ 모집·사모·매출의 주선업무

㉢ 기업의 인수 및 합병의 중개·주선 또는 대리업무

㉣ 기업의 인수·합병에 관한 조언업무

㉤ 사모투자전문회사 재산의 운용업무

㉥ 프로젝트금융의 자문·주선업무, 자문·주선에 수반되는 프로젝트 금융

④ 주권 등의 모집·매출과 관련된 조사분석자료의 공표·제공 금지

증권 등 일정한 증권의 모집·매출과 관련되어 계약 체결일로부터 40일 이내에 증권에 관련된 조사분석자료를 공표하거나 특정인에 제공하는 행위는 금지된다(법 제71조 제4호).

⑤ 투자권유대행인 및 투자권유자문인력 이외의 자를 통한 투자권유 금지

투자매매업자 또는 투자중개업자는 투자권유대행인 또는 투자권유자문인력이 아닌 자에게 투자권유를 하도록 할 수 없다(법 제71조 제5호)

⑥ 일임매매 금지

투자자로부터 금융투자상품에 대한 투자판단의 전부 또는 일부를 일임받아 투자자별로 구분하여 금융투자상품의 취득·처분 등의 행위는 할 수 없다(단, 투자일임업으로 하는 경우와 법에 의해 예외적으로 투자일임업으로 보지 않는 경우에는 일임매매가 허용됨)(법 제71조 제6호).

⑦ 기타 불건전영업행위의 금지

투자자보호 및 건전한 거래질서를 해할 우려가 있는 행위는 금지된다(법 제71조 제4호).

㉠ 서면으로 일반투자자 대우를 받으려고 통지한 전문투자자의 요구에 동의하지 아니하는 행위

㉡ 일반투자자의 투자목적, 재산상황 및 투자경험 등 고려없이 이루어지는 빈번한 투자 권유행위

㉢ 투자자나 거래상대방에게 금융위 고시기준을 위반하여 직·간접적 재산상 이익을 제공하거나 제공받는 행위

㉣ 금융투자상품의 중대한 사항을 투자자에게 알리지 않고 매매를 권유하는 행위

㉤ 미공개정보이용·시세조종·부정거래행위의 금지를 위반하여 매매 또는 거래를 위탁받는 행위

㉥ 투자자로부터 비상장집합투자증권을 매수·중개·주선·대리하는 행위

㉦ 채권담보를 위해 백지수표(어음)를 받는 행위 등은 금지됨

(2) 신용공여 규제(법 제72조)

신용공여란 증권과 관련하여 금전의 융자 또는 증권 대여의 방법으로 투자자에게 신용을 공여하는 것을 의미한다.

① 신용공여 방법

투자매매업자 또는 투자중개업자에게 증권매매거래계좌를 개설하고 있는 자 및 증권을 예탁하고 있는 자에게 신용을 공여할 수 있다.

㉠ 증권의 매수대금 융자

㉡ 매도증권 대여

㉢ 증권담보 융자

② 신용거래등의 제한

투자자 계좌의 순재산액이 100만원에 미달하는 경우 신규로 취급이 불가하며, 신용거래로 매매가능 증권은 증권시장에 상장된 증권과 상장지수집합투자기구 증권에 한함.

③ 규제

증권인수일로부터 3개월 이내에 투자자에게 그 증권을 매수하게 하기 위한 신용공여는 할 수 없다. 신용공여에 관한 규제를 위반할 시 회사 및 임직원에 대한 행정조치가 가능하다(형사처벌 없음).

3. 투자자 재산 보호 관련 규제

투자매매업자 또는 투자중개업자가 파산하는 경우 투자자들이 예탁하거나 보관을 의뢰한 금전·증권이 파산재단에 속하지 않게 하기 위해 예탁금과 예탁증권은 별도 예치하고 있다.

(1) 투자자 예탁금의 별도예치(법 제74조)

① 투자자 예탁금은 고유재산과 구분하여 증권금융회사에 예치 또는 신탁업자에 신탁해야 한다.

② 투자자 예탁금은 상계·압류·양도·담보로 제공할 수 없다.

③ 예치금융투자업자의 인가 취소, 해산결의, 파산선고 시 투자자 예탁금을 우선하여 지급하여야 한다(해당사유 발생 일부터 2개월 이내 그 사실과 지급시기·지급장소·그 밖의 사항을 일간지 2곳 이상과 인터넷 홈페이지에 공고해야 함).

④ 투자자예탁금의 안정적 운용

투자자 예탁금은 안정적으로 운용하여야 한다(국채, 지방채, 금융기관 지급보증한 채무증권의 매수, 원화표시 CD를 담보로 한 대출, 체신관서 예치, 특수채증권의 매수 등 안정적 자산에 운용).

⑤ 투자자예탁금의 범위, 예치 비율, 예탁금 인출, 관리는 시행령으로 정한다(법 제74조 제8항).

⑥ 예치기관은 투자자예탁금을 자기재산과 구분하여 신의에 따라 성실히 관리하여야 한다(세부사항은 금융위가 정함).

(2) 투자자 예탁증권의 예탁

투자매매업자 및 투자중개업자는 투자자 소유의 증권을 지체없이 예탁결제원에 예탁하여야 한다. 다만, 외화증권의 경우 예외로 예탁결제원에 예탁하지 않을 수 있다(외화증권을 외국보관기관에 집중예탁 한 경우).

4. 투자성 있는 예금 및 보험에 대한 특례

투자성 있는 예금 및 보험계약을 체결한 은행, 보험사에 대하여 투자매매업 또는 중개업의 인가를 받은 것으로 간주한다(법 제77조).

(1) 은행 및 보험사에게 적용행위

금융투자업자에게 적용되는 적합성 원칙(법 제46조), 설명의무(법 제47조), 손해배상책임(법 제48조), 부당권유의 금지(법 제49조), 투자권유준칙(법 제50조), 직무관련 정보이용금지(법 제54조), 손실보전금지(법 제55조), 투자광고(법 제57조), 계약서류 교부 및 계약 해제(법 제59조), 자료 기록·유지(법 제60조) 등의 규제를 적용한다.

제 5 절 증권 발행시장 공시제도

1. 개념

자본시장법은 기업의 증권발행 및 유통과 관련하여 발행시장 및 유통시장 공시, 기업의 인수·합병 관련 공시 등을 종전 증권거래법의 틀을 유지하면서 증권개념의 확대에 따라 수정·개선하였다.

(1) 발행시장 공시

증권신고서, 투자설명서

(2) 유통시장 공시

사업보고서, 반기보고서, 분기보고서, 주요사항보고서

(3) 기업의 인수·합병관련 제도

공개매수신고서, 5% 보고서, 의결권 대리행사 권유제도

2. 증권신고서제도

일반 불특정 다수의 투자자에게 증권을 모집·매출이라는 공모의 방법으로 매각하는 경우, 사전에 증권의 발행인이 당해 증권에 관한 신고서를 금융위에 제출해야 한다. 투자판단에 관한 자료를 발행인이 투자자에게 충분히 알려 주도록 하는데 증권신고서제도의 목적이 있다.

(1) 증권신고서 모집·매출의 의의

증권신고서는 10억 원 이상을 모집 또는 매출하는 경우 투자자에게 해당 증권에 관한 사항과 발행인에 관한 사항을 알리는 제도이다.

① 모집 : 새로 발행되는 증권 취득의 청약권유를 50인 이상의 자에게 하는 경우

② 매출 : 이미 발행된 증권의 매도(매수) 청약권유를 50인 이상의 자에게 하는 경우

③ 간주모집 : 청약권유를 받은 자가 50인 미만으로 해당증권 발행일부터 1년 이내에 50인 이상의 자에게 양도될 수 있는 경우 모집으로 간주

(2) 신고서 제출 면제증권

투자자보호가 이루어지고 있다고 인정되는 대통령령으로 정한 다음의 증권은 증권신고서 제출이 면제된다.

① 국가 또는 지자체가 원리금 지급보증한 채무증권

② 국가 또는 지자체가 소유하는 증권을 금융위와 협의하여 매출방법으로 매각

③ 도시철도 건설 및 주택건설 사업을 목적으로 설립된 지방공사가 발행하는 채권

④ 국제금융기구가 금융위와 협의하고 기획재정부 장관의 동의를 받아 발행하는 증권

⑤ 한국주택금융공사가 발행하고 원리금 지급보증 주택저당증권 및 학자금 대출증권

(3) 신고대상 모집 또는 매출 금액

일정한 방법에 따라 산정한 모집가액(매출가액)의 총액이 10억 원이상인 경우에는 발행인이 그 모집 또는 매출에 관한 신고서를 금융위에 제출하여 수리되어야만 모집 또는 매출이 가능하다. 증권신고서 제출의무가 없는 모집 또는 매출의 경우에도 발행인은 투자자보호를 위하여 금융위에 재무상태와 영업실적을 기재한 서류를 제출하고 그에 관한 사항 등을 공시해야 한다.

(4) 신고의무자

증권신고서의 제출의무자는 언제나 해당 증권의 발행인이다.

(5) 증권신고서의 효력발생

금융위는 제출된 증권신고서를 수리 전과 수리 후 효력발생 전까지 심사하며 심사결과 수리를 거부하거나 정정요구를 할 수 있다. 금융위가 증권별로 정해진 효력발생기간 동안 별도의 조치가 없으면 효력이 발생한 것으로 본다.

① 효력 발생시기의 특례

㉠ 일괄신고서의 정정신고서는 수리된 날부터 3일이 경과한 날

㉡ 이미 제출한 신고서와 동일한 내용의 신고서를 제출시 무보증사채권 발행을 위한 신고서는 수리된 날부터 5일, 보증사채권, 담보부사채권은 3일이 경과한 날

㉢ 만기시 최저지급액을 발행가액 이상으로 한 파생결합증권의 모집·매출은 7일(지급금액 결정방식 변경을 위한 정정신고서는 수리한 날부터 3일 경과한 날)

㉣ 집합투자기구 합병을 위한 신고서 제출시 신고서가 수리된 날부터 3일이 경과한 날(수익자총회일의 2주 전부터 합병계획서를 공시하는 경우)

(6) 특수한 신고서제도

① 일괄신고서제도

발행인이 향후 일정기간동안 같은 종류의 증권을 지속적으로 발행하는 경우 발행예정인 증권을 일괄하여 신고하고 실제 발행 시 추가서류의 제출만으로 증권신고서를 제출한 것과 동일한 효과를 갖도록 하는 제도이다. 일괄신고서제도는 증권의 발행 또는 매도를 원활하게 할 수 있도록 하는 제도이다.

일괄신고서제출이 가능한 증권은 다음과 같다(시행령 제121조 제1항).

㉠ 주권

㉡ 주권 관련사채권 및 이익참가부사채권

㉢ 파생결합증권

㉣ 개방형 집합투자증권

② 정정신고서제도

이미 제출한 증권신고서의 내용을 정정하고자 하는 경우나 금융위(금감원장)로부터 정정요구를 받아 제출하는 증권신고서를 정정신고서라 한다. 정정신고서가 수리된 날을 먼저 제출한 증권신고서가 수리된 것으로 본다.

㉠ 금융위는 다음과 같은 사항일 경우 정정신고서를 제출을 요구할 수 있다.

㉮ 증권신고서의 형식을 제대로 갖추지 아니한 경우

㉯ 중요사항에 거짓의 기재·표시가 있거나 누락된 경우

㉰ 중요사항의 기재나 표시내용이 투자자에게 중대한 오해를 일으킬 수 있는 경우 등

㉡ 금융위의 정정요구를 받은 후 3개월 내에 발행인이 정정신고서를 제출하지 않으면 해당 증권신고서를 철회한 것으로 본다(제 122조 제6항)

③ 철회신고서제도

증권의 발행인은 증권신고를 철회하고자 하는 때에는 증권신고서에 기재된 청약일 전까지 철회신고서를 금융위에 제출할 수 있다(법 제120조 제4항).

3. 투자설명서제도

증권신고서는 투자자에게 청약의 권유문서이면서 투자설명서를 교부하기 위한 심사청구서류라 할 수 있다. 발행인이 투자자에게 실제로 제공하는 투자권유문서는 투자설명서이며, 효력발생의 진행단계에 따라 투자설명서와 예비투자설명서, 간이투자설명서가 있다.

(1) 형태

① 투자설명서는 신고의 효력이 발생되어 모집·매출의 조건이 확정된 투자설명서이다.

② 예비투자설명서는 신고서가 수리된 후 효력이 발생되기 전에 증권의 모집·매출 등을 위하여 청약의 권유 등을 하고자 하는데 사용하는 투자설명서이다.

③ 간이투자설명서는 발행인이 증권신고서 수리 후 신문, 방송, 잡지 등을 이용한 광고, 안내문, 홍보전단 또는 전자전달매체 통하여 증권의 모집·매출 등을 하고자 할 때 사용하는 투자설명서이다.

(2) 작성 및 공시

① 투자설명서에는 증권신고서에 기재된 내용과 다른 내용을 표시하거나 그 기재사항을 누락할 수 없다. 다만, 금융위의 확인을 받은 사항에 대하여는 기재를 생략할 수 있다.

② 발행인은 증권신고의 효력이 발생하는 날 금융위에 제출하여야 하며 총리령이 정하는 장소에 비치하고, 일반인이 열람할 수 있도록 하여야 한다.

(3) 개방형 집합투자증권 및 파생결합증권에 대한 특례

① 개방형 집합투자증권 및 파생결합증권의 경우 투자설명서 및 간이투자설명서를 제출한 후 1년마다 1회 이상 고친 투자설명서를 금융위에 제출해야 한다.

② 변경등록을 한 경우 변경등록의 통지를 받은 날부터 5일 이내에 그 내용을 반영한 투자설명서 및 간이투자설명서를 금융위에 제출해야 한다.

(4) 정당한 투자설명서의 교부의무

증권신고의 효력이 발생한 증권을 취득하고자 하는 자에게 투자설명서를 미리 교부하지 않으면 그 증권의 취득 또는 매도를 할 수 없다.

① 전자문서 형태로 투자설명서 교부 시 요건

㉠ 전자문서를 통해 투자설명서를 받는 것을 전자문서수신자가 동의할 것

㉡ 전자문서수신자가 전자문서를 받을 전자전달매체의 종류와 장소를 정할 것

㉢ 전자문서수신자가 그 전자문서를 받은 사실이 확인 가능할 것

㉣ 전자문서의 내용이 서면에 의한 투자설명서의 내용과 동일할 것

② 투자설명서 교부가 면제되는 자

㉠ 전문투자자 등 일정한 전문가

㉡ 서면, 전화 등으로 투자설명서 수령거부 의사를 밝힌 자

제6절 증권 유통시장 공시제도

증권발행회사의 사업상황, 재무상황 및 경영실적 등 기업 내용을 투자자들에게 정기적으로 공개함으로써 투자자들에게 합리적인 투자판단자료를 제공하기 위한 제도이다. 또한 정기공시제도는 증권시장에서 공정한 가격형성이 이루어지도록 하여 공정거래질서를 확립하고 투자자를 보호하기 위한 제도이다.

1. 정기공시

(1) 사업보고서 등

사업보고서 제출대상법인은 각 사업연도 경과 후 90일 이내에 금융위와 거래소에 제출하여야 한다(반기·분기보고서는 45일 이내).

(2) 사업보고서 제출법인

다음에 해당하는 증권을 증권시장에서 상장한 발행인은 사업보고서를 제출하여야 한다(증권의 소유자가 500인 이상인 발행인, 증권을 모집·매출한 발행인도 포함).

① 주권 외의 지분증권

② 무보증사채권

③ 전환사채권·신주인수권부사채권·이익참가부사채권·교환사채권

④ 신주인수권이 표시된 것

⑤ 증권예탁증권

⑥ 파생결합증권

(3) 사업보고서 제출 면제 법인

① 파산·해산사유발생·상장폐지요건 등에 해당하여 사실상 제출이 불가능한 법인

② 증권별로 각각의 증권마다 소유자수가 모두 25인 미만으로 금융위가 인정한 경우

③ 주주수 500인 기준에 해당하는 발행인의 경우, 각각의 증권마다 소유자수가 모두 300인 미만인 경우(단, 300인 미만으로 감소된 사업연도의 보고서는 제출)

(4) 사업보고서의 기재사항

① 대표이사와 제출업무 담당이사 서명

② 회사의 개요

③ 이사회 등 회사의 기관 및 계열회사에 관한 사항

④ 주주에 관한 사항

⑤ 임원 및 직원에 관한 사항

⑥ 회사의 대주주 또는 임직원과의 거래내용

⑦ 재무에 관한 사항과 그 부속명세

⑧ 회계감사인의 감사의견

⑨ 그 밖에 투자자에게 알릴 필요가 있는 사항(금융위가 정한 고시사항)

(5) 연결재무제표 등에 관한 특례

① 연결재무제표는 기업집단 소속회사인 경우 사업연도 종료 후 6개월 이내에 금융위와 거래소에 제출하여야 한다.

② 회계감사인의 감사의견에는 연결재무제표와 그 법인의 재무제표에 대한 감사의견을 기재하여야 하며 회계감사인의 감사의견을 기재한 사업보고서를 사업연도 종료일부터 90일 내에 제출할 수 있다.

(6) 사업보고서 등의 제출에 관한 특례

외국법인의 경우 사업보고서에 대한 제출의무를 면제하거나 제출기한을 다르게 적용할 수 있다(법 제165조).

① 사업보고서 관련 규정 적용 면제대상

㉠ 외국 정부 및 외국 지방자치단체

㉡ 외국 공공단체

㉢ 국제금융기구

② 사업보고서 제출기간 특례

㉠ 외국법인 등은 사업보고서 법정 제출기간이 지난 후 30일 이내에 제출 가능

㉡ 외국법인 등은 반기(분기)보고서 법정 제출기간 지난 후 15일 이내에 제출 가능

㉢ 코넥스시장에 상장된 주권발행 법인의 경우 반기·분기보고서 제출의무가 면제

2. 주요사항보고제도

자본시장법에서는 공적인 규제가 필요한 주요경영사항(회사존립, 조직재편성, 자본 증감 등 사항과 특수공시)신고는 주요사항보고서를 제출하도록 하고 그 외의 공시사항의 경우는 거래소가 운영하는 수시공시제도로 공시하도록 이원화하고 있다.

(1) 주요사항보고서 제출법인

주요사항보고서 제출법인은 사업보고서 제출대상법인이다.

(2) 주요사항보고서 제출기한

주요경영사항 신고는 그 사유발생일 다음날까지 금융위에 보고해야 한다.

(3) 주요사항보고서 제출사유

① 어음·수표부도, 은행 당좌거래정지 또는 금지
② 영업활동의 전부 또는 일부 정지
③ 회생절차 개시 신청이 있는 경우
④ 해산사유가 발생한 경우
⑤ 자본증가(감소)에 관한 이사회결의가 있는 경우
⑥ 중요한 영업 또는 자산의 양도(양수)를 결의한 경우(10%)
⑦ 자기주식의 취득(처분)을 결의한 경우
⑧ 그 밖에 법인의 경영·재산 등에 중대한 영향을 미치는 거래가 있는 경우

3. 수시공시

투자자들의 정확한 투자판단을 위해 기업의 중요한 변화가 발생하는 경우 거래소에 지체없이 신고하는 제도를 수시공시제도라 한다. 거래소는 기업의 신고가 있을 경우 이를 바로 지체없이 금융위에 송부하여야 하며, 수시공시의 유형으로 주요경영사항의 신고·공시, 자율공시, 조회공시 등이 있다.

(1) 유형

① 주요경영사항의 신고·공시

거래소가 의무적으로 공시하도록 한다는 점에서 의무공시라고 하며 주권상장법인이 주요경영사항에 해당하는 사실 또는 결정이 있은 때 사유발생일 다음날까지 거래소에 신고하도록 하는 제도

② 자율공시

기업의 자율적인 판단, 책임하에 공시하는 것으로 기업이 주요경영사항 외에 투자판단에 중대한 영향을 미칠 수 있거나 투자자에게 알릴 필요가 있다고 판단되는 사항의 발생 또는 결정이 있는 때에는 그 내용을 사유발생일 다음날까지 거래소에 신고하도록 하는 제도

③ 조회공시

증권의 공정한 거래와 투자자보호를 위하여 기업의 주요 경영사항·풍문·보도의 사실 여부나 당해 기업이 발행한 주권 등의 현저한 변동(가격, 거래량 등)이 발생하는 경우 거래소가 기업에 정보의 사실 유무에 대한 답변을 요구하고 기업이 응하여 공시하도록 하는 제도

(2) 공정공시

수시공시제도를 보완하기 위해 마련된 제도로 상장기업이 증권시장을 통해 공시되지 않은 중요정보를 모든 시장참가자들이 알 수 있도록 애널리스트·기관투자자 등 특정인에게 제공하기 전에 증권시장을 통해 공시하도록 하는 제도

(3) 주요사항보고제도와의 차이

주요사항보고제도는 공적규제공시로 위반 시 형사처벌이 적용되나, 수시공시는 거래소에 의한 자율공시제도로 시장조치만 가능하고 형사처벌 적용은 불가능하다.

제 7 절 기업의 인수 · 합병 관련

1. 공개매수제도

공개매수(tender offer or take-over bid)란 불특정 다수인에 대하여 의결권 있는 주식 등의 매수 또는 매도의 청약을 권유하고 증권시장 밖에서 매수하는 것을 말하며 기존 경영진과의 관계에 따라 적대적 공개매수와 우호적 공개매수로 구분된다.

(1) 공개매수의 의의 및 요건

어떤 특정회사의 경영권 획득을 목적으로 사전에 매입기간, 매입주식 수, 매입가격 등을 일반에게 공개하고 '증권시장 밖'에서 불특정 다수인을 대상으로 공개적으로 주식을 매수하는 것을 의미한다(교환 포함).

① 누구든지 증권시장 밖에서 6개월간 10인 이상의 자로부터 주식 등을 매수할 것

② 본인과 특별관계자가 보유하게 되는 주식 등의 수 합계가 그 주식 등의 총수의 5% 이상일 것

(2) 적용대상

① 적용대상증권

㉠ 주권

㉡ 신주인수권부사채권 및 신주인수권이 표시된 것

㉢ 전환사채권

㉣ 교환사채권

㉤ 파생결합증권

㉥ 증권예탁증권

② 적용대상 의무자

본인 및 특별관계자(특수관계인과 공동보유자)

㉠ 본인이 개인인 경우의 특별관계자

배우자, 6촌 이내의 혈족, 4촌 이내의 인척, 양자의 생가의 직계존속, 혼인 외의 출생자의 생모, 본인과 생계를 함께 하는 자 등

㉡ 본인이 법인이나 단체인 경우의 특별관계자

임원, 계열회사 및 그 임원, 그 외 본인에게 30% 이상 출자하거나 그 밖에 임원의 임면 등 본인의 중요한 경영사항에 사실상 영향력을 행사하고 있는 개인 또는 법인, 단체와 그 임원 등

㉢ 특수관계인이 소유하는 주식 수가 1,000주 미만 또는 공동보유자가 아님을 증명하는 경우는 제외

③ 공개매수의 적용면제

매수 등의 목적, 유형, 그 밖의 다른 주주의 권익침해 가능성을 고려하여 다음에 해당하는 경우에는 공개매수 적용이 면제된다(법 제133조 제3항 단서, 시행령 제 143조).

㉠ 소각을 목적으로 매수

㉡ 주식매수청구에 의한 매수

㉢ 신주인수권이 표시된 것, 전환사채권・신주인수권부사채권・교환사채의 권리행사에 따른 주식 등의 매수

㉣ 파생결합증권의 권리행사에 따른 주식 등의 매수

㉤ 특수관계인으로부터 주식 등의 매수

㉥ 그 밖에 투자자 이익을 해칠 염려가 없는 금융위가 정하여 고시한 주식 매수 등

(3) 공개매수절차

① 공개매수의 공고

공개매수자는 일반 일간지신문 등 전국을 보급지역으로 하는 2이상의 신문에 공개매수에 관한 사항을 공고해야 한다.

㉠ 공개매수자

㉡ 공개매수 할 주식 등의 발행인

㉢ 공개매수의 목적

㉣ 공개매수 할 주식 종류 및 수

㉤ 공개매수기간・가격・결제일 등 공개매수조건

㉥ 매수자금의 명세 그 밖의 투자자보호를 위한 사항

② 공개매수신고서의 제출

공개매수자는 공개매수자와 특별관계자에 관한 사항, 공개매수의 목적 등을 기재한 공개매수신고서를 공개매수 공고일에 금융위와 거래소에 제출하여야 하며, 신고서 사본은 공개매수대상회사에 송부하여야 한다.

③ 발행인의 의견표명

㉠ 공개매수자는 공개매수신고서 또는 정정신고서 제출 시 공개매수신고서 사본을 공개매수 할 주식 등의 발행인에게 송부하고 공고

㉡ 발행인은 그 공개매수에 관한 의견을 광고·서신 등으로 표명 가능

㉢ 발행인이 의견을 표명한 경우 그 내용을 지체없이 금융위와 거래소에 제출해야 함

④ 공개매수실시

㉠ 공개매수기간 : 20일 이상 60일 이내

㉮ 정정신고서를 제출한 날이 공개매수기간 종료일 전 10일 이내인 경우 : 정정신고서를 제출한 날부터 10일이 경과한 날

㉯ 정정신고서를 제출한 날이 공개매수 기간 종료일 전 10일 이내가 아닌 경우 : 공개매수기간이 종료하는 날

㉡ 공개매수설명서 작성 및 교부의무 : 공개매수 공고일에 금융위와 거래소에 제출, 일반인 열람이 가능해야 함

㉢ 공개매수기간 중 공개매수에 의하지 않는 별도의 매수 불가

㉣ 전부매수의무 : 신고서상 해당하는 응모 주식 전부매수

㉤ 균일가격매수의무 : 매수가격이 균일해야 함

⑤ 공개매수 철회

공개매수자는 공개매수공고일 이후에 공개매수를 철회할 수 없다. 그러나 다음의 경우에는 공개매수 기간의 말일까지 공개매수 철회가 가능하다.

㉠ 대항공개매수가 있는 경우

㉡ 공개매수자가 사망·해산·파산한 경우

㉢ 공개매수자가 발행한 어음, 수표 부도 또는 은행과의 당좌거래 정지 또는 금지

㉣ 공개매수를 철회할 수 있다는 조건을 공개매수 공고 시 신고서에 기재하고 그 기재한 사유가 발생한 경우

㉤ 그 밖에 투자자보호를 해할 우려가 없는 경우

⑥ 철회방법

공개매수자가 공개매수를 철회하고자 할 때에는 철회신고서를 금융위와 거래소에 제출하고 그 내용을 공고하여야 한다. 또한 철회신고서를 철회할 주식 등의 발행인에게 송부하여야 한다.

⑦ 응모주주의 철회

공개매수기간 중 언제든지 응모를 취소할 수 있으며 응모취소에 따른 손해배상 또는 위약금 없다.

⑧ 공개매수결과보고서 제출의무

공개매수가 종료한 때에 지체없이 공개매수결과보고서를 금융위와 거래소에 제출하여야 한다.

2. 주식 등의 대량보유상황보고제도(5% Rule)

자본시장의 개방으로 투기적 펀드에 의한 기업 사냥이나 기업 간의 적대적 인수·합병이 늘어나고 있는 현실에 대한 대응책의 일환으로 주권상장법인의 보유지분을 대량보유하게 되거나 변경되는 경우 그 상황을 공시하도록 한 제도이다.

(1) 대량보유상황보고제도의 의의

주권상장법인의 주식 등을 5%이상 보유하게 된 자는 5일 이내에 그 보유상황, 보유목적, 보유주식 등에 관한 주요계약내용을 금융위 및 거래소에 보고하여야 한다. 그 후 보유비율이 1%이상 변동된 경우 보유목적이나 내용 등이 변동되면 5일 이내에 보고하는 제도이다.

(2) 5% Rule이 적용되는 보고의무자 및 사유

① 보고의무자

주권상장법인의 주식 등을 5%이상 보유하게 되거나 또는 보유하고 있는 자(본인과 특별관계자 합계기준)

② 보고사유

㉠ 신규보고 : 주권상장법인의 주식 등을 발행주식 총수의 5%이상 보유하게 된 경우

㉡ 변동보고 : 5% 이상 보유자의 보유비율이 1%이상 변동된 경우

㉢ 신규보고 및 변동보고자의 보유목적 변경, 보유주식 등의 신탁·담보계약, 기타 주요계약의 변경, 보유형태의 변경 등이 있는 경우

(3) 보고의무가 면제되는 경우

① 보유주식 등의 수가 변동되지 않은 경우

② 주식 수에 따라 신주 배정하는 경우 배정된 주식만 취득하는 경우

③ 배정받은 신주인수권에 의해 발행된 신주인수권증서를 취득하는 것만으로 보유주식의 수가 증가하는 경우

④ 자기주식 취득(처분)으로 보유비율이 변동된 경우

⑤ 자본감소로 보유비율이 변동된 경우

⑥ 주식관련 사채의 권리행사로 발행 또는 교환되는 주식의 발행가격 또는 교환가격의 조정만으로 보유주식수가 증가하는 경우

(4) 보고내용

보고의무자는 그 보유상황, 보유목적, 보유주식 등에 관한 주요계약내용과 다음 사항을 보고하여야 한다.

① 대량보유자와 그 특별관계자에 관한 사항

② 보유주식 등의 발행인에 관한 사항

③ 변동사유

④ 취득 또는 처분 일자·가격 및 방법

⑤ 보유형태

⑥ 취득에 필요한 자금이나 교환대상물건의 조성내역

⑦ 금융위가 정하여 고시하는 사항

(5) 보고기준일

보고기준일은 다음의 하나에 해당하는 날이다.

① 주권비상장법인이 발행한 주권이 상장된 경우 그 상장일

② 흡수합병인 경우 합병한 날, 신설합병인 경우 그 상장일

③ 증권시장에서 주식 등을 매매한 경우 그 계약체결일

④ 증권시장 외에서 주식 등을 매매한 경우 그 계약체결일

⑤ 증권시장 외에서 주식 등을 처분한 경우 대금받는 날과 주식 인도하는 날 중 빠른 날

⑥ 유상증자로 신주를 취득하는 경우 주금납입일의 다음날

⑦ 주식 등을 차입한 경우 그 차입계약을 체결한 날, 상환하는 경우 그 주식을 인도하는 날

⑧ 주식 등을 증여받는 경우 「민법」 상 효력발생일, 증여하는 경우 그 주식을 인도하는 날

⑨ 상속으로 주식 등을 취득하는 경우 상속이 확정되는 날, 상속인이 2인 이상인 경우 재산분할이 종료되는 날

⑩ 그 외는 「민법」·「상법」 등 관련 법률에 따라 효력이 발생하는 날

(6) 보고기한 및 냉각기간

① 보고기한 : 보고사유발생일로부터 5일 이내

② 냉각기간 : 보고자는 보고사유발생 일부터 보고한 날 이후 5일까지 발행인의 주식 등을 추가로 취득하거나 보유주식에 대하여 의결권행사가 불가하다.

(7) 보고의무 위반과 의결권행사의 제한

① 위반주식에 대한 의결권 제한 및 처분명령

보고하지 아니한 자 또는 중요사항을 거짓보고하거나 기재를 누락한 자는 일정기간동안 5% 초과부분 중 위반부분에 대한 의결권을 행사할 수 없으며, 금융위는 6개월 내에 처분명령이 가능하다.

② 형사적 책임

㉠ 보고의무 위반의 경우 3년 이하의 징역 또는 1억 원 이하의 벌금에 처할 수 있다.

㉡ 허위 기재의 경우 5년 이상의 징역 또는 2억 원 이하의 벌금에 처할 수 있다.

㉢ 대량보유보고를 하지 않거나 보고서의 중요사항을 거짓으로 기재한 경우 주식의 시가총액의 10만분의 1(5억원을 초과하는 경우 5억원)을 곱한 금액 내에서 과징금을 부과할 수 있다.

3. 의결권 대리행사의 권유제한제도

회사의 경영권이나 주주 기타 제3자가 주주총회에서 다수의 의결권을 확보할 목적으로 의결권행사의 위임을 권유하는 경우 주주에게 의결권 대리행사에 필요한 진실한 정보가 제공되도록 하여 합리적이고 효과적으로 의결권행사를 할 수 있도록 하는 제도이다.

(1) 적용대상(의결권 권유자)

① 자기 또는 제3자에게 의결권을 대리시키도록 권유하는 행위를 하고자 하는 자

② 의결권행사 또는 불행사를 요구하거나 의결권 위임의 철회를 요구하는 행위를 하고자 하는 자

③ 의결권 확보 또는 그 취소 등을 목적으로 주주에게 위임장 용지를 송부하거나 그 밖의 방법으로 의견을 제시하는 행위를 하고자 하는 자

(2) 의결권대리행사 적용제외

① 10인 미만에게 그 주식의 의결권대리행사의 권유를 하는 경우

② 타인 명의로 주식을 소유하는 자가 그 타인에게 해당 주식의 의결권대리행사의 권유를 하는 경우

③ 신문·방송·잡지 등 불특정 다수인에 대한 광고를 통하여 대리행사 권유에 해당하는 행위를 하는 경우로서 그 내용이 발행인의 명칭, 광고 이유, 주주총회의 목적사항과 위임자 용지, 참고서류를 제공하는 장소만을 표시하는 경우

(3) 의결권대리행사 적용특례

국가기간산업 등 국민경제에 중요한 산업을 영위하는 상장법인 중에서 금융위가 관계부처장관과 협의 및 국무회의 보고를 거쳐 지정한 공공적 법인만이 그 주식의 의결권 대리행사의 권유를 할 수 있도록 의결권대리행사 적용특례 규정을 두고 있다.

(4) 의결권 대리행사 권유의 방법

① 위임장용지·참고서류 교부

의결권권유자는 의결권피권유자에게 의결권 대리행사 권유 이전이나 권유와 동시에 위임장용지와 참고서류를 교부하여야 한다.

㉠ 직접 주는 방법

㉡ 우편 또는 모사전송하는 방법
㉢ 전자우편 통하는 방법
㉣ 주주총회 소집통지와 함께 보내는 방법

② 위임장용지 · 참고서류 비치 및 열람

의결권 권유자는 위임장용지 및 참고서류를 의결권 피권유자에게 제공하는 날의 2일 전까지 금융위와 거래소에 제출하여야 한다. 다음의 장소에 비치하여 일반인이 열람할 수 있도록 해야 한다.

㉠ 주권상장법인의 본 · 지점과 영업소
㉡ 명의개서대행회사
㉢ 금융위
㉣ 거래소

③ 위임장용지 · 참고서류 기재사항

④ 발행인의 의견표명

의결권 대리행사 권유대상이 되는 상장주권의 발행인은 의결권 대리행사의 권유에 대해 의견을 표명한 경우 그 내용이 기재된 서면을 지체없이 금융위와 거래소에 제출하여야 한다.

(5) 발행인과 의결권 권유자와의 관계

의결권 권유자는 발행인이 의결권 대리행사의 권유를 하는 경우에 주주명부의 열람 · 등사를 허용하는 행위, 의결권 권유자의 비용으로 위임장 용지 및 참고서류를 주주에게 송부하는 행위를 요구할 수 있으며, 발행인은 요구받은 날부터 2일 이내에 응해야 한다.

제 8 절 주권상장법인에 대한 특례

1. 주권상장법인에 대한 특례

(1) 자기주식 취득에 대한 특례

① 일반적 허용

주권상장법인은 이익배당한도 내에서 해당 법인의 명의와 계산으로 자기주식을 취득할 수 있다.

② 취득방법

㉠ 증권시장을 통한 취득

㉡ 공개매수를 통한 취득

㉢ 신탁계약을 통한 취득

③ 취득기준

㉠ 주권상장법인이 자기주식을 취득하는 경우 이사회결의 사실이 공시된 날의 다음날부터 3개월 이내에 금융위가 정하는 방법에 따라 증권시장에서 자기주식취득이 가능

㉡ 자기주식을 교환대상으로 하는 교환사채를 발행한 경우 그 사채권을 발행하는 때에 자기주식을 처분한 것으로 간주

(2) 합병 등에 관한 특례

주권상장법인의 합병 등은 대통령령이 정하는 요건과 방법 등 기준에 따라야 한다.

① 적용대상 합병 등

㉠ 다른 법인과의 합병

㉡ 중요한 영업 또는 자산의 양·수도

㉢ 주식의 포괄적 교환 또는 포괄적 이전

㉣ 분할 또는 분할합병

② 합병의 요건과 기준

㉠ 주권상장법인 간 합병의 경우 합병을 위한 이사회 결의일과 합병계약을 체결한 날

중 앞서는 날의 전일을 기산일로 한 최근 1개월 평균종가, 최근 1주일간 평균종가, 최근일 종가를 산술평균한 가액을 기준으로 30%범위 내에서 할인 또는 할증한 가액으로 한다.

㉡ 주권상장법인과 주권비상장법인 간 합병의 경우 주권상장법인은 위 ㉠의 가격으로 하고, 주권비상장법인의 경우에는 자산가치와 수익가치를 가중산술평균 가액과 상대가치의 가액을 산술평균한 가액으로 한다.

㉢ 유가증권시장 주권상장법인과 코스닥시장 주권상장법인의 합병의 경우 주권상장법인은 위 ㉠의 가격으로 하고, 주권비상장법인의 경우에는 자산가치와 수익가치를 가중산술평균 한 가액과 상대가치의 가액을 산술평균한 가액으로 한다.

㉣ 주권상장법인이 합병을 하는 경우 합병가액의 적정성에 대하여 외부평가기관의 평가를 받아야 한다.

③ 외부평가기관

인수업무, 모집 및 매출 증의 주선 업무를 인가받은 자, 신용평가회사, 회계법인

④ 영업양수・도, 자산의 양・수도, 주식의 포괄적 교환・이전 등에 대한 특례

주식의 포괄적 교환 또는 포괄적 이전 및 분할합병에 관한 합병에 있어서는 합병가액 산정방법을 준용한다.

(3) 주식매수청구권에 대한 특례

합병, 분할(분할합병 등), 영업 양・수도, 주식의 포괄적 교환 및 이전에 반대하는 주주에 대하여 주식매수청구권을 인정한다.

① 청구방법

㉠ 반대하는 주주는 주주총회 전에 해당 법인에 서면으로 반대의사를 통지한 경우에만 청구가 가능

㉡ 자신의 주식을 매수해 줄 것을 주주총회 결의일부터 20일 이내에 주식의 종류와 수를 기재한 서면으로 청구할 수 있음

② 주식의 매수가격은 주주와 해당 법인 간의 협의로 결정한다.

③ 법인은 매수청구기간이 종료하는 날부터 1개월 이내에 해당주식을 매수해야 한다.

④ 주권상장법인은 매수한 주식을 매수일로부터 5년 내에 처분해야 한다.

⑤ 주주가 매수가격에 반대하면 법원에 매수가격결정을 청구할 수 있다.

(4) 우리사주조합에 대한 우선배정 특례

주식을 모집하거나 매출하는 경우 유가증권시장 상장법인의 우리사주조합원은 공모주식 총수의 20% 범위 내에서 우선배정 받을 권리가 있다. 단, 우리사주조합원이 소유하는 주식수가 신규로 발행되는 주식과 이미 발행된 주식 총수의 20%를 초과하는 경우 우선배정이 불가하다.

(5) 액면미달발행의 특례

① 자본시장법에서는 주권상장법인은 법원의 인가 없이 주주총회 특별결의로 액면미달발행이 가능하다.

② 주주총회 결의일로 부터 1개월 이내에 발행해야 한다.

③ 발행가격은 이사회 결의일 전일부터 과거 1개월간 종가의 평균액·일주일간 종가의 평균액, 이사회 결의일 전일의 종가 중 높은 가격의 70%이상으로 정함.

(6) 사채발행 특례

주권상장법인이 사채를 발행할 때 신주인수권증권만을 양도할 수 있는 사채는 사모의 방법으로 발행할 수 없다.(제 165조의 10 제2항)

(7) 조건부자본증권의 발행

상법상 전환사채와 신주인수권부사채 외에 이익참가부사채와 교환사채 및 대통령령이 정하는 사채의 발행이 가능하다.

(8) 이익배당의 특례

① 분기배당

주권상장법인은 사업연도 개시일로부터 3월, 6월, 9월 말일 당시의 주주에게 이사회 결의로 금전으로 이익배당을 할 수 있다.

② 분기배당 범위

순자산액-(전년(자본액+자본준비금+이익준비금+이익배당액)+당해 이익준비금)

(9) 주식배당의 특례

주권상장법인은 이익배당 총액까지 새로 발행한 주식으로 배당이 가능하나 시가가 액면에 미달하는 경우는 배당총액의 1/2까지만 가능하다.

(10) 공공적 법인 배당 등의 특례

① 이자나 이익을 지급할 경우 정부에 지급할 배당금의 전부 또는 일부를 정부로부터 직접 매수하여 소유하고 있는 주식 수에 따라 해당 법인의 주주 중 일정기준에 해당하는 자에게 지급할 수 있다(우리사주조합원, 근로자, 농어민, 연간소득금액이 720만 원 이하인 자).

② 정부로부터 매수하여 소유하고 있는 주식 수에 따라 공공적 법인의 발행주식을 일정기간 소유하고 있는 주주에게 준비금의 자본전입시에도 발행할 수 있다.

③ 위 ②의 경우 해당주주는 취득일로부터 5년간 금융위가 고시하는 바에 따라 예탁해야 한다.

(11) 의결권 없는 주식에 대한 특례

① 의결권 없는 주식의 발행한도는 발행주식 총수의 1/4이다.

② 의결권 없는 주식의 특례를 적용하는 경우에도 의결권 없는 주식의 총수는 발행주식 총수의 2분의 1을 초과할 수 없다.

다음에 해당하는 경우 발행하는 의결권 없는 주식은 그 한도 계산에 산입하지 아니한다.

㉠ 외국에서 주식을 발행하는 경우

㉡ 외국에서 발행한 전환사채·신주인수권부사채 및 그 밖의 주식과 관련된 권리행사로 주식을 발행하는 경우

㉢ 금융위가 의결권 없는 주식의 발행이 필요하다고 인정하는 경우

㉣ 정부가 주식 또는 지분의 15%이상을 소유하고 있는 법인

(12) 주권상장법인의 재무관리기준

유상증자와 배당 등에 관한 사항을 금융위가 권고할 수 있으며 상장법인은 이러한 재무관리기준에 따라야 한다.

(13) 주식매수선택권 부여신고 등

주식매수선택권이란 법인의 설립과 경영·기술혁신 등에 기여하였거나 기여할 능력을 갖춘 당해 법인 또는 대통령령이 정하는 당해 법인의 관계회사 임직원에게 주식을 유리한 가격으로 장래의 일정기간 내에 일정수량까지 매입할 수 있는 권리이다.

① 주식매수선택권을 부여한 주권상장법인은 주주총회 또는 이사회에서 주식매수선택

권을 부여하기로 결의한 경우 금융위와 거래소에 신고하여야 한다.

② 주권상장법인의 사외이사의 선임·해임·퇴임 등의 경우 그 내용이 있는 날 다음날까지 금융위와 거래소에 신고하여야 한다.

(14) 사외이사 및 상근감사에 관한 특례

코넥스시장 상장회사에 대해서는 사외이사의 선임, 상근감사를 적용하지 아니한다.

제9절 장외거래 등

1. 장외거래

(1) 장외거래 방법

① 금융투자협회를 통한 비상장주권의 장외거래

② 채권중개전문회사를 통한 장외거래

③ 단일의 매도자와 매수자 간의 매매

(2) 채권 장외거래

① 채권전문자기매매업자

채권을 대상으로 투자매매업을 하는 자가 소유하고 있는 채권에 대해 매도 및 매수호가를 동시에 제시하는 방법으로 해당 채권의 거래를 원활하게 하는 역할을 수행하는 자를 채권전문자기매매업자라 한다.

㉠ 채권전문자기매매업자의 지정·취소의 기준, 의무사항, 그 밖에 필요사항은 금융위가 고시한다.

㉡ 채권전문자기매매업자는 투자자의 매매주문이 있을 경우 투자자별 한도 이내에서 응해야 한다.

(3) 환매조건부매매

환매조건부매매란 증권을 일정기간 후에 다시 매수할 조건으로 매도하는 환매조건부매도와 증권을 일정기간 후에 다시 매도할 조건으로 매수하는 환매조건부매수를 의미한다.

① 환매조건부매매 준수 기준

㉠ 대상증권 : 국채, 지방채증권, 특수채증권, 그 밖의 금융위가 고시하는 증권

㉡ 매매가격 : 금융위가 고시하는 매매가격

㉢ 환매수 또는 환매도 날 지정

② 투자매매업 인가를 받은 겸영금융투자업자는 일반투자자 등을 상대로 환매조건부매수업무를 할 수 없다.(시행령 제181조 제2항)

(4) 증권의 대차거래

증권의 대차거래란 증권의 대여자가 증권의 차입자로부터 담보를 받는 것을 의미한다. 금융위가 고시하는 방법에 따라 투자매매업자 또는 투자중개업자는 증권의 대차거래 또는 그 중개·주선·대리할 수 있다.

① 금융위가 고시하는 방법에 따라 대상 증권의 인도와 담보의 제공을 동시에 이행해야 한다.

② 증권의 대차거래 내역을 협회를 통해 당일 공시해야 한다.

(5) 장외파생상품의 매매 등

투자매매업자 또는 투자중개업자는 장외파생상품을 대상으로 투자매매업 또는 투자중개업을 하는 경우 다음의 기준을 준수해야 한다.

① 일반투자자의 경우 위험회피 목적의 거래를 하는 경우에 한할 것

② 장외파생상품 매매에 따른 위험액(시장·신용·운영 위험액의 합)이 금융위가 정한 한도를 초과하지 않을 것

③ 영업용순자본이 총 위험액의 2배에 미달하는 경우 그 미달사태가 해소될 때까지 새로운 장외파생상품 매매를 중지하고, 미종결거래의 정리나 위험회피에 관련된 업무만 수행할 것

④ 장외파생상품 매매를 할 때마다 파생상품업무책임자의 승인을 받을 것

⑤ 월별 장외파생상품(파생결합증권 포함)의 매매·중개·주선·대리의 거래내역을 다음달 10일까지 금융위에 보고할 것

2. 공공적 법인의 주식 소유제한

(1) 공공적 법인의 개념

공공적 법인이란 국가기간산업 등 국민경제에 중요한 산업을 영위하는 법인으로 금융위가 관계부처장관과의 협의와 국무회의 보고를 거쳐 지정하는 상장법인을 의미한다.

(2) 공공적 법인의 주식 소유제한

① 원칙

누구든지 공공적 법인이 발행한 주식을 자기의 계산으로 다음의 기준을 초과하여 소유할 수 없다.

㉠ 공공적 법인 상장 당시 발행주식 총수의 10%이상을 소유한 주주는 그 소유비율

㉡ 그 외의 자는 발행주식 총수의 3%내에서 정관이 정하는 비율

㉢ 소유비율 한도에 대하여 금융위의 승인을 받은 경우에는 그 소유비율 한도까지 공공적 법인의 발행한 주식 소유 가능

② 의결권 없는 주식은 발행주식 총수에 포함되지 아니한다.

③ 그 특수관계인의 명의로 소유하는 때에는 자기의 계산으로 취득한 것으로 본다.

④ 기준초과 주식소유 시 초과분에 대한 의결권행사 불가하며 금융위는 6개월 이내에 시정명령을 할 수 있다.

3. 외국인의 증권 소유제한

(1) 외국인의 증권 또는 장내파생상품 거래의 제한

외국인은 국내에 6개월 이상 주소나 거소를 두지 아니한 개인을 말하며, 외국인의 증권 또는 장내파생상품, 그 밖의 거래에 관하여 그 취득한도를 제한할 수 있다.

① 외국인 또는 외국법인은 누구의 명의든지 자기의 계산으로 다음에서 정한 취득한도를 초과하여 공공적 법인이 발행한 지분증권을 취득할 수 없다.

㉠ 종목별 외국인 또는 외국법인 1인 취득한도 : 해당 공공적 법인의 정관에서 정한 한도

㉡ 종목별 외국인 또는 외국법인 등의 전체 취득한도 : 해당 종목의 지분증권 총수의 40%

㉢ 금융위는 시장의 안정과 투자자보호를 위해 취득한도 제한 외에 업종별, 종류별, 종목별로 증권 또는 장내파생상품 취득한도를 정할 수 있다.

② 외국인에 의한 공공적 법인의 주식 취득에 관하여는 ①에 따른 제한에 추가하여 그 공공적 법인의 정관이 정하는 바에 따라 따로 이를 제한할 수 있다

③ 외국인에 대한 한도 제한을 위반하여 주식을 취득한 자는 그 주식의 의결권을 행사할 수 없으며, 금융위는 증권 또는 장내파생상품을 매매한 자에게 6개월 이내 그 시정을 명할 수 있다.

(2) 외국인의 투자등록

외국인은 상장증권 또는 증권시장에서 상장하기 위해 모집·매출하는 증권 등을 취득·처분하기 위해서는 미리 본인의 인적사항 등을 금융위에 등록하여야 한다.

(3) 외국인등의 상장증권 또는 장내파생상품거래기준

외국인이 상장증권 또는 장내파생상품을 매매하는 경우에는 증권시장을 통하여 매매하여야 하며 매매방식과 매매내역은 금융위가 고시한 기준을 충족해야 한다.

제 10 절 불공정거래행위에 대한 규제

1. 내부자거래 규제

(1) 내부자거래 규제의 개념

내부자거래 규제란 주권상장법인의 내부자가 당해 회사의 미공개 중요정보를 이용하여 그 회사가 발행한 증권 등을 매매하는 행위를 금지하는 규제로 정보 비대칭으로 야기되는 행위들을 사전적·사후적으로 방지하여 투자자보호를 위해 둔 제도이다.

자본시장법상의 내부자거래 규제는 미공개 중요정보 이용행위의 금지, 공개매수 관련정보 이용행위 금지, 대량취득·처분관련정보 이용행위 금지, 단기매매차익반환제도, 임원 및 주요주주의 특정증권 등 상황보고제도, 장내파생상품 대량보유 보고제도로 구성된다.

(2) 미공개중요정보 이용행위의 금지

회사내부자와 준내부자, 정보수령자는 상장법인의 업무 등과 관련된 미공개중요정보를 특정증권 등의 매매 그 밖의 거래에 이용하거나 타인에게 이용하게 해서는 아니된다.

① 적용대상법인

내부자거래규제 적용대상 법인은 상장법인 및 6개월내에 상장이 예정된 법인

② 적용대상증권

㉠ 상장법인 발행증권(일반채권, 수익증권, 파생결합증권 제외)

㉡ 증권예탁증권(DR)

㉢ 교환사채권

㉣ ㉠부터 ㉢까지의 증권만을 기초자산으로 한 금융투자상품

③ 규제대상자

㉠ 내부자

㉡ 준내부자

㉢ 정보수령자

[표 1-3] 규제대상자 범위

구 분	적용 범위
내부자	해당 법인(계열사 포함), 그 법인의 임직원·대리인·주요주주
준내부자	·해당 법인에 대한 인·허가, 지도, 감독, 그 밖의 권한을 가지는 자 ·해당 법인과 계약을 체결하고 있거나 체결을 교섭하고 있는 자 ·정보를 알게 된 자의 대리인·사용인·종업원
정보수령자	·내부자 또는 준내부자에 해당하지 않게 된 날로부터 1년이 경과하지 아니한 자 ·내부자 또는 준내부자로 부터 미공개 중요정보를 받은 자

④ 규제대상행위 및 시간

㉠ 법령에 따라 금융위 또는 거래소에 신고되거나 보고된 서류에 기재된 정보 : 1일

㉡ 금융위 또는 거래소가 운영하는 전자전달매체를 통하여 공개된 정보 : 3시간

㉢ 전국을 보급지역으로 하는 2 이상의 신문에 그 내용이 게재된 정보 : 6시간

㉣ 전국을 가시청권으로 하는 지상파방송을 통해 방송된 정보 : 6시간

㉤ 연합뉴스사를 통해 그 내용이 제공된 정보 : 6시간

(3) 공개매수 관련 정보의 이용행위 금지

① 규제대상자

㉠ 공개매수자(계열회사 포함) 및 그 임직원

㉡ 공개매수자의 주요주주

㉢ 공개매수자의 대리인

㉣ 준내부자

㉤ 정보수령자

② 규제대상행위

㉠ 주식 등의 대한 공개매수 실시 또는 중지에 대한 미공개 정보를 특정증권 등의 매매에 이용하거나 타인에게 이용하게 하는 행위

㉡ 공개매수자가 공개매수를 목적으로 하는 경우에는 예외임

(4) 대량취득 및 처분관련정보 이용행위 금지

① 규제대상자

㉠ 대량취득·처분을 하는 자(계열회사 포함) 및 그 임직원

㉡ 대량취득·처분을 하는 자의 주요주주

㉢ 대량취득·처분을 하는 자의 대리인

㉣ 준내부자

㉤ 정보수령자

② 주식 등의 대량취득·처분의 요건

㉠ 회사나 그 임원에 대하여 사실상 영향력을 행사할 목적의 취득일 것

㉡ 금융위가 정하여 고시하는 비율 이상의 대량취득 또는 처분일 것

㉢ 그 취득 또는 처분이 5% 보고대상에 해당할 것

(5) 내부자의 단기매매차익 반환제도

단기매매차익 반환제도란 일정범위의 내부자에 대해 미공개 중요정보의 이용여부와 관계없이 특정증권 등의 단기매매거래에 따른 이익을 회사에 반환하도록 하여 내부자의 미공개 중요정보 이용행위를 예방하기 위한 제도이다.

① 반환대상자

㉠ 주요주주

㉡ 임원(업무집행지시자 포함)

㉢ 관련업무 종사 직원

② 반환대상

주권상장법인의 특정증권 등을 매수한 후 얻은 단기매매차익(매수 후 6개월 이내 매도 또는 매도 후 6개월 이내 매수하여 얻은 이익)

③ 단기매매차익 반환의 예외

㉠ 법령에 따라 불가피하게 매수·매도하는 경우

㉡ 정부의 인·허가, 승인 등의 문서에 의한 지도·권고에 따라 매수·매도하는 경우

㉢ 안정조작이나 시장조성을 위해 매수·매도하는 경우

㉣ 모집·사모·매출하는 특정증권 등 인수에 따라 취득·처분하는 경우

㉤ 주식매수선택권의 행사에 따라 주식을 취득한 경우

㉥ 이미 소유하고 있는 지분증권, 신주인수권이 표시된 것, 전환사채권 등 권리행사에 따라 주식을 취득하는 경우

㉦ 증권예탁증권의 예탁계약 해지에 따라 증권을 취득하는 경우

㉧ 교환사채권 또는 교환사채권의 권리행사에 따라 증권을 취득하는 경우

㉨ 모집·매출하는 특정증권 등의 청약에 따라 취득하는 경우

㉨ 우리사주조합원에게 우선 배정된 주식의 청약에 따라 취득하는 경우

㉩ 주식매수청구권의 행사에 따라 주식을 처분한 경우

㉪ 공개매수에 응모함에 따라 주식을 처분한 경우

㉫ 그 밖의 미공개중요정보를 이용할 염려가 없는 경우로 증선위가 인정하는 경우

④ 단기매매차익에 대한 공시

증선위는 단기매매차익의 발생 사실을 알게 된 경우 해당 법인에 통지해야 하며 그 법인은 통보받은 내용을 공시해야 한다.

⑤ 투자매매업자에 대한 준용

투자매매업자는 주권상장법인이 모집・사모・매출하는 특정증권의 인수계약 체결일부터 3개월 이내 매매하여 그날부터 6개월이내에 매매하는 경우에 단기매매차익 반환제도를 준용한다.

(6) 임원 · 주요주주의 특정증권 등 소유상황 보고

상장법인의 임원 또는 주요주주는 누구의 명의로 하든지 자기계산으로 소유한 특정증권 등의 소유상황 및 변동내용을 증선위와 거래소에 보고하여야 한다.

① 보고대상자

㉠ 임원(업무집행지시자 포함)

㉡ 주요주주

② 보고방법

임원 또는 주요주주의 특정증권 등 소유상황이나 변동상황을 증선위와 거래소에 보고하여야 한다.

㉠ 임원 또는 주요주주가 된 날로부터 5영업일 이내에 소유상황보고

㉡ 소유상황의 변동이 있는 경우 변동일로부터 5영업일 이내에 변동상황보고

(7) 장내파생상품의 대량보유 보고 등

동일 품목의 장내파생상품을 금융위가 정하여 고시하는 수량이상 보유하게 된 자는 그 날부터 5일 이내에 그 보유상황 등을 금융위와 거래소에 보고하여야 한다. 그 보유수량이 금융위가 정하여 고시하는 수량 이상으로 변동된 경우에는 그 변동된 날부터 5일 이내에 그 변동내용을 금융위와 거래소에 보고하여야 한다.

① 보고내용

㉠ 대량보유자 및 그 위탁을 받은 금융투자업자에 관한 사항

㉡ 해당 장내파생상품거래의 유형 및 종목

㉢ 해당 장내파생상품을 보유하게 된 시점, 가격 및 수량

㉣ 위 내용과 관련된 사항으로 금융위가 정하는 사항

② 파생상품 관련 정보의 누설금지의무가 있는 자

㉠ 장내파생상품의 시세에 영향을 미칠 수 있는 정책을 입안·수립 또는 집행하는 자

㉡ 장내파생상품의 시세에 영향을 미칠 수 있는 정책을 생성·관리하는 자

㉢ 장내파생상품의 기초자산의 중개·유통 또는 검사와 관련된 업무에 종사하는 자

(8) 위반에 대한 제재

① 형사처벌

미공개 중요정보 이용행위 금지를 위반한 자에 대하여 10년 이하 징역 또는 5억 원 이하 벌금에 처할 수 있다. 그 위반행위로 얻은 이익 또는 회피한 손실액의 3배에 해당하는 금액이 5억 원을 초과하는 경우 그 이익 또는 회피한 손실액의 3배에 상당하는 금액 이하의 벌금에 처할 수 있다.

② 손해배상책임

㉠ 미공개 중요정보 이용행위 금지를 위반한 자는 그 위반행위로 인하여 해당 특정증권 등의 매매를 한 자가 입은 손해를 배상할 책임을 진다.

㉡ 손해배상청구권은 청구권자가 그 위반행위가 있었던 사실을 안 날부터 1년간 또는 그 행위가 있었던 날부터 3년간 이를 행사하지 아니한 경우에는 시효가 소멸된다.

2. 시세조종행위의 규제

(1) 의의

시세조종행위란 자유로운 수급관계에 의해 형성되어야 할 유가증권의 시세를 인위적으로 변동시키고 변동된 시세를 타인으로 하여금 공정한 시세로 오인하게 함으로써 자기의 이익을 도모하는 일체의 행위를 말한다.

(2) 규제대상 시세조종행위

상장증권 또는 장내파생상품의 매매에 관하여 그 매매가 성황을 이루고 있는 듯이 잘못 알게 하거나, 그 밖에 타인에게 그릇된 판단을 하게 하는 행위를 금지한다.

① 통정매매에 의한 시세조종

자기가 매도(매수)하는 것과 같은 시기에 같은 가격 또는 약정수치로 타인이 증권 또는 장내파생상품을 매수(매도)할 것을 사전에 서로 짠 후 매매하는 행위

② 가장매매에 의한 시세조종

형식적으로 매매거래의 외관을 갖추고 있으나 실질적으로는 권리이전을 목적으로 하지 않는 매매를 하는 행위

③ 현실거래에 의한 시세조종

매매를 유인할 목적으로 증권 또는 장내파생상품의 매매가 성황을 이루고 있는 듯 오인하게 하거나 그 시세를 변동시키는 매매 행위

④ 허위표시에 의한 시세조종

㉠ 증권 또는 장내파생상품의 시세가 자기 또는 타인의 시장조작에 의하여 변동된다는 말을 유포하는 행위

㉡ 증권 또는 장내파생상품을 매매함에 있어 중요한 사실에 관하여 거짓 표시 또는 오해를 유발시키는 표시를 하는 행위

⑤ 가격고정 또는 안정조작행위

누구든지 상장증권 또는 장내파생상품의 시세를 고정하거나 안정시킬 목적으로 일련의 매매 또는 위탁이나 수탁하는 행위를 할 수 없다.

그러나 다음의 가격고정 또는 안정조작행위는 예외로 허용하고 있다.

㉠ 모집 또는 매출되는 증권의 발행인 또는 소유자와 인수계약을 체결한 투자매매업자가 일정한 방법에 따라 그 증권의 모집·매출의 청약기간의 종료일 전 20일부터 그 청약 종료일까지 증권의 가격을 안정시킴으로써 증권의 모집·매출을 원활하게 하기 위한 매매거래(안정조작)를 하는 경우

㉡ 투자매매업자가 일정한 방법에 따라 모집·매출한 증권의 수요·공급을 그 증권의 상장된 날부터 1개월 이상 6개월 이내에서 인수계약으로 정한 기간동안 조성하는

매매거래(시장조성)를 하는 경우

㉢ 모집·매출되는 증권 발행인의 임원 등이 투자매매업자에게 안정조작을 위탁하는 경우

㉣ 투자매매업자가 안정조작을 수탁하는 경우

㉤ 모집·매출 되는 증권의 인수인이 투자매매업자에게 시장조성을 위탁하는 경우

㉥ 투자매매업자가 시장조성을 수탁하는 경우

⑥ 현·선연계 시세조종행위

㉠ 장내파생상품매매에서 부당한 이익을 얻거나 제3자에게 부당한 이익을 얻게 하기 위해 장내파생상품의 기초자산의 시세를 변동 또는 고정시키는 행위

㉡ 증권의 매매에서 부당한 이익을 얻거나 제3자에게 부당한 이익을 얻게 하기 위해 그 증권과 연계된 증권의 시세를 변동 또는 고정시키는 행위

(3) 위반에 대한 제재

① 형사처벌

시세조종 금지규정을 위반한 자에 대하여 10년 이하 징역 또는 5억 원이하 벌금에 처할 수 있다. 그 위반행위로 얻은 이익 또는 회피한 손실액의 3배에 해당하는 금액이 5억 원을 초과하는 경우 그 이익 또는 회피한 손실액의 3배에 상당하는 금액 이하의 벌금에 처할 수 있다.

② 손해배상책임

시세조종 금지를 위반한 자는 그 위반행위로 인하여 해당 증권 또는 장내파생상품의 매매·위탁한 자가 입은 손해를 배상할 책임을 진다.

3. 부정거래행위 규제

(1) 의의

자본시장법은 유형화된 시세조종행위금지 및 내부자거래 금지로 포섭할 수 없는 금융투자상품과 관련된 불공정 행위를 규제하기 위해 포괄적·일반적 사기행위를 금지한다.

(2) 부정거래행위유형

① 부정한 수단, 계획 또는 기교를 사용하는 행위

② 중요사항에 관하여 거짓의 기재 또는 표시를 하거나, 타인에게 오해를 방지하기 위하여 필요한 중요사항의 기재 또는 표시가 누락된 문서, 그 밖의 기재 또는 표시를 사용하여 금전이나 그 외 재산상의 이익을 얻고자 하는 행위

③ 금융투자상품의 매매, 그 밖의 거래를 유인할 목적으로 거짓의 시세를 이용하는 행위

④ 거래 또는 시세변동을 목적으로 하는 풍문의 유포, 위계(僞計)의 사용, 폭행 또는 협박하는 행위

(3) 위반 시 제재

① 형사처벌

부정거래행위 금지에 위반한 자에 대하여 10년 이하 징역 또는 5억 원이하 벌금에 처할 수 있다.

② 손해배상책임

부정거래행위 금지에 위반한 자는 그 위반행위로 인하여 해당 금융투자상품의 매매를 한 자가 입은 손해를 배상할 책임을 진다.

4. 시장질서 교란행위 규제

(1) 정보이용 교란행위

다음의 자가 상장증권, 장내파생상품 또는 이를 기초자산으로 하는 파생상품의 매매, 그 밖의 거래에 미공개정보를 이용하거나 타인에게 이용하게 하는 행위

① 내부자 등으로부터 나온 미공개(중요)정보인 점을 알면서 이를 받거나 전득한 자

② 직무와 관련하여 미공개정보를 생산하거나 알게 된 자

③ 해킹, 절취, 기망, 협박 등 부정한 방법으로 정보를 알게 된 자

④ ②와 ③의 자들로부터 나온 정보인 점을 알면서 이를 받거나 전득한 자

(2) 시세관여 교란행위

상장증권 또는 장내파생상품에 관한 매매 등과 관련하여 다음 중 어느 하나에 해당하는 행위(①~③의 경우는 시세에 부당한 영향을 주거나 줄 우려가 있어야 함)

① 거래성립 가능성이 희박한 호가를 대량으로 제출하거나 호가를 제출한 후 해당 호가를 반복적으로 정정・취소

② 권리이전을 목적으로 하지 않고 거짓으로 꾸민 매매

③ 손익이전 또는 조세회피 목적으로 타인과 서로 짜고 하는 매매

④ 풍문을 유포하거나 거짓으로 계책을 꾸며 상장증권 등의 수급상황이나 가격에 대하여 오해를 유발하거나 가격을 왜곡할 우려가 있는 행위

(3) 위반시 제재

시장질서 교란행위를 위반한 자는 5억원 이하의 과징금을 부과할 수 있으며, 위반행위로 얻은 이익의 1.5배가 5억원을 넘는 경우에는 그 금액 이하의 과징금을 부과하는 행정책임만을 진다.

5. 단기매매차익거래규제

(1) 개요

단기매매차익이란 주권상장법인·코스닥상장법인의 임직원 또는 주요주주가 자기회사 주식 등을 6개월 이내 매수(매도) 후 매도(매수)하여 차익이 발생한 경우 내부정보 이용 여부와 관계없이 해당회사에 매매차익을 반환하도록 하는 것을 말한다.

(2) 적용 예외

회사의 임직원 또는 주요주주가 주식 등을 매수·매도한 경우라 하더라도 예외적으로 단기매매차익을 반환할 의무가 없다.

① 정부의 문서에 의한 지도·권고에 따라 매매하는 경우

② 주식매수선택권을 행사하여 취득한 주식을 매도하는 경우

③ 증권시장에서 허용되는 최소매매단위 미만으로 매매하는 경우

④ 이미 소유하고 있는 주권·전환사채권·신주인수권부사채권에서 정한 권리를 행사하여 취득한 신주

⑤ 우리사주조합원에게 우선 배정된 주식을 청약하는 경우

⑥ 유상신주발행시 발생한 실권주 또는 단수주를 취득하는 경우

⑦ 공로금·장려금 등으로 주식을 취득하는 경우

실전예상문제

1. 자본시장법 제정의 의의와 거리가 먼 것은?
   ① 열거주의 규제체제의 도입 - 유가증권의 개념, 대상 등을 열거하여 규정
   ② 기능별 규제체제의 도입 - 금융투자상품 · 금융투자업 · 투자자를 각각 기능적으로 분류
   ③ 업무 범위의 확대 - 네거티브 체제, 투자권유인제도 도입
   ④ 투자자보호 강화 - 설명의무, 적합성 원칙, 이해상충 방지체제 마련

[해설] ① 자본시장법은 금융투자상품을 투자성이 있는 모든 금융상품으로 규정하여 '포괄주의'로 전환하였으며, 기존에 없었던 파생결합증권과 투자계약증권의 개념도 도입하였다.

2. 자본시장법상 금융투자업에 대한 설명 중 틀린 것은?
   ① 투자매매업 : 자기의 계산으로 금융투자상품의 매매, 발행, 인수, 청약 등을 하는 금융투자업
   ② 투자중개업 : 타인의 계산으로 금융투자상품의 매매, 발행, 청약 등을 하는 금융투자업
   ③ 집합투자업 : 2인 이상의 투자자로부터 금전 등을 모아 운용하고 그 결과를 투자자에게 귀속시키는 금융투자업
   ④ 신탁업 : 개인금전신탁, 연금신탁업 등을 규율하는 금융투자업

[해설] ④ 자본시장법은 기능에 따라 금융투자업을 6가지(투자매매업, 투자중개업, 집합투자업, 신탁업, 투자일임업, 투자자문업)로 분류된다. 신탁업은 기존 신탁업법의 개념을 그대로 유지하되, 원본보전이 한시적으로 허용되고 있는 개인금전신탁, 연금신탁은 금융투자업으로 규율하지 않도록 하였다. 또한 금융투자업자가 원할 경우 6개의 금융투자업을 모두 겸영할 수 있도록 하였다.

3. 자본시장법상 금융투자상품에 대한 설명 중 옳지 않은 것은?
   ① 주가연계증권(ELS)은 파생상품에 속한다.
   ② 금융투자상품 중 원본을 손실한도액으로 하는 것은 증권으로 본다.
   ③ 금융투자상품 중 취득 이후에 추가적인 지급의무를 부담하는 것은 파생상품으로 분류된다
   ④ 특정 투자자가 그 투자자와 타인간의 공동사업에 금전 등을 투자하고 주로 타인이 수행한 공동사업의 결과에 따라 손익이 귀속되는 계약상의 권리가 표시된 것을 투자계

약증권이라고 한다.

[해설] ① 주가연계증권(ELS), 주가연계워런트(ELW) 등은 파생결합증권으로 증권으로 분류한다.

4. 자본시장법상 파생결합증권과 파생상품의 구분기준은?
① 원본손실 가능성(추가지급의무) 여부 ② 원본초과손실 가능성 여부
③ 거래소 상장 여부 ④ 기초자산의 범위

[해설] ② 양자 모두 손실이 가능하다는 점에서는 같으나 손실의 범위가 원본을 초과할 가능성이 있는 것은 파생상품, 손실의 범위가 원본을 초과하지 않는 것은 증권이다.

5. 자본시장법상 금융투자업 신규 진입시 인가를 요건으로 하는 업무로 가장 거리가 먼 것은?
① 투자매매업 ② 투자중개업
③ 투자자문업 ④ 집합투자업

[해설] ③ 금융투자업 신규진입시 투자자문업과 투자일임업은 등록을 요건으로 한다.

6. 다음 중 자본시장법상 금융투자상품에서 배제한 것으로 짝지어진 것은?
① 양도성예금증서(CD), 기업어음(CP) ② 양도성예금증서(CD), 순수 관리신탁
③ 기업어음(CP), 환매조건부채권(RP) ④ 기업어음(CP), 자산담보부증권(ABS)

[해설] ② 자본시장법은 순수관리투자신탁과 양도성예금증서에 대하여 손실 가능성이 있으나 만기가 짧아 그 위험이 적다고 판단하였다. 순수관리투자신탁과 양도성예금증서(CD)는 투자자보호의 필요성이 적어 정책적으로 금융투자상품에서 배제하였다.

7. 자본시장법상 금융투자업의 진입규제에 대한 설명 중 틀린 것은?
① 투자자에게 노출되는 위험의 크기에 따라 인가제와 등록제를 차별적으로 적용한다.
② 상품의 특성 즉 위험이 높은 장외파생상품 등을 대상으로 하는 인가는 진입요건을 강화하였다.
③ 투자자보호를 위해 투자중개업보다 투자일임업의 진입요건을 더 강화하였다.
④ 투자자의 위험감수능력에 따라 일반투자자를 상대로 하는 경우에는 전문투자자를 상대하는 경우보다 진입요건을 강화하였다.

[해설] ③ 자본시장법은 등록제보다 인가제의 진입요건을 강화하였다. 인가제 내에서도 '투자매매업→투자중개업, 집합투자업, 신탁업→투자자문업, 투자일임업'순으로 진입요건의 수준이 정해진다. 따라서 투자일임업보다 투자매매업의 진입요건이 더 높다.

8. 금융투자업자가 되기 위한 인가요건과 거리가 먼 것은?
① 상법상 주식회사이거나 대통령령이 정하는 금융기관이어야 한다.
② 인가업무단위별로 5억 원 이상으로서 대통령령에서 정하는 금액 이상의 자기자본을 보유하여야 한다.
③ 투자자보호를 위하여 인적 설비뿐 아니라 물적 설비도 모두 충족해야 한다.
④ 대주주요건은 면제되었다.

[해설] ④ 대주주는 충분한 출자능력, 건전한 재무상태 및 사회적 신용을 구비해야 하는 등의 요건을 갖추어야 한다.

9. 자본시장법상 투자자에 대한 설명으로 가장 거리가 먼 것은?
① 상호저축은행중앙회는 절대적 전문투자자이므로 전문투자자로 대우받겠다는 취지의 서면 없이도 장외파생상품거래를 할 수 있다.
② 비상장법인은 금융위원회로부터 전문투자자로 확인 받아도 자발적 전문투자자이므로 장외파생상품거래시 일반투자자로 대우받는다.
③ 일반투자자는 금융위원회 전문투자자 확인을 받았더라도 적정성 원칙을 적용하여 파생결합증권에 투자할 수 있다.
④ 불초청권유금지 원칙은 전문투자자와 일반투자자 구분없이 적용되므로 전문투자자라도 장외파생상품은 실시간 대화 등의 방법으로 투자권유 요청없이는 투자권유를 할 수 없다.

[해설] ③ 일반투자자라도 금융위원회의 전문투자자 확인 시 적정성 원칙과 상관없이 파생결합증권에 투자할 수 있다.

10. 금융투자업 중 투자자문업, 투자일임업의 등록요건에 대한 설명 중 틀린 것은?
① 등록업무 단위는 인가업무 단위와 동일하나 인가제보다 진입 규제가 완화되어 사업계획의 타당성, 건전성과 같은 적합성 기준은 적용되지 않는다.
② 투자자문업은 일정 수 이상의 투자권유자문인력, 투자일임업은 일정 수 이상의 투자운용인력을 반드시 갖추어야 한다.
③ 자기자본은 등록 단위별로 5천만 원 이상이어야 한다.
④ 외국투자자문업자(또는 투자일임업자)도 그 대주주는 사회적 신용을 갖추어야 등록이 가능하다.

[해설] ③ 등록 시에는 등록업무 단위별로 1억 원 이상으로서 대통령령으로 정하는 금액 이상의 자기자본을 보유해야 하며 등록업무 단위가 추가될수록 자기자본금액이 증가된다. 최저자기자본은 일반투자자를 대상으로 하는 투자자문업의 경우 5억 원(전문투자자만을 대상으로 하는 경우 2.5억

원), 일반투자자를 대상으로 하는 투자일임업은 15억 원(전문투자자만을 대상으로 하는 경우 7.5억 원)이다.

11. 금융투자업자의 건전성규제에 대한 설명 중 잘못된 것은?
① 금융투자업자는 매 분기마다 자산, 부채의 건전성에 대하여 정상, 요주의, 고정, 회수의문, 추정손실의 5단계로 분류해야 한다.
② 금융투자업자는 최소한 일별로 순자본비율을 산정해야 한다.
③ 순자본비율이 50% 이상 ~ 100% 미만인 경우 경영개선요구 조치를 받게 된다.
④ 고정분류자산의 대손충당금 적립비율은 20%이다.

[해설] ③ 순자본비율 50% 이상 ~ 100% 미만인 경우 경영개선권고 조치를 받게 된다.

12. 상대적 전문투자자에 대한 설명 중 잘못된 것은?
① 주권상장법인 등이 장외파생상품 거래를 위해 전문투자자로 대우받기를 원할 경우 그 내용을 서면으로 금융투자업자에게 통지해야 한다.
② 주권상장법인 등이 장외파생상품 거래를 하는 경우 별도 의사표시를 하지 않는 한 일반투자자로 대우한다.
③ 금융투자업자는 정당한 사유없이 상대적 전문투자자에 해당하는 주권상장법인 및 기타 기관 등의 서면 요청을 거부할 수 없다.
④ 주권상장법인, 지방자치단체, 금융기관, 금융감독원 등이 상대적 전문투자자에 해당된다.

[해설] ④ 상대적 전문투자자는 주권상장법인, 지방자치단체, 기타기관(기금관리·운용법인 등) 및 자발적 전문투자자 등이 해당되며, 금융기관, 금융감독원, 국가, 한국은행, 외국정부, 국제기구 등은 절대적 전문투자자에 해당된다.

13. 투자설명서제도에 대한 설명 중 잘못된 것은?
① 투자설명서는 법적 투자권유문서이다.
② 증권신고의 효력이 발생하는 날에 금융위원회에 제출해야 한다.
③ 집합투자증권의 경우 간이투자설명서만 가지고 사용할 수 있다.
④ 이미 취득한 것과 같은 집합투자증권을 계속 추가로 취득하려는 자에게도 투자설명서를 교부해야 한다.

[해설] ④ 전문투자자 등 전문가, 투자설명서 수령거부의사를 서면으로 제출한 자, 이미 취득한 것과 같은 집합투자증권을 계속 추가로 취득하려는 자에 대해서는 투자설명서 교부의무가 면제된다.

14. 금융투자업자의 대주주와의 거래제한에 대한 설명 중 잘못된 것은?
① 금융투자업자는 대주주 또는 특수관계인이 발행한 증권을 소유할 수 없다.
② 금융투자업자는 계열사가 발행한 주식, 채권 및 약속어음을 자기자본의 3%를 초과하여 소유할 수 없다.
③ 금융투자업자는 대주주 또는 그 특수관계인에 대하여 신용공여를 하는 것이 금지될 뿐만 아니라 그들로부터 신용공여를 받는 것도 금지된다.
④ 대주주가 통상적인 거래조건과 다른 거래조건으로 대주주 자신이나 제3자와의 거래를 요구하는 행위는 금지된다.

[해설] ② 금융투자업자는 계열사가 발행한 주식, 채권 및 약속어음을 자기자본의 8%를 초과하여 소유할 수 없다.

15. 자본시장법상 투자매매업자 또는 투자중개업자의 불건전영업행위금지에 대한 설명으로 가장 거리가 먼 것은?
① 일반적으로 가격에 중대한 영향을 미칠 수 있는 고객의 주문을 체결하기 전에 자기의 계산으로 매수 또는 매도를 해서는 아니된다.
② 조사분석자료의 작성을 담당하는 자에 대해서는 일정한 기업금융업무와 연동된 성과보수를 지급할 수 있다.
③ 일반적으로 투자매매업자 또는 투자중개업자는 일임매매를 할 수 없지만 예외적으로 투자일임업의 형태로 하는 것은 가능하다.
④ 조사분석자료가 이미 공표된 자료와 비교하여 새로운 내용을 담고 있지 아니한 경우에는 내용이 사실상 확정된 때부터 공표 후 24시간 이내라도 대상 금융투자상품을 자기의 계산으로 매매할 수 있다.

[해설] ② 조사분석자료의 작성을 담당하는 자에 대해서는 일정한 기업금융업무와 연동된 성과보수를 지급할 수 없다.

16. 금융투자업 규정상 금융투자업자의 총위험액 산정시 시장위험액이 해당하지 않는 것은?
① 신용위험액 ② 금리위험액
③ 외환위험액 ④ 주식위험액

[해설] ① 총위험액은 시장위험액, 신용위험액, 운영위험액으로 구분되며, 주식위험액, 금리위험액, 외환위험액, 집합투자증권 등 위험액, 일반상품위험액, 옵션위험액은 시장위험액에 해당한다.

17. 건전한 경영을 유지하기 위한 금융투자업자의 거래 제한 내용을 모두 고르면?

> ㄱ. 대주주 발행증권의 소유금지
> ㄴ. 계열회사 발행 주식·채권·약속어음의 소유제한
> ㄷ. 신용공여의 제한
> ㄹ. 건전한 자산운용을 해할 수 있는 행위 금지

① ㄱ,ㄴ ② ㄷ,ㄹ ③ ㄱ,ㄴ,ㄷ ④ ㄱ,ㄴ,ㄷ,ㄹ

[해설] ④ 건전한 경영을 위하여 금융투자업자에 대하여 대주주 발행증권의 소유 금지, 계열회사 발행 주식·채권·약속어음의 소유제한, 신용공여제한, 건전한 자산운용을 해할 수 있는 행위 금지 등의 규제가 있다.

18. 자본시장법상 발행공시 규제에 관한 사항을 설명한 것으로 가장 거리가 먼 것은?

① 일정한 방법에 따라 산출한 매출가액 총액이 10억원 미만인 경우 그 매출에 관한 증권신고서를 제출하지 아니할 수 있다.
② 증권신고서의 제출의무자는 당해 모집 또는 매출을 주관하는 주관금융투자회사이다.
③ 매출이라 함은 증권시장 밖에서 50인 이상의 투자자에게 이미 발행된 증권 매도의 청약을 하거나 매수의 청약을 권유하는 것이다.
④ 증권신고서의 효력발생시기는 그 증권신고서가 수리된 날로부터 금융위원회가 각 증권별로 정한 일정기간이 경과한 날이다.

[해설] ② 증권신고서의 제출의무자는 해당 증권의 발행인이다.

19. 자본시장법상 모든 금융투자업자에게 적용되는 공통 영업행위 규칙에 대한 설명으로 잘못된 것은?

① 금융투자업자가 아닌 자는 금융투자, 증권, 파생, 선물 등의 상호를 사용하면 안 된다.
② 금융투자업자는 자기명의를 대여하여 타인에게 금융투자업을 영위하게 하여서는 안 된다.
③ 금융투자업자는 금융투자업·겸영업무·부수업무 등의 일부를 제3자에게 위탁할 수 있다.
④ 외화자산운용 및 보관업무는 재위탁이 항상 금지된다.

[해설] ④ 원칙적으로 재위탁은 금지되나, 단순업무 및 외화자산운용·보관업무는 위탁자의 동의를 받아 재위탁 할 수 있다.

20. 투자매매업자 또는 투자중개업자는 자신이 본인이 됨과 동시에 상대방의 투자중개업자가 될 수 없는 것이 원칙이다. 예외적으로 가능한 경우에 해당하지 않는 것은?

① 투자매매업자 또는 투자중개업자가 증권시장 또는 파생상품시장을 통하여 매매가 이루어지도록 한 경우

② 투자매매업자 또는 투자중개업자가 다자간매매체결회사를 통하여 매매가 이루어지도록 한 경우

③ 투자매매업자 또는 투자중개업자가 자기가 판매하는 집합투자증권을 매수하는 경우

④ 투자자보호 우려가 없는 경우로서 금융투자협회가 정하여 고시하는 경우

[해설] ④ 그 밖에 공정한 가격 형성과 매매, 거래의 안정성과 효율성 도모 및 투자자의 보호에 우려가 없는 경우로서 금융위원회가 정하여 고시하는 경우에는 가능하다.

21. 자본시장법상 증권신고서 및 정정신고서에 관한 설명 중 잘못된 것은?

① 유가증권신고서는 수리한 날로부터 일정기간이 경과한 날에 효력이 발생한다.

② 신고인은 유가증권신고서의 기재사항에 변경이 있을 때에는 신고에 의한 효력발생일 전까지만 정정신고서를 제출할 수 있다.

③ 금융위원회가 신고서의 심사결과 형식적인 불비나 중요사항의 기재부실을 발견한 때에는 그 이유를 제시하고 정정신고서의 제출을 명할 수 있다.

④ 정정신고서가 제출되면 정정신고서가 수리된 날에 해당 유가증권신고서가 수리된 것으로 본다.

[해설] ② 변경이 있을 때에는 신고에 의한 청약일 개시 전까지 정정신고서를 제출할 수 있다.

22. 투자권유대행인 제도에 대한 설명으로 잘못된 것은?

① 금융투자업자는 투자권유대행인에게 증권, 파생상품 등에 대한 투자권유를 위탁할 수 있다.

② 금융투자회사의 위탁을 받아 금융투자상품 판매의 사실상 중개업무만 수행한다.

③ 투자권유대행인의 불완전판매로 인하여 고객에게 손실을 끼친 경우 회사에게도 사용자책임이 준용되어 배상책임이 있다.

④ 투자권유대행인에 대해서도 금융투자회사에 적용되는 설명의무, 적합성 원칙 등 투자권유규제가 동일하게 적용된다.

[해설] ① 금융투자업자는 다른 금융투자상품에 비하여 고위험에 해당하므로 투자자보호를 강화하기 위한 취지에서 투자권유대행인에게 파생상품 등에 대한 투자권유를 위탁할 수 없다.

23. 자본시장법상 설명의무에 대한 설명 중 옳지 않은 것은?

① 형식적인 설명예방을 위해 설명의 내용에 대하여 투자자가 이해할 수 있도록 설명하게하고 그 확인을 받도록 하였다.

② 투자자가 오도(misleading)하지 않도록 중요사항을 설명하고, 허위·왜곡·누락이 없도록 할 것을 의무화하였다.

③ 설명의무위반으로 인한 투자자 손해발생 시 손해배상책임을 명문으로 규정하였다

④ 설명의무는 일반투자자뿐 아니라 전문투자자에게도 적용된다.

[해설] ④ 설명의무는 금융투자상품에 대한 전문지식이나 분석능력이 부족한 일반투자자에 대하여만 적용하고 전문투자자에게는 적용하지 않는다.

24. 자본시장법은 금융투자업자의 금융투자상품 매매 등과 관련한 손실보전행위를 금지하고 있다. 다음 중 예외적으로 허용하는 경우에 해당하는 것은?

① 투자자가 입은 손실의 전부 또는 일부를 사후에 보전하여 주는 행위

② 금융투자업자의 임직원이 위법에 의한 행위에 대하여 투자자와 분쟁조정에 의한 조정안을 이행하는 경우

③ 투자자에게 일정한 이익을 보장할 것을 사전에 약속하는 행위

④ 투자자가 입을 손실의 전부 또는 일부를 보전하여 줄 것을 사전에 약속하는 행위

[해설] ② 금융투자업자의 임직원이 위법에 의한 행위에 대하여 투자자와 분쟁조정에 의한 조정안을 이행하는 경우에는 예외적으로 허용하고 있다.

25. 투자매매업자 및 투자중개업자의 매매관련 규제에 대한 설명 중 옳은 것은?

① 금융투자업자가 고객에게 주문을 받은 경우에는 사후에 투자매매업자인지 투자중개업자인지를 구두나 문서로 밝혀야 한다.

② 투자매매업자나 투자중개업자가 증권시장이나 파생상품시장을 통하여 거래를 하는 경우에는 자기계약 금지규정이 적용된다.

③ 투자매매업자가 예외적으로 취득한 자기주식이라도 취득일로부터 1개월 이내에 처분해야 한다.

④ 임의매매는 투자자의 위탁이 없다는 점에서 위법성이 강하므로 명문으로 금지하고 있다.

[해설] ① 사전 ② 적용되지 않는다 ③ 3개월

26. 자본시장법상 불건전영업행위에 대한 규제의 내용이 아닌 것은?

① 선행매매는 원칙적으로 금지되나 차익거래와 같이 투자자 정보를 의도적으로 이용했다고 볼 수 없는 경우에는 예외적으로 인정된다.

② 조사분석자료 작성자(애널리스트)는 기업금융업무와 연동된 성과보수 지급이 금지된다.

③ 주권의 모집·매출과 관련된 조사분석자료는 그 계약체결일로부터 최초 상장 후 40일 이내에 공표·제공할 수 없다.

④ 자본시장법은 모든 일임매매에 대하여 금지하고 있다.

[해설] ④ 자본시장법은 투자자로부터 금융투자상품에 대한 투자판단의 전부 또는 일부를 일임받아 투자자별로 구분하여 금융투자상품을 취득·처분 그 밖의 방법으로 운용하는 행위를 금지한다. 다만, 투자일임업으로 행하는 경우 투자중개업자가 투자자의 매매주문을 받아 이를 처리하는 과정에서 별도의 대가 없이 금융투자상품에 대한 투자판단의 전부 또는 일부를 일임받을 필요가 있는 경우에는 예외적으로 허용한다.

27. 투자매매업자나 투자중개업자의 집합투자증권 판매에 관한 설명 중 틀린 것은?

① 집합투자증권에 판매에 관련하여 판매수수료 및 판매보수를 받는 경우 집합투자기구에 운용실적에 연동하여 보수 및 수수료를 받아서는 아니 된다.

② 투자매매업자는 집합투자기구가 금융위에 등록하기 전 해당 집합투자증권을 판매하거나 판매를 위한 광고를 할 수 있다.

③ 집합투자증권을 판매하는 경우 투자자가 집합투자증권의 취득을 위하여 금전 등을 납입한 후 최초로 산정되는 기준가격으로 판매하여야 한다.

④ 집합투자증권의 환매를 연기한 경우에는 해당 집합투자증권을 판매할 수 없다.

[해설] ② 투자매매업자는 집합투자기구가 금융위에 등록하기 전에는 해당 집합투자증권을 판매하거나 판매를 위한 광고를 할 수 없다.

28. 증권발행에 대한 설명 중 틀린 것은?

① 모집은 50인 이상의 투자자에게 새로 발행되는 증권 취득의 청약을 권유하는 것이다.

② 매출은 이미 발행된 증권의 매도의 청약을 하거나 매수의 청약을 권유하는 것이다.

③ 사모란 새로 발행되는 증권 취득의 청약을 권유하는 것이다.

④ 이미 발행된 증권을 소수자에게 매각하는 것은 사모에 해당한다.

[해설] ④ 이미 발행된 증권을 소수자에게 매각하는 것은 사모에 해당하지 않는다.

29. 투자매매업자와 투자중개업자의 신용공여에 대한 설명 중 틀린 것은?

① 자본시장법은 신용공여를 원칙적으로 인정하지 않는다.

② 투자매매업자는 증권의 인수일부터 3개월 이내에 투자자에게 그 증권을 매수하게 하기 위하여 그 투자자에게 금전의 융자, 그 밖의 신용공여를 하여서는 아니 된다.

③ 투자매매업자 또는 투자중개업자에게 증권 매매거래계좌를 개설하고 있는 자에 대하여 증권의 매매를 위한 매수대금을 융자하거나 매도하려는 증권을 대여하는 방법으로 신용공여를 할 수 있다.

④ 투자매매업자 또는 투자중개업자에 증권을 예탁하고 있는 자에 대하여 그 증권을 담보로 금전을 융자하는 방법으로 신용공여를 할 수 있다.

[해설] ① 자본시장법은 신용공여를 원칙적으로 인정하되 인수업무와 관련된 일정한 경우에만 금지하고 있다.

30. 투자자 예탁금의 관리에 대한 설명 중 옳은 것은?

① 투자매매업자 또는 투자중개업자의 고유재산과 통합하여 증권금융회사에 예치해야 한다.

② 투자예탁금은 누구든지 상계/압류할 수 없다. 그러나 양도나 담보제공은 가능하다.

③ 투자자 예탁금은 예치기관의 해산 결의, 파산 등의 사유가 있을 때 투자자에게 후순위로 지급된다.

④ 투자자 예탁금은 국채증권 등 안정적 운용을 해할 우려가 없는 것으로 운용해야 한다.

[해설] ① 구분하여 ② 대통령령이 정하는 경우 이외에는 양도 또는 담보제공해서는 아니 된다. ③ 우선 지급해야 한다.

31. 투자자문업자 및 투자일임업자 영업행위 규칙에 관한 설명 중 옳지 않은 것은?

① 일반투자자와 자문계약 또는 일임계약을 체결하고자 하는 때에는 계약 체결 전에 일정사항을 기재한 서면자료를 미리 일반투자자에게 교부하여야 한다.

② 계약으로 정한 수수료 외의 대가를 받을 수 있다.

③ 일반적인 영업행위기준으로서 선관의무와 충실의무를 규정하고 있다.

④ 투자자로부터 금전, 증권, 그 밖에 재산보관 예탁을 받는 행위는 금지된다.

[해설] ② 계약으로 정한 수수료 외의 대가를 받는 행위는 금지된다.

32. 정기공시에 대한 내용으로 잘못된 것은?

① 사업·반기·분기보고서, 연결재무제표 및 결합재무제표 등을 작성하여 공표하는 것이다.

② 제출대상법인에 외부감사대상법인은 포함되지 않는다.

③ 사업보고서는 사업연도 경과 후 90일 이내, 반기·분기보고서는 기종료일로부터 45일 이내에 제출해야 한다.

④ 외국법인 등은 사업보고서 제출의무를 면제하거나 제출기한을 달리하는 등 그 적용을 달리할 수 있다.

[해설] ② 외부감사대상법인으로서 증권의 소유자 수가 500인 이상인 발행인은 제출대상이다.

33. 증권신고서의 내용에 대한 설명 중 옳지 않은 것은?

① 발행회사와 투자자 사이에 발생할 수 있는 정보의 비대칭을 해소하는 것이 목적이다.

② 모집가액 또는 매출가액의 총액(1년 누계)이 10억 원 이상인 경우 제출해야 한다.

③ 증권신고서는 유가증권발행인이 금융위에 제출해야 한다.

④ 전환사채, 신주인수권부사채는 적용되지 않는다.

[해설] ④ 전환사채, 신주인수권부사채는 적용된다.(국채, 지방채, 특수채, 국가지방자치단체원리금을 보증한 채권 등 무위험증권의 성격이 있는 증권은 증권신고서가 면제된다)

34. 투자매매업자 또는 중개업자는 장외파생상품을 대상으로 매매 또는 중개하는 경우 준수해야 하는 기준에 대한 설명으로 가장 거리가 먼 것은?

① 상대방이 일반투자자인 경우에는 그 일반투자자가 위험회피 목적의 거래를 하는 경우에 한할 것

② 영업용순자본이 총위험액의 3배에 미달하는 경우에는 그 미달사태가 해소될 때까지 새로운 장외파생상품의 매매 및 관련업무 일체를 중지할 것

③ 장외파생상품의 매매를 할 때마다 파생상품업무책임자의 승인을 받을 것(다만, 금융위원회가 정하여 고시하는 기준을 충족하는 계약으로서 거래당사자 간에 미리 합의된 계약조건에 따라 장외파생상품을 매매하는 경우는 제외)

④ 월별 장외파생상품(파생결합증권 포함)의 매매, 그 중개·주선 또는 대리의 거래내역을 다음 달 10일까지 금융위원회에 보고할 것

[해설] ② 영업용순자본이 총위험액의 2배에 미달하는 경우에는 그 미달상태가 해소될 때까지 새로운 장외파생상품의 매매를 중지하고 미종결거래의 정리나 위험회피에 관련된 업무만을 수행해야 한다.

35. 일괄신고서제도에 대한 설명 중 옳지 않은 것은?

① 1년에 수회 발행하는 기업의 편의도모를 위해 일정 기간 동안의 모집·매출 예정물량을 일괄해서 사전에 신고하게 하고 실제 발행 시에는 발행금액, 가격 등 필요한 추가 서류만을 제출하는 제도이다.

② 전환사채, 신주인수권부사채와 같은 주식관련 사채도 일괄신고서가 가능하다.

③ 일괄신고서의 발행예정기간은 신고서 효력발생일로부터 2개월 이상 1년 이내의 기간이다.

④ 최근 1년간 모집 또는 매출실적이 없으면 일괄신고서를 이용할 수 없다.

[해설] ② 일괄신고서 이용가능 증권은 1) 주식관련 사채 이외의 사채권 2) 파생결합증권 3) 개방형 집합투자증권이다.

36. 투자설명서의 종류에 대한 설명 중 틀린 것은?

① 투자설명서는 증권신고서의 효력이 발생한 후에 사용한 것이다.

② 예비투자설명서는 신고서가 수리된 후 신고의 효력이 발생하기 전에 청약권유시 사용한다.

③ 간이투자설명서는 신고서가 수리된 후 투자설명서 기재사항 중 일부를 생략하거나 중요사항만을 발췌한 것이다.

④ 전문투자자에게도 투자설명서는 교부되어야 한다.

[해설] ④ 전문투자자, 모집·매출 기준인 산정대상에서 제외되는 자(회계법인, 신용평가업자 등), 투자설명서 수령거부의사를 서면으로 표시한 자에 대하여 투자설명서는 교부의무가 면제된다.

37. M&A 관련제도에 대한 설명 중 틀린 것은?

① 공개매수 시 매수가격은 단일가격으로 해야 한다.

② 공개매수 시 응모총수가 매수예정총수에 미달한 경우에는 사전에 공개매수신고서에 기재만 하면 응모총수 전부의 매수를 거부할 수 있다.

③ 당해 회사가 10인 이상의 주주에게 의결권행사를 대리하게 할 것을 권유하는 경우에도 위임장권유제도가 적용된다.

④ 의결권 있는 주식 등을 최초 5%이상 공개매수 후 5일 내에 추가 매수한 경우에는 이를 최초 보고기간에 합산하여 공시해야 한다.

[해설] ② 공개매수신고서에 그 내용이 기재되어 있어야 하고, 공개매수시점에 이를 공고해야 한다.

38. 기업인수합병제도와 관계가 적은 것은?

① 단기매매차익 반환제도　② 공개매수제도

③ 5% Rule　④ 자기주식 취득, 처분 신고제도

[해설] ① 기업인수합병제도와 관련된 것은 공개매수제도, 5% Rule, 자기주식 취득·처분 신고제도, 의결권대리행사 권유제도 등이 있다.

39. 공개매수제도에 대한 설명 중 옳지 않은 것은?

① 불특정 다수인을 상대로 상장법인주권 등을 장외에서 6개월 이내에 10명 이상으로부터 5%이상 취득 시 공개매수가 의무화되어 있다.

② 적용대상 유가증권은 주권상장법인, 코스닥상장법인이 발행한 의결권 있는 주식과 이에 관계되는 신주인수권 증서, 전환사채, 신주인수권부사채, 교환사채 등의 증권이다.

③ 주식매수청구에 응한 주식의 매수에도 공개매수제도가 적용된다.

④ 원칙적으로 공개매수가 공고된 이후에는 공개매수자는 이를 철회할 수 없다.

[해설] ③ 주식매수청구에 응한 주식의 매수의 경우 공개매수제도에 적용되지 않는다.

40. 주식 등의 대량보유상황 보고제도 5% Rule에 대한 설명 중 옳지 않는 것은?

① 주식대량보유를 하고자 할 때 미리 신고하는 사전공시제도이다.

② 취득목적을 단순투자와 경영참가목적으로 구분하여 공시해야 한다.

③ 고의나 중과실로 보고하지 않은 경우 해당 주식 등의 매수한 날로부터 그 보고를 한 후 6개월이 되는 날까지 5% 초과부분 중 위반부분에 대하여 의결권행사가 금지된다.

④ 금융위는 위반주식에 대한 처분명령, 정정명령, 조사, 처분 등의 조치를 취할 수 있다.

[해설] ① 누구든지 주권상장법인·코스닥상장주권 등을 5% 이상 보유하거나 그 보유지분이 1%이상 변동 시 보고하는 사후공시제도이다.

41. 5% Rule에 대한 설명으로 잘못된 것은?

① 상장법인·코스닥법인의 의결권이 있는 주식 등을 5% 이상 보유한 자(특수관계인 및 사실상 보유분 포함)의 보유비율이 1% 이상 변동 시 그날로부터 5일 이내에 금융위원회와 거래소에 보고해야 한다.

② 대상유가증권에는 의결권이 있는 주식뿐 아니라 CB, BW, EB 등도 포함된다.

③ 주권상장법인의 주식을 5% 이상 보유하게 된 자는 그날부터 5일 이내에 또는 그 보유주식수의 합계가 1% 이상 변동하는 경우에는 변동일로부터 5일 이내에 금융위원회와 거래소에 보고서를 제출해야 한다.

④ 경영참가목적인 경우에는 보고일로부터 7일동안 의결권행사가 제한된다.

[해설] ④ 경영참가목적인 경우에는 냉각기간이라 하여 보고일로부터 5일동안 의결권행사가 제한된다.

42. 자기주식 취득/처분 신고제도에 대한 설명 중 옳지 않은 것은?
① 취득한도는 영업이익의 100%까지이다.
② 이사회결의를 요한다.
③ 신고서 제출일 3일 후부터 3개월 내에 취득해야 한다.
④ 장외에서 공개매수의 방법으로 취득할 수도 있다.

[해설] ① 취득한도는 이익배당한도 내에서 100%까지이다.

43. 의결권대리행사 권유제도에 대한 내용이 잘못된 것은?
① 의결권 대리 권유자는 위임장 용지 및 참고서류를 의결권대리 피권유자에게 제공하는 날 5일 전까지 금융위와 거래소에 제출하여야 한다.
② 최근 경영권 획득수단 또는 기업지배구조 개선의 수단으로 활용되면서 중요성이 부각되고 있다.
③ 누구든지 법령에 정하는 바에 의하지 아니하고 상장주권 의결권의 행사를 자기 또는 타인에게 대리하게 할 것을 권유하지 못한다.
④ 공공적 법인인 경우 제3자가 주식의 의결권대리행사를 권유할 수 있다.

[해설] ④ 의결권대리행사의 권유자는 상장주권의 의결권행사를 자기 또는 제3자에게 대리하게 할 것을 권유하는 자로 위임장을 송부하는 당해 주권상장법인을 포함하여 '누구든지' 의결권대리행사를 권유할 수 있다. 다만, 예외적으로 공공적 법인인 경우에는 당해 공공적 법인만이 주식의 의결권 대리행사를 권유할 수 있다.

44. 내부자거래 위반 시 제재가 잘못 설명된 것은?
① 3년 이하의 징역이나 1억 원 이하의 벌금
② 얻은 이익 또는 회피손실액이 50억 원 이상인 경우 무기징역 또는 5년 이상 징역
③ 이익 또는 회피손실액의 3배에 상당하는 벌금 병과
④ 징역에 처한 경우 10년 이하의 자격정지 병과 가능

[해설] ① 10년 이하의 징역이나 5억 원 이하의 벌금, 내부자거래로 인한 손해배상청구는 위반 사실을 안 날로부터 1년, 행위가 있었던 날로부터 3년 이내에 해야 한다.

45. 내부자거래 규제에 있어서 공개매수 등의 특칙에 대한 설명 중 틀린 것은?

① 공개매수인의 내부자가 대상회사증권을 거래하는 경우도 내부자거래로 금지된다.

② 공개매수인의 내부자가 공개매수의 실시, 중지에 관한 정보를 공개매수대상증권의 매매에 이용하는 것은 금지된다.

③ 자본시장법상 미공개정보 이용행위의 규제대상자가 종전보다 축소되었다.

④ 기업변동을 초래할 수 있는 주식의 대량취득, 처분의 정보를 이용하는 경우에도 공개매수에 준하여 규제한다.

[해설] ③ 자본시장법상 미공개정보 이용행위의 규제대상자의 범위가 확대되었다.

46. 다음 중 단기매매차익 반환의무가 면제되는 경우에 해당하지 않은 것은?

① 주요주주가 매도, 매수를 한 시기 중 어느 한 시기에 주요주주가 아닌 경우

② 주식매수선택 행사로 인한 취득, 처분

③ 모집, 사모, 매출하는 특정 증권의 인수에 따라 취득하거나 인수한 특정 증권을 처분하는 경우

④ 회사의 연구개발에 종사하는 직원이 회사증권을 매수하여 3개월 만에 매도한 경우

[해설] ④의 경우에는 단기매매차익을 반환해야 한다.

47. 자본시장법상 내부자거래(미공개정보 이용행위)의 규제에 대한 설명 중 틀린 것은?

① 일반인에게 공개되지 않은 주요 정보를 이용하여 당해 유가증권을 매매하는 행위를 규제하는 것이다.

② 이는 공시를 강제하는 수단인 것이지 내부자의 유가증권거래 자체를 금지시키는 것이 아니다.

③ 규제대상증권은 당해 법인이 발행한 증권에 한한다.

④ 내부자는 회사내부자, 준내부자, 정보수령자를 말한다.

[해설] ③ 규제대상증권은 당해 법인이 발행한 증권뿐 아니라 당해 법인과 관련한 증권을 기초자산으로 한 신종증권(EB, DR, ELW, ELS, 콜옵션, 풋옵션)도 포함된다.

48. 자본시장법상 시세관여 교란행위 규제에 대한 설명으로 잘못된 것은?

① 시세관여 교란행위에 대하여 5억원 이하의 과징금을 부과할 수 있고, 위반행위로 얻은 이익의 1.5배가 5억원이 넘는 경우에는 그 금액 이하로 과징금을 부과할 수 있다.

② 거래성립 가능성이 희박한 호가를 대량으로 제출하거나 호가를 제출한 후 해당 호가를 반복적으로 정정・취소하는 것도 시세관여 교란행위에 해당된다.

③ 권리이전을 목적으로 하지 않고 거짓으로 꾸민 매매는 시세관여 교란행위에 해당된다.
④ 매매유인이나 부당이득의 목적으로 시세에 부당한 영향을 줄 우려가 있는 경우에만 규제할 수 있다.

[해설] ④ 매매유인이나 부당이득의 목적이 없다고 할지라도 시세에 부당한 영향을 줄 우려가 있다고 판단되면 과징금을 부과할 수 있다.

49. 시세조종행위에 대한 규제내용 중 잘못된 것은?
① 시세조종행위 규제는 시세조종 목적 내지 매매유인 목적에 따라 불법성을 판별하는 방식을 채택하고 있다.
② 유가증권 매매의 부당이득을 취하기 위해 시세를 자기 또는 타인이 조작하여 변동한다는 말의 유포나 위계행위를 금한다.
③ 모집 또는 매출되는 증권의 인수인이 투자매매업자에게 시장조성을 위탁하는 경우도 시세조종행위에 해당한다.
④ 시세조종행위에 의해 형성된 가격으로 당해 유가증권의 거래를 함으로써 손해를 입은 부분에 대해 시세조종행위자는 배상책임이 있다.

[해설] ③ 모집 또는 매출되는 증권의 인수인이 투자매매업자에게 시장조성을 위탁하는 경우는 시세조종행위에 해당하지 않는다.

50. 자본시장법상 금융투자회사 임직원의 주식매매제도의 대한 설명 중 틀린 것은?
① 자본시장법은 금융투자회사에 종사하는 임직원의 주식거래 금지제도를 철폐하였다.
② 은행과 보험회사의 경우에는 금융투자업의 직무를 수행하는 임직원에 한하여 적용된다.
③ 둘 이상의 회사 또는 둘 이상의 계좌를 통해서 매매할 수 없다.
④ 매매명세를 분기별로 소속 금융투자업자에게 통지해야 한다.

[해설] ③ 둘 이상의 회사 또는 둘 이상의 계좌를 통해서 매매할 수 있다.

제 2 장 회사법

제 1 절 주식회사와 주식

1. 주식회사의 개념

주식회사란 유한책임 회사로서 주식으로 분할된 자본에 대하여 지분을 가지고 있는 주주로 조직되었다. 주주는 자신이 인수한 주식에 대한 출자의무만 부담할 뿐 회사 채무에 대해서는 책임지지 아니한다.

주식회사는 자본, 주식, 주주의 유한책임을 특징으로 하며 가장 일반적인 회사형태이다.

2. 주식회사의 요소

(1) 자본

주식회사의 자본을 구성하는 방법에는 확정자본제도와 수권자본제도로 구분된다. 현재 상법상 자본구성에 대한 제약이 없으므로 우리나라는 수권자본제도에 가까운 형태를 하고 있다.

① 확정자본제도

회사설립 시에 정관에 규정된 자본의 총액을 확정하여 그 발행한 주식의 총수가 인수

될 것을 요구하고, 증자 시에 주주총회 특별결의로써 자본액을 변경(정관변경)하여야만 신주를 발행할 수 있는 제도를 말한다.

② 수권자본제도

정관에 기재된 자본 총액 중 일부에 해당하는 주식의 발행만으로 회사의 설립을 인정하고 그 후 필요에 따라 잔여 주식범위 내에서 이사회의 결의로 신주를 발행하는 제도를 말한다. 현대 기업의 탄력적이고 유동적인 자금조달을 위해 많은 국가에서 채택하고 있다.

(2) 자본금의 의의

자본금은 주주의 출자에 의해 이루어진 일정한 기금으로 회사에서 보유하는 최소한의 재산 한도의 기준이다.

① 액면주식

액면주식을 발행하는 경우 회사의 자본금은 발행주식의 액면총액이 된다.

② 무액면주식

무액면주식은 금액이 표시되지 않고 주권에 주식의 수만 기재되는 주식이다. 무액면주식을 발행하는 경우 주식 발행가액의 1/2이상의 금액으로서 이사회에서 자본금으로 계상하기로 한 금액의 총액이 자본금이 된다.

③ 회사의 자본금은 액면주식을 무액면주식으로 전환하거나 무액면주식을 액면주식으로 전환하더라도 변경할 수 없다.

[표 2-1] 주식회사 자본의 3원칙

3원칙	내 용
자본확정의 원칙	회사설립 시 발행하는 주식은 그 총수가 인수되어야 한다는 원칙
자본충실의 원칙 (=자본유지의 원칙) (=자본구속의 원칙)	· 회사의 자본액에 상당하는 재산을 확보하고 있어야 한다는 원칙으로 회사의 자본과 재산의 관계를 규율하는 것 · 상법상 관련 규정 : 이익배당의 제한, 주식의 액면미달발행 제한, 주식인수가액의 전액납입, 주금납입에 대한 상계금지, 변태설립에 대한 엄격한 감독, 발기인·이사의 주식인수 및 납입담보책임, 자기주식의 취득금지, 법정준비금제도 등
자본불변의 원칙 (=자본감소 제한의 법칙)	회사의 자본액은 주주총회 특별결의와 채권자보호절차 등 엄격한 법정절차에 의하지 않고는 변경(감소)할 수 없다.

(3) 주주의 유한책임

주주는 자신이 인수한 주식에 대한 출자의무만 부담할 뿐 회사 채무에 대해서는 책임지지 아니한다.

3. 상법상 회사의 종류

(1) 합명회사

2인 이상이 출자하여 경영 및 채무를 무한히 책임지는(무한책임) 기업형태를 말한다.

(2) 합자회사

무한책임사원과 자신이 출자한 범위내에서만 책임을 지는 유한책임사원으로 구성되는 기업형태이다.

(3) 유한책임회사

자신의 출자금액 한도에 대해서만 책임을 지는 유한책임사원으로 구성된 회사를 말하며 2011년 개정된 상법에서 처음으로 도입된 회사형태로 회사의 정관이나 상법에 다른 규정이 없으면 합명회사에 대한 규정을 준용한다.

(4) 유한회사

유한책임을 지는 소수의 사원과 소액의 자본으로 운영되는 중소기업에 적당한 기업형태로 업무집행권 및 대표권은 이사에게 있으며, 사원은 회사의 업무집행 및 대표에 참여할 수 없다. 또한 사원의 지분양도를 원칙적으로 자유롭게 하면서도 정관으로 제한할 수 있도록 하였다(제 556조).

(5) 주식회사

대부분의 기업이 취하고 있는 형태인 주식회사는 출자한 한도내에서 유한책임을 지는 1인 이상의 출자자에 의해 설립되는 기업형태로서 대규모 기업에 적당한 기업형태이다.

제 2 절 주식회사의 설립

1. 주식회사 설립절차

주식회사는 자본단체로 자본의 구성을 위해 설립절차가 복잡하고 엄격하며 설립절차에 대한 조사·감독에 관한 사항이 상세하게 규정되어 있다. 주식회사의 설립절차는 ① 발기인, ② 정관작성, ③ 실체구성, ④ 설립등기 4단계로 진행된다.

2. 발기인

발기인이란 회사의 설립사무를 주관하는 자를 의미한다. 주식회사를 설립하려면 발기인이 정관을 작성해야 한다.

① 발기인은 정관에 발기인으로 기명날인 또는 서명한 자에 한함
② 발기인 자격 및 수에는 제한이 없음(단, 1인 1주 이상의 인수의무가 있음)

3. 정관작성

(1) 설립중인 회사

주식회사의 설립과정에서 권리의무의 주체로, 권리능력이 없는 사단이라는 법적 성질을 가지며, 회사의 성립시기는 정관이 작성된 후 1주 이상 주식을 인수한 때부터이다.

(2) 정관작성

정관이란 회사의 목적과 조직, 활동에 관하여 규정한 근본규칙을 말하며 이러한 사항을 기재한 서면이다. 정관은 자치법규의 성질을 가지며 상법의 법원(法源)이 된다.

주식회사의 정관은 1인 이상의 발기인이 작성하여야 하며, 회사의 설립 관계를 명확히 하기 위해 공증인의 인증을 효력발생요건으로 하고 있다(상법 제292조). 단, 자본금 총액이 10억원 미만인 소규모 회사의 발기설립의 경우 발기인이 정관에 기명날인·서명함으

로써 효력이 생긴다.

정관에는 반드시 정관에 기재하여야 하며 흠결된 경우 정관이 무효가 되고 회사설립의 무효사유가 되는 절대적 기재사항과 정관에 기재하지 않아도 정관의 효력에는 영향이 없으나 기재함으로써 효력이 생기는 상대적 기재사항(변태설립사항), 정관에 기재하지 않더라도 그 사항을 실행하지 못하는 것은 아니나 정관이 가지는 구속력을 갖기 위해 기재하는 임의적 기재사항으로 구분된다.

① 절대적 기재사항 : 목적, 상호, 회사가 발행할 주식의 총수, 1주의 금액, 회사의 설립 시에 발행하는 주식의 총수, 본점의 소재지, 회사가 공고를 하는 방법, 발기인의 성명·주민 등록번호 및 주소

② 변태설립사항 : 발기인이 받을 특별이익과 성명, 현물출자자 성명·목적재산·주식 등, 회사성립 후에 양수할 것을 약정한 재산과 그 양도인의 성명, 회사가 부담할 설립비용과 발기인이 받을 보수액

4. 실체구성

(1) 실체구성

주식회사는 설립 시에 발행하는 주식의 인수 및 출자의 이행을 통해 사원과 자본을 확정하고 이사·감사의 선임으로 기관이 확정되면 법인의 실체가 구성된다.

(2) 출자의 이행

① 발기설립

발기설립은 발기인이 설립 시에 발행하는 주식 모두를 인수하고 지체없이 인수가액 전액을 은행, 기타 금융기관에 납입하여야 한다. 단, 자본금 총액이 10억원 미만인 소규모 회사는 납입금 보관금액의 증명서를 은행이나 그 밖의 금융기관의 잔고증명서로 대체할 수 있다(상법 제318조 제3항).

발기인이 현물출자 시 그 재산의 유형에 적합한 권리이전에 필요한 요건을 갖추고, 등기·등록에 필요한 서류를 완비하여 교부하여야 한다. 발기인이 출자이행을 하지 않는 경우, 채무불이행의 일반원칙에 따라 그 이행을 강제하든지 또는 회사가 불성립한다.

② 모집설립

모집설립은 설립 시 발행하는 주식의 일부를 발기인이 인수하고 나머지는 주주를 모집

하는 방식이다.

발기인이 발행주식의 일부 인수 + 주주모집(청약서, 배정자유)

(3) 이사 · 감사의 선임

① 발기설립

자본금 확정절차가 완료된 후 의결권의 과반수로 이사와 감사를 선입한다. 이때 발기인의 의결권은 1주당 1의결권으로 한다.

② 모집설립

자본금 확정절차가 완료된 후 주식인수인으로 구성되는 창립총회에서 출석한 주식인수인 의결권의 2/3와 인수된 주식 총수의 과반수로 이사와 감사를 선임한다.

(4) 설립경과 조사 · 감독

① 발기설립

원칙적으로 이사·감사가 조사하고 현물출자 및 재산인수 등 변태설립사항은 이사의 청구에 의하여 법원이 선임한 검사인이 조사한다. 단, 현물출자 및 재산인수의 재산총액이 자본금의 5분의 1을 초과하지 아니하고 5천만원을 초과하지 않은 경우에는 이를 생략할 수 있다

② 모집설립

원칙적으로 이사와 감사가 조사하고, 변태설립사항은 검사인이 하며 조사보고는 창립총회에 한다.

5. 설립등기 및 설립하자

(1) 설립등기

발기설립의 경우 이사·감사의 조사보고가 종료된 날, 변태설립사항이 있는 경우 검사인의 조사보고 후 또는 법원의 변태설립사항 변경 처분 후 2주간 내에, 모집설립의 경우 창립총회가 종료된 날 또는 창립총회에 의한 변태설립사항 변경 후 2주간 내에 설립 등기해야 한다.

① 설립등기로 회사는 법인격을 취득, 주식인수인은 주주, 권리주는 주식이 된다.

② 설립등기의 효과

㉠ 주식인수인이 주식청약서 요건문제를 이유로 인수 무효 주장 불가

㉡ 착오 · 사기 · 강박을 이유로 인수 취소 불가

㉢ 주권발행 허용, 상호권 취득

㉣ 권리주의 양도제한 해제

(2) 설립하자

주식회사의 설립에 하자가 있는 경우 설립무효소송제도만 인정된다. 설립무효의 사유는 강행법규 등을 위반한 중대한 경우이며 주주 · 이사 · 감사가 회사성립일로부터 2년내에 소송의 방법으로만 주장할 수 있다.

제 3 절 주식과 주주

1. 주식

(1) 주식의 개념

① 주식은 주식회사의 자본구성 및 조달과 관련된 단위를 의미한다.

② 주식은 주주의 회사에 대한 권리·의무의 단위인 주주권을 의미한다.

(2) 주식의 종류

주식의 종류 및 그 주요 내용을 정리하면 다음 표와 같다.

[표 2-2] 주식의 종류

구 분	주요 내용
액면/무액면주식	무액면주식제도 도입(2012.04.15)으로 액면주와 무액면주식 중 한 종류를 선택하여 발행 가능(상법 329조의1)
기명/무기명주식	무기명주식은 정관에 정함이 있어야 한다.
종류주식	이익배당, 잔여재산 분배, 의결권행사 등에 관하여 다양한 주식발행 가능
상환주식	· 발행 시부터 이익에 의한 소각이 예정되어 있는 주식 · 종류주식에 한하여 발행 인정, 정관규정 필요
전환주식	· 회사가 수종의 주식을 발행한 경우 주주가 그 인수한 주식을 다른 종류의 주식으로 전환 청구할 수 있는 권리가 부여된 주식 · 전환권은 형성권 · 주주명부 폐쇄기간에도 전환청구 가능
의결권 없는 주식	· 우선주뿐 아니라 보통주도 가능(상법344조의3) · 발행주식 총수의 1/4초과 불가

(3) 주권

① 주권은 주식을 표창하는 유가증권으로 주주권을 증명하는 수단이다.

② 회사는 성립 후 또는 신주의 납입기일 후 지체없이 주권을 발행해야 한다.

③ 회사는 주권을 발행하는 대신 정관으로 정한 바에 따라 전자등록기관의 전자등록부

에 주식을 등록할 수 있다.

④ 회사는 주식을 발행해야 하나 주주가 주권불소지의 뜻을 회사에 신고한 때에는 주권을 발행하지 않을 수 있다.

2. 주주와 주주명부

(1) 주주

① 주주명부상의 주주만이 주주의 지위를 가진다.

② 주주의 자격 및 수 제한 없으며, 주주가 1인인 회사도 인정.

③ 주주평등원칙

주주가 소유하는 주식수를 기준으로 평등하게 대우해야 한다는 원칙이다.

④ 주주의 권리

주주가 회사에 대해 가지는 권리로 자익권과 공익권이 있다.

㉠ 자익권이란 회사로부터 경제적 이익을 받는 것을 목적으로 하는 권리를 의미한다.(예 :신주인수권, 주식교부청구권, 주식전환청구권, 명의개서청구권 등)

㉡ 공익권이란 자익권 확보를 위해 회사의 운영에 참가하는 것을 목적으로 하는 권리를 의미한다.(예 : 의결권, 설립무효·합병무효의 소의 제기권, 주주총회소집청구권, 회계장부열람권 등)

⑤ 주주의 의무

주주가 회사에 대해 부담하는 유일한 의무는 주식인수가액에 대한 납입의무이다.

(2) 주주명부

① 주주명부의 의의

주주명부는 주주 및 주권에 관한 사항을 명확히 하기 위해 작성하는 회사의 강제장부이다. 주주와 회사채권자는 영업시간 내에 언제든지 주주명부의 열람 또는 등사를 청구할 수 있다.

② 주주명부의 폐쇄

주주명부의 폐쇄란 일정한 시기에 주주 또는 질권자로서 권리를 행사할 자를 확정하기 위해 일정기간동안 주주명부의 기재변경을 정지시키는 것을 말하며, 폐쇄기간은 3월을 초과할 수 없다.

주주명부 폐쇄기간 중에도 전환주식 또는 전환사채의 전환권 행사는 인정되나 그 기간 중에 전환된 주식의 주주는 그 기간 중의 주주총회의 결의에 의결권을 행사할 수 없다.

③ 주주명부의 기준일

주주 또는 질권자의 권리행사자로 확정되는 날을 기준일 또는 등록일이라 한다. 회사는 기준일을 정한 때에 그날의 2주간 전에 공고해야 한다.

④ 실질주주명부

예탁결제원이 통지한 증권회사별 고객명부를 기초하여 상장회사가 작성한 주주명부로 상법상 주주명부와 동일한 효력이 있다.

제 4 절 회사의 기관

1. 주식회사 기관의 조직과 권한분배

주식회사의 기관은 회사의 대·내적 의사결정기관으로서의 주주총회, 업무집행기관으로서의 이사회와 대표이사, 감독기관으로서의 감사 등 법정필요상설기관으로 이루어졌다. 상법은 이사회중심주의 채택하고 있으며 외환위기 이후 기업경영의 투명성을 확보하기 위해 사외이사제도 및 감사위원회 제도를 도입하였다. 현재 이사회는 경영관리 업무집행과 업무감독권을 동시에 보유하고 있다. 2011년 상법개정에서는 집행임원제도를 도입하여 이사회의 업무집행기능을 집행임원이 담당함으로 업무감독의 충실을 기하기 위한 것이다.

2. 주주총회

(1) 주주총회의 의의

주주총회는 주주로 구성되는 필요적 상설기관으로 법률 또는 정관에 정하여진 사항을 결의하는 최고의사결정기구이다.

(2) 주주총회의 권한

주주총회는 법률과 정관에 규정된 사항만을 결의할 수 있으며 상법에서는 보통결의사항, 특별결의사항, 특수결의사항으로 구분하여 규정하고 있다.

[표 2-3] 주주총회 결의사항

구 분	필요한 정족수	해당 사항
보통결의 사항	발행주식총수의 1/4이상에 해당하는 주식 및 출석한 주주의 의결권 과반수	· 이사 · 감사 · 청산인 선임, 그 보수의 결정 · 재무제표 승인, 주식배당 · 총회 연기 또는 속행 결정 · 청산인 청산종료 승인 · 해임 등
특별결의 사항	발행주식총수의 1/3이상에 해당하는 주식 및 출석한 주주의 의결권의 2/3이상의 다수	· 주식의 포괄적 교환 · 이전, 정관 변경 · 영업의 전부 또는 중요한 일부의 양도 · 이사 · 감사의 해임 · 사후설립, 회사의 계속, 회사의 해산, 주식의 할인 발행(액면미달 발행), 자본의 감소
특수결의 사항	총주주의 동의	· 이사의 회사에 대한 책임 면제 · 주식회사의 유한회사로의 조직변경

(3) 주주총회의 소집

주주총회의 소집권자는 원칙적으로 이사회에 있다. 소수주주나 감사는 주주총회 소집 이유를 서면으로 기재하여 주주총회의 소집을 청구할 수 있다.

[표 2-4] 주주총회 소집

구분	주요 내용
소집권자	· 이사회(원칙) : 이사회결의에 따라 대표이사가 절차를 밟아 소집 · 소수주주 : 발행 주식총수의 3%이상 보유주주 · 감사(제 412조의3)
소집시기	· 정기총회 : 매년 1회 일정한 시기에 소집, 연 2회 이상 결산기를 정한 경우에는 매기에 소집 · 임시총회 : 필요한 경우에 수시로 소집
통지방법	주주총회 2주 전까지 서면 또는 전자문서로 발송
통지생략	· 의결권 없는 주주 · 주주명부상의 주주의 주소에 계속 3년간 도달하지 않은 경우
공고 및 통지갈음	· 자본금 총액이 10억 원 미만인 회사가 주주총회를 소집하는 경우에는 주주총회일의 10일 전에 각 주주에게 서면통지 발송 또는 각 주주의 동의를 받아 전자문서로 통지 발송 가능 · 자본금 총액이 10억 원 미만인 회사는 주주 전원의 동의가 있을 경우 소집절차 없이 주주총회를 개최할 수 있고, 서면에 의한 결의로써 주주총회의 결의를 갈음할 수 있음. · 무기명식 주권을 발행한 경우에는 주주총회일의 3주 전에 총회를 소집하는 뜻과 회의의 목적사항을 공고하여야 함. · 상장법인인 경우 영세주주(의결권 있는 주식 1%이하)에게 2주 전에 2개 이상의 일간지에 2회 이상 총회소집을 공고한 경우 소집 통지한 것으로 갈음 함.

(4) 의결권

주주가 주주총회에 출석하여 결의에 참가할 수 있는 권리를 의미한다. 의결권은 고유권으로 주주본인의 동의가 없는 한 정관의 규정이나 주주총회 결의로도 박탈하거나 제한하지 못한다.

① 의결권의 수 : 모든 주주는 1주마다 1개의 의결권을 갖는다.

② 의결권행사

㉠ 의결권행사의 자격 : 기명주주는 명의개서가 되어 있어야 함(무기명주주는 그 주권을 회사에 공탁해야 함)

㉡ 의결권 대리행사가능 : 대리권을 증명하는 서면을 주주총회에 제출

㉢ 의결권 불통일행사 가능 : 주주가 수 개의 주식을 소유하는 경우 일부의 의결권은 찬성으로, 다른 의결권은 반대로 행사하는 경우 가능.

③ 서면결의 및 전자주주총회도 가능하다.

3. 이사 · 이사회 및 대표이사 · 집행임원

(1) 이사

이사는 이사회의 구성원으로서 회사의 업무집행에 관한 의사결정에 참여하고 대표이사 및 집행임원 등의 업무집행을 감독할 권한을 가진 자를 말한다. 구체적인 이사에 대한 내용은 다음의 표에 정리되어 있다.

[표 2-5] 이사

구 분	내 용
권한	회사의 업무집행에 관한 의사결정권, 대표이사 감독권, 소제기권 등
선임방법	주주총회 보통결의 (집중투표의 경우 3% 이상의 소수주주에게만 인정)
이사의 수	3인 이상(단, 자본금 10억 원 미만 회사는 1인 또는 2인도 가능)
사외이사의수(상장법인에 한함)	· 자산총액 2조원 미만 상장법인 : 이사총수의 1/4이상 · 자산총액 2조원 이상 상장법인 : 이사총수의 과반수이상(3인 이상)
임기	3년 초과 불가(연장 · 연임 가능)
자격	원칙적으로 자격에는 제한이 없으나 감사는 그 회사 및 자회사의 이사가 될 수 없음, 법인의 경우 정관으로 자격을 제한하는 것은 가능
대표이사	회사대표권(대외)과 업무집행권(대내)있음, 이사 중에서 1인 또는 수인의 대표이사 선임

(2) 이사회

이사회는 이사전원으로 구성되는 회의체 기관으로서 주식회사의 필요적 상설기관이다. 자본금 총액이 10억 원 미만으로서 이사가 1인 또는 2인인 소규모 회사는 이사회가 존재하지 않는다.

① 이사회의 결의에 하자가 있는 경우 이해관계인은 항변 또는 결의무효확인의 소로 주장할 수 있다.

② 회사는 상법 또는 정관에 따라 이사회 내 위원회를 설치하고 이사회권한을 위임할 수 있다.

[표 2-6] 이사회

구 분	내 용
소집	각 이사(단, 소집이사를 따로 정한 경우에는 다른 이사의 소집권 배제됨) 감사(2011년 상법개정으로 소집권한 있음)
결의	과반수 출석+출석이사 과반수 찬성 기명투표만 허용, 전화회의허용, 대리행사, 서면결의 허용 불가
권한	의사결정권, 업무감독권
이사회의사록	출석이사와 감사가 기명날인, 주주에 한하여 열람·등사 청구가능하나 회사는 정당한 사유발생시 거절 가능
이사회 내 위원회	2인 이상의 이사로 구성, 이사회 권한 위임 가능, 이사회결의와 동일한 효력 있음 자산 2조원 이상 대규모 상장회사는 사외이사 후보추천위원회, 감사위원회를 반드시 두어야 하고, 그 구성원으로서 각각 과반수, 2/3이상을 사외이사로 함

③ 업무집행-대표이사 및 집행임원

상법은 회사를 대표할 이사를 선정하거나 대표이사를 대신하여 업무집행기구로 집행임원을 선임하여야 한다.

㉠ 집행임원 미설치회사-대표이사

회사는 이사회의 결의, 예외적으로 정관규정에 의해 주주총회의 결의로 대표이사를 선임, 대표이사의 인원수에 대하여 제한이 없다.

㉡ 집행임원 설치회사-집행임원

회사는 집행임원을 둘 수 있으며 집행임원을 둔 회사는 대표이사를 따로 두지 못한다.

㉢ 집행임원은 이사회에서 1인 또는 수인을 선임.

㉣ 집행임원 설치회사는 회사의 업무집행기능과 감독기능을 분리하여 이사회는 감독만 하면서 업무집행에 대한 의사결정을 집행임원에 위임하고 집행임원은 업무의 진행상황을 이사회에 보고.

④ 업무집행지시자 등의 책임

회사에 대한 영향력을 이용하여 이사에게 업무집행을 지시하거나 경영권을 사실상 행사하는 지배주주 등을 이사로 보아 이들은 이사와 동일한 책임을 부담하도록 한다.

4. 감사

(1) 감사

감사는 이사 또는 집행임원의 직무의 집행을 감독하는 주식회사의 필요적 상설기관으로 주주총회의 보통결의에 의해 선임된다. 다만, 자본금총액이 10억원 미만인 소규모 회사는 감사를 선임하지 않을 수 있다. 이 경우 주주총회가 이사에 대한 업무감독권을 가지며, 이사는 회사에 현저하게 손해를 미칠 사실을 발견 즉시 주주총회에 보고해야 한다.

(2) 감사의 선임 · 자격 · 권한 · 의무 등

[표 2-7] 감사

구 분	내 용
선 임	주주총회에서 선임(3% 초과주식에 대한 의결권 제한 있음)
자 격	제한 없음 (단, 회사 및 자회사의 이사 또는 지배인 기타 사용인은 불가)
권 한	업무감사권, 회계감사권
의 무	주주총회에 대한 조사보고의무, 이사회에 대한 보고의무, 감사록 작성의무

5. 감사위원회

감사위원회는 감사의 대체기관으로서 회사의 업무감독권과 회계감독권을 가지고 있는 이사회 내 위원회이다. 감사위원회 설치는 임의사항으로 회사는 감사에 갈음하여 감사위원회를 설치할 수 있는데, 이 경우 감사를 둘 수 없다.

(1) 감사위원회의 구성

감사위원회의는 3인 이상의 이사로 구성한다.

① 감사위원회 위원의 2/3이상 사외이사로 구성해야 한다.

② 회사경영에 직 · 간접적으로 영향력을 가지고 있는 자가 감사위원의 1/3초과 못한다.

(2) 상장회사의 감사위원회 설치의무

최근 사업연도 말 자산총액 2조원 이상인 상장법인은 감사위원회를 의무적으로 설치하여야 한다.

6. 준법통제기준 및 준법지원인

(1) 준법통제기준 및 준법지원인 의의

자산규모를 고려하여 상법 시행령에서 정하는 상장회사는 준법통제기준을 마련하고 준법지원인을 선임하여야 한다. 준법통제기준의 준수에 관한 업무를 담당하는 준법지원인을 1인 이상 두어야 한다.

(2) 선임 및 퇴임

상장회사는 준법지원인을 선임하려면 이사회의 결의를 거쳐야 한다. 변호사, 법률학을 가르치는 조교수 이상(5년), 그 밖의 상법 시행령에서 정하는 법률적 지식이 많은 자 중 준법지원인을 선임해야 한다.

(3) 보고의무

준법지원인은 회사의 임직원이 준법통제기준의 준수여부를 점검하여 그 결과를 이사회에 보고해야 한다.

제5절 자본금의 증가

1. 신주발행

신주의 발행이란 회사성립 후 수권자본의 범위 내에서 주식을 발행하여 회사의 자본을 증가시키기는 것을 의미한다. 신주의 발행은 일반적으로 회사의 실질적인 자본의 증가를 위해서 주식을 발행하는 것을 말한다.

2. 발행사항의 결정

(1) 원칙

회사가 주식을 발행하는 경우 신주발행에 대한 결정 및 신주발행에 관한 사항이 정관에 규정되어 있지 않은 경우 이사회에서 결정한다.

[표 2-8] 신주발행의 원칙

구 분	내 용
이사회에서 발행사항 결정	· 신주의 종류와 수, 신주의 발행가액과 납입기일, 신주의 인수방법 · 무액면주식의 경우에는 신주의 발행가액 중 자본금으로 계상하는 금액 · 현물출자를 하는 자의 성명과 그 목적인 재산의 종류·수량·가액과 이에 대하여 부여할 주식의 종류와 수, · 주주가 가지는 신주인수권을 양도할 수 있는 것에 관한 사항 · 주주의 청구가 있는 때에만 신주인수권증서를 발행한다는 것과 그 청구기간
주주인정시기	신주인수인은 주금 또는 현물 납입기일 익일부터 주주가 됨

3. 신주인수권

(1) 의의

신주인수권이란 회사가 신주를 발행하는 경우에 우선적으로 그 신주의 인수를 청구할 수 있는 권리를 의미한다. 상법은 원칙적으로 주주에게 지분비례에 따라 신주인수권을 인정하고 예외적으로 정관에 규정에 의해 제3자에게도 신주인수권을 부여할 수 있도록 하고 있다.

(2) 주주의 신주인수권

주주는 그가 가진 주식 수에 따라서 신주의 배정을 받을 권리가 있다.

① 신주인수권과 주주평등의 원칙

원칙적으로 모든 주주는 자신이 소유하는 주식의 수에 비례하여 평등하게 신주인수권이 있다.

② 신주인수권의 대상

주주의 추상적 신주인수권은 발행예정주식 총수의 범위 내에서 장래에 발행될 모든 신주가 신주인수권의 대상이다. 상장회사의 우리사주조합원에게 배정되는 신주나 임·직원에게 부여되는 주식매수선택의 경우 주주의 신주인수권은 배제된다.

(3) 제3자의 신주인수권

제3자의 신주인수권이란 주주 이외의 자가 신주발행의 경우 일정한 신주에 대해 우선배정을 받는 권리를 말한다.

① 정관에 의하여 신기술의 도입, 재무구조의 개선 등 회사의 경영상 목적을 달성하기 위하여 필요한 경우에 한한다.

② 신주인수권의 적용 예외로는 주식매입선택권, 우리사주조합원 배정(20% 이내)이 있다.

4. 신주인수권의 양도

(1) 의의

상법은 주주에 한하여 신주인수권을 양도할 수 있도록 허용하면서 신주인수권 양도의 요건과 방식 그리고 신주인수권의 전자등록에 관한 사항을 규정하고 있다.

(2) 양도의 요건

이사회에서 주주의 신주인수권양도에 관한 사항을 정한 경우 인정된다. 신주인수권의 양도는 법률상 당연히 인정되는 것이 아니라 정관 또는 이사회의 결의로 인정된 경우만 가능하다. 즉 권리주 양도의 효과와 같다.

(3) 양도의 방법 및 신주인수권의 전자등록

① 정관 또는 이사회의 결의로 신주인수권의 양도를 인정한 때에 회사는 신주인수권증서를 발행하며 신주인수권의 양도는 신주인수권증서의 교부에 의해서만 가능하다.

② 신주인수권증서란 신주인수권을 표창하는 유가증권이다.

③ 상법에 의해 신주인수권도 전자등록이 가능하다.

5. 신주발행의 절차

신주를 발행하는 절차는 다음과 같다.

(1) 신주발행 및 발행사항의 결정

신주의 발행여부 및 구체적인 발행사항은 정관에 규정이 없는 경우 이사회가 결정한다.

(2) 신주배정일의 지정 및 공고

회사는 신주배정일을 지정하여 그날에 주주명부에 기재된 주주가 신주를 배정받을 권리를 가진다는 뜻을 신주배정일의 2주전에 공고하여야 한다.

(3) 신주인수권자에 대한 최고 · 공고

회사는 신주인수권을 가진 자에 대하여 그 인수권을 가지는 주식의 종류 · 수와 일정한 기일까지 주식인수의 청약을 하지 않으면 권리를 잃는다는 의미를 통지(실권예고부최고) 해야 한다.

(4) 주주의 모집

실권한 주식과 신주인수권의 대상이 되지 않는 주식에 대하여 주주를 모집할 수 있다. 이 경우 모집설립에 관한 규정을 준용한다.

(5) 주식인수의 청약

청약자는 주식청약서 2통에 인수할 주식의 종류와 수 및 주소, 기타 사항을 기재하고 기명 · 날인하여야 한다. 신주인수권증서의 경우는 신주인수권증서에 의해 주식을 청약해야 한다.

(6) 신주의 배정과 인수

대표이사가 신주를 배정하면 신주 인수의 청약자는 주식인수인이 된다(주식인수인로서의 지위인 권리주는 양도하더라도 회사에 대해 그 효력이 없다).

(7) 현물출자의 검사

현물출자를 하는 자가 있는 경우 이사는 현물출자와 관련한 사항을 조사하기 위해 검사인의 선임을 법원에 청구해야 한다. 이러한 검사인의 조사는 공인된 감정인의 감정으로 검사인의 조사에 갈음할 수 있다.

(8) 출자의 이행

회사는 신주의 인수인으로 하여금 그 배정한 주식 수에 따라 납입기일에 그 인수한 주식에 대한 인수가액의 전액을 납입시켜야 한다. 신주의 인수인은 회사의 동의 없이 주식에 대한 납입채무와 주식회사에 대한 채권을 상계할 수 없다.

(9) 신주발행의 효력발생

신주인수인이 납입기일에 납입하면 신주발행의 효력이 생기며 납입기일의 다음날부터 주주로서의 권리·의무가 있다.

(10) 등기

신주발행의 효력이 생기면 회사의 발행주식의 총수 및 자본의 총액이 변경되므로 회사는 납입기일로부터 본점 소재지에서는 2주간(지점소재지는 3주간)내에 변경등기를 해야 한다.

① 신주발행으로 변경등기를 한 날로부터 1년이 경과한 후에는 주식청약서·신주인수권증서의 요건의 흠결을 이유로 주식인수인은 인수의 무효를 주장할 수 없다.

② 사기·강박 또는 착오를 이유로 인수를 취소할 수 없다.

제6절 자본금 감소

(1) 의의

회사가 자본금을 감소하는 것을 말하며 결손이 생긴 경우 등에 한하여 자본금을 감소시킬 수 있다.

(2) 자본감소의 방법

① 주금액을 감소시키는 방법

㉠ 감소한 금액을 주주에게 반환하여 순재산도 함께 감소하는 실질적 자본감소

㉡ 계산상으로만 자본금을 줄이고 순재산은 외부에 유출하지 않는 명목상 자본감소

② 주식수를 감소시키는 방법

㉠ 주식 소각

㉡ 주식 병합

(3) 자본감소의 절차와 효력발생

① 절차

㉠ 주주총회 특별결의가 있어야 함

㉡ 채권자 보호절차를 실행하여야 함

㉢ 효력 발생과 등기(본점 소재지에서 2주내, 지점 소재지에서는 3주내에 변경등기)

㉣ 자본금 감소의 절차(주주총회 결의, 채권자 보호절차, 주식에 대한 조치)가 모두 완료된 때에 효력 발생

(4) 채권자 보호절차

자본금 감소는 회사채권자에 대하여 담보가치를 하락시키는 결과가 되어 채권자 보호절차가 필요하다. 다만, 결손보전감자의 경우는 자산의 유출이 없어 채권자보호절차를 요하지 않는다.

① 회사는 자본금 감소에 대한 주주총회 결의일로부터 2주간 내에 1월 이상의 기간을 정하여 그 기간 내에 채권자는 이의를 제출할 것을 공고・통지

② 이 기간동안 채권자의 이의제출이 없으면 자본금 감소를 승인한 것으로 봄

③ 이의를 제기한 채권자에 대해서 회사는 채무를 변제하거나 상당한 담보를 제공하거나 이를 목적으로 상당한 재산을 신탁회사에 신탁

제 7 절 회사의 계산

1. 재무제표 및 영업보고서

주식회사의 이사는 매 결산기마다 재무제표와 영업보고서를 작성하여 이사회의 승인을 받아야 한다. 재무제표에는 재무상태표, 손익계산서, 그 밖의 회사의 재무상태와 경영성과를 표시하는 것으로 상법시행령에서 정하는 서류를 말한다. 또한 일정한 회사의 이사는 연결재무제표를 작성하여 이사회의 승인을 받아야 한다.

이사는 재무제표를 정기총회에 제출하여 그 승인을 요구하고 영업보고서를 정기총회에 제출하여 그 내용을 보고하여야 한다. 재무제표에 대한 총회의 승인을 얻은 경우 지체없이 재무상태표를 공고하여야 한다. 정기총회 회일의 1주간 전부터 재무제표 및 영업보고서와 감사보고서를 본점에 5년간 그 등본을 지점에 3년간 비치하여야 한다.

2. 준비금

(1) 의의

회사는 법률, 정관 또는 총회의 결의로 자산이 자본액을 초과하는 금액 중에서 일정액을 회사에 보유하여야 하는데 이때 유보된 금액을 준비금이라고 한다.

(2) 법정준비금

법률의 규정에 의하여 그 적립이 강제된 것으로 재원에 따라 이익준비금과 자본준비금으로 구분된다.

① 이익준비금

회사는 그 자본금의 1/2이 될 때까지 매 결산기 이익배당액의 1/10이상을 이익준비금으로 적립하여야 한다. 다만, 주식배당의 경우에는 그러하지 아니한다.

② 자본준비금

㉠ 회사는 자본거래에서 발생한 잉여금을 자본준비금으로 적립하여야 함

㉡ 합병·분할·분할합병의 경우 소멸·분할되는 회사의 이익준비금이나 그 밖의 법정준비금은 합병·분할·분할합병 후 존속되거나 새로 설립되는 회사가 승계 가능

㉢ 법정준비금의 용도 : 자본금의 결손보전에 충당하는 경우 외에는 처분 불가함

③ 법정준비금의 자본전입 및 준비금의 감소

㉠ 준비금의 자본전입

회사는 이사회의 결의에 의하여 준비금의 전부 또는 일부를 자본금에 전입할 수 있음. 그러나 정관으로 주주총회에서 결정하기로 정한 경우에는 그러하지 아니함

㉡ 준비금의 감소

회사는 적립된 자본준비금 및 이익준비금의 총액이 자본금의 1.5배를 초과하는 경우에 주주총회의 결의에 따라 그 초과한 금액 범위에서 자본준비금과 이익준비금을 감액할 수 있음

(3) 임의준비금

정관 또는 주주총회의 결의에 의하여 이익준비금을 적립한 다음의 잔여잉여금의 일부를 재원으로 적립하는 준비금을 임의준비금이라고 한다.

3. 이익배당

(1) 이익배당 한도

재무상태표의 순자산액-(자본금의 액 +그 결산기까지 적립된 자본준비금과 이익준비금의 합계액 +그 결산기에 적립하여야 할 이익준비금의 액), 즉 배당가능이익이 있어야 한다.

(2) 이익배당의 결정

주주총회 보통결의

(3) 중간배당 및 현물배당

① 중간배당 : 정관규정이 있는 경우 이사회결의로 연 1회만 가능

② 현물배당 : 회사는 정관으로 금전 외의 재산으로 배당을 할 수 있음(현물배당가능)

③ 분기배당 : 상장법인의 경우 분기배당도 가능. 상장법인은 연 1회의 결산기를 정한 경우 정관으로 정하는 바에 따라 사업연도 중 3월, 6월, 9월 말일 당시의 주주에게 이사

회 결의로 금전으로 이익배당 할 수 있음

(4) 배당금 지급시기와 시효

① 이익배당 결의가 있은 날로부터 1월 이내에 지급하여야 함

② 배당금 지급청구권의 소멸시효는 5년임

4. 주식배당

주식배당이란 이익의 배당을 금전이나 현물이 아닌 새로이 발행하는 주식으로 하는 것을 의미한다.

[표 2-9] 주식배당

구 분	내 용
의 의	이익배당을 새로이 발행하는 주식으로 배당하는 것
장 점	· 배당가능이익의 사외유출 방지 및 사내유보(기업자금 사용) · 배당할 현금이 없는 경우 무리한 사채발행에 의한 배당을 피할 수 있음 · 배당가능이익이 자본화되어 주식수, 자본이 증가하나 회사의 자산에는 변동 없음.
단 점	· 주식수의 증가로 배당률 저하 · 배당압박 증가 · 주식의 가치가 희석되어 주가 하락
요 건	· 배당가능이익 존재 · 이익배당총액의 1/2까지만 가능(단, 상장법인은 이익배당총액까지 가능) · 수권주식수의 보유(미발행주식이 남아 있는 범위 내에서 가능)
배당방법	· 주주총회 보통결의 · 권면액을 기준으로 발행가액 결정(권면액 미달부분은 단주처리) · 종류주식을 발행한 때에는 각각 그와 같은 종류의 주식으로 주식배당 가능
효 과	· 자본증가(변경등기 요함) · 신주의 효력 발생시기 : 주식배당결의를 한 주주총회 종결 시 · 질권의 효력 : 등록질권자는 주식배당에 대하여 주주가 받을 신주에 대하여 질권을 가지며, 회사에 대하여 질권의 목적인 주식에 대한 주권의 교부를 청구 가능

제 8 절 합병 및 분할

1. 합병

(1) 합병의 의의

회사의 합병이란 두 개 이상의 회사가 계약에 의하여 법정절차에 따라 청산절차를 거치지 않고 한 회사로 합동하는 것을 의미한다.

(2) 합병의 종류

① 신설합병

당사회사가 모두 해산하고 동시에 새로운 회사를 설립하는 방식을 신설합병이라 한다.

② 흡수합병

한 회사만의 존속하고 다른 회사는 해산하여 전자가 후자의 재산과 사원을 수용하는 설립 방식을 흡수합병이라고 한다.

(3) 합병의 절차

① 합병계약과 합병결의

이사회의 결의로 합병이 시작되지만, 이해관계자인 주주를 보호하기 위해 상법은 주주총회 특별결의를 요구하고 있다. 다만, 간이합병과 소규모합병의 경우 주주총회의 승인을 이사회 승인으로 갈음할 수 있다.

② 회사채권자의 보호 절차

㉠ 이의제출의 공고 및 최고

합병결의가 있은 날로부터 2주간 내에 합병에 이의가 있으면 1개월 이상의 기간을 정하여 이 기간 내에 제출할 것을 공고하여야 하고, 알고 있는 채권자에 대해서는 개별적으로 최고하여야 한다.

㉡ 이의 제기한 채권자에 대한 변제

이의를 제출한 채권자가 있는 때에는 회사는 그 채권자에 대하여 변제 또는 상당한 담보를 제공하거거나 이를 목적으로 하여 상당한 재산을 신탁하여야 한다.

③ 합병교부금 지급 허용

존속하는 회사가 합병으로 소멸하는 회사의 주주에게 그 대가의 전부 또는 일부로서 금전이나 그 밖의 재산을 제공할 수 있다.

④ 소멸하는 회사의 주주에게 제공하는 재산이 존속하는 회사의 모회사주식을 포함하는 경우에는 존속하는 회사는 그 지급을 위하여 모회사주식을 취득할 수 있다.

⑤ 소규모합병

합병 후 존속하는 회사가 합병으로 인하여 발행하는 신주의 총수가 그 회사의 발행주식 총수의 10%를 초과하지 아니하는 때에는 그 존속하는 회사의 주주총회의 승인은 이를 이사회의 승인으로 갈음할 수 있다.

⑥ 합병을 하는 회사의 일방 또는 쌍방이 주식회사, 유한회사 또는 유한책임회사인 경우에는 합병 후 존속하는 회사나 합병으로 설립되는 회사는 주식회사, 유한회사 또는 유한책임회사이어야 한다.

⑦ 효력 발생과 등기(본점 소재지에서 2주내, 지점 소재지에서는 3주 내에 변경등기)

(4) 합병의 효과

① 청산절차 없이 회사소멸

② 회사변경 또는 설립

③ 법률관계(권리의무)의 포괄적 이전

④ 반대주주의 주식매수청구권 행사 가능

⑤ 합병등기를 해야 합병 효력이 발생함

(3) 합병무효의 소

① 합병무효주장은 소송으로만 가능하다.

② 제소기간은 합병등기일로부터 6개월 이내이다.

③ 무효판결 효과

㉠ 대세적 효력(제3자에게도 미치는 효과)

㉡ 비소급적 효력(장래에 대해 무효)

2. 분할

(1) 분할의 의의

회사의 분할이란 하나의 회사를 2개 이상의 회사로 분리하고 회사재산의 일부가 포괄 승계되며 반대급부로 주식이 교부된다.

(2) 분할의 종류

① 인적분할 · 물적분할

인적분할은 분할에 의한 재산 양수회사가 발행주식을 양도회사의 주주에게 교부하는 형태로 일반적으로 모회사 주주들이 자신들의 주식 소유비율대로 신설회사의 주식을 나눠 갖기 때문에 모(母)-자(子) 관계가 성립하지 않는 별개의 회사이다. 물적분할은 양수회사가 그 발행주식을 양도회사 자체에 교부하는 형태의 분할로 신설된 기업의 주식을 모회사가 전부 소유하여 모-자 관계가 성립한다.

② 단순분할 · 분할합병

단순분할은 분할된 부분이 독립하여 신설회사로 남아 있는 형태이다.

분할합병은 분할된 부분이 기존 회사와 합병되는 형태이다.

(3) 분할의 요건

① 계약서 승인

회사가 분할 또는 분할합병을 하는 때에는 분할계획서 또는 분할합병계약서를 작성하여 주주총회의 승인을 얻어야 한다.

② 회사의 분할 또는 분할합병으로 인하여 분할 또는 분할합병에 관련되는 각 회사의 주주의 부담이 가중되는 경우에는 그 주주 전원의 동의가 있어야 한다.

(4) 분할효과

① 분할유형에 따라 해산 · 변경 · 성립의 효력이 발생한다.

② 권리의무가 포괄적으로 승계된다.

③ 분할합병 전 회사 채무에 대한 연대책임을 진다(단, 출자재산 범위 내).

(5) 분할무효 소

① 분할무효주장은 소송으로만 가능하다.

② 분할무효소송 제소기간은 분할 또는 분할합병의 등기일로부터 6개월 이내이다.

③ 무효판결 효과

㉠ 대세적 효력(제3자에게도 미치는 효과)

㉡ 비소급적 효력(장래에 대해 무효)

실전예상문제

1. 상법상 자본에 대한 설명 중 옳지 않은 것은?
   ① 최저자본금제도에 의하여 자본금이 5천만 원 이상이어야 한다.
   ② 주식의 금액은 균일하여야 한다.
   ③ 주식회사는 주주총회의 결의로 주식을 분할할 수 있다.
   ④ 회사는 정관으로 정하는 바에 따라 발행된 액면주식을 무액면주식으로 전환하거나 무액면주식을 액면주식으로 전환할 수 있다

[해설] ① 상법상 최저자본금제도는 2009.05.28. 상법개정으로 삭제되어 현재는 최저자본금에 대한 제한이 없어졌다. 주식은 자본의 구성분자인 단위금액, 주주의 회사에 대한 권리의무의 단위인 주주권을 의미한다.

2. 주식회사의 자본원칙에 대한 내용이 옳지 않은 것은?
   ① 자본확정의 원칙, 자본충실의 원칙, 자본불변의 원칙을 말한다.
   ② 자본확정의 원칙은 회사설립 시 주식은 그 총수가 인수되어야 한다는 원칙이다.
   ③ 자본충실의 원칙은 형식적인 자본액의 감소를 방지하기 위한 것이다.
   ④ 자본불변의 원칙은 회사의 자본액은 주주총회 특별결의와 채권자 보호절차 중 엄격한 법정절차에 의하지 않고는 변경(감소)할 수 없다는 원칙이다.

[해설] ③ 자본충실의 원칙은 실질적인 회사재산을 유지하려는 것에 목적이 있다면, 자본불변의 원칙은 형식적인 자본액의 감소를 방지하기 위한 것이다.

3. 주식회사 설립절차가 옳은 것은?

가. 정관작성	나. 실체구성	다. 발기인조합	라. 설립등기

   ① 가-나-다-라　　② 나-가-다-라
   ③ 다-가-나-라　　④ 라-다-나-가

[해설] ③ 주식회사의 설립절차는 발기인조합-정관작성-실체구성-설립등기 순으로 진행된다.

4. 발기설립과 모집설립에 대한 설명 중 가장 거리가 먼 것은?

① 자본금 총액이 10억원 미만인 소규모 주식회사의 경우 발기설립과 모집설립의 경우 감사를 선임하지 않아도 된다.
② 발기설립의 경우 자본금 총액이 10억원 미만인 소규모 주식회사의 경우 인수가액에 대해 납입금 보관금액에 관한 증명서를 은행이나 그 밖의 금융기관의 잔고증명서로 대체할 수 있다.
③ 발기설립의 경우 의결권의 과반수로 발기인은 이사와 감사를 선임하며, 모집설립의 경우 창립총회를 소집하여 출석한 주식인수인의 4분의 1 이상이며 인수된 주식 총수의 과반수에 해당하는 다수로 이사와 감사를 선임한다.
④ 발기설립의 경우 법원의 변태설립사항의 변경처분 후 2주간 내, 모집설립의 경우 창립총회에 의한 변태설립사항의 변경 후 2주간 내에 하여야 한다.

[해설] ③ 모집설립의 경우 창립총회를 소집하여 출석한 주식인수인의 의결권의 3분의 2 이상이며, 인수된 주식 총수의 과반수에 해당하는 다수로 이사와 감사를 선임한다.

5. 상법상 주식에 관한 설명 중 틀린 것은?
① 주주총회결의에 관하여는 의결권 없는 주주가 가진 주식의 수는 발행주식 총수에 산입하지 아니한다.
② 감사를 주주총회에서 선임하는 경우, 의결권 없는 주식을 제외한 발행주식 총수의 3%를 초과하는 수의 주식을 가진 주주는 그 초과하는 주식에 대하여 의결권을 행사할 수 없다.
③ 주주총회 결의사항에 반대하는 주주가 주식매수청구권을 행사하기 위해서는 반드시 주주총회 전에 그 회사에 대하여 서면으로 반대의사를 통지하여야 한다.
④ 갑회사가 을회사의 발행주식 총수의 10%를 초과하여 주식을 가지고 있는 경우 을회사는 갑회사의 주식을 취득하지 못한다.

[해설] ④ 취득할 수 있으나 의결권이 제한된다.

6. 주식회사에 대한 설명으로 옳지 않은 것은?
① 주주는 주식회사의 사원을 말하며, 상법상 주주가 1인 회사도 인정된다.
② 주식을 양수받은 자가 주주임을 회사에 대항하기 위해서는 주주명부에 그의 성명과 주소를 기재해야만 한다.
③ 보통결의는 출석한 주주의 의결권의 과반수와 발행주식총수의 4분의 1 이상의 수로써 하는 결의이다.
④ 의결권이란 주주가 주주총회에 출석하여 결의에 참가할 수 있는 권리를 말하며, 이러

한 권리는 타인이 대리행사 할 수 없다.

[해설] ④ 주주는 대리인에게 본인의 의결권을 대리행사 할 수 있다.

7. 주식과 주주에 대한 설명 중 옳지 않은 것은?
   ① 주권은 주식을 표창하는 유가증권으로 주주권을 증명하는 수단이다.
   ② 주주의 자격 및 수에는 제한이 없으며, 주주가 1인인 회사도 인정된다.
   ③ 주주가 회사에 대해 가지는 권리 중 자익권은 회사로부터 경제적 이익을 받을 것을 목적으로 하는 권리로 주주총회소집청구권, 신주인수권 등이 해당된다.
   ④ 주주명부의 폐쇄란 일정한 시기에 주주로서 권리를 행사할 자를 확정하기 위해 일정기간동안 주주명부의 기재변경을 정지시키는 것을 말하며, 폐쇄기간은 3개월을 초과할 수 없다.

[해설] ③ 주주총회소집청구권은 공익권에 해당한다.

8. 주식회사 설립에 대한 설명으로 옳지 않은 것은?
   ① 발기설립의 경우 발기인은 의결권의 과반수로 이사와 감사를 선임한다.
   ② 현물출자나 재산인수의 총액이 자본금의 5분의 1을 초과하지 않을 경우 검사인의 조사를 받지 않아도 된다.
   ③ 설립경과조사는 이사·감사가 한다.
   ④ 모집설립의 설립등기는 검사인에 의한 변태설립사항 조사보고 후 2주 내에 하여야 한다.

[해설] ④ 모집설립의 경우 창립총회 종결 후 2주 이내에 설립등기를 하여야 한다.

9. 다음 중 주식회사의 기관에 대한 설명으로 옳은 것은?
   ① 감사위원회를 설치한 경우 감사는 반드시 3명 이상의 위원으로 구성되어야 한다.
   ② 주주총회 결의의 성립이 선언된 때부터 각 주주의 의사와 관계없이 전원을 법적으로 구속한다.
   ③ 이사 중에서 이사회의 결의로 대표이사를 선임하는 것이 원칙이며, 회사는 대표이사를 갈음해 집행임원을 둘 수 없다.
   ④ 보통결의는 출석 주주 의결권의 과반수와 발행주식총수의 3분의 2 이상으로 한다.

[해설] ① 감사위원회를 설치한 경우 감사는 둘 필요가 없다. ③ 회사는 대표이사를 갈음해 집행임원을

둘 수 있다. ④ 보통결의는 출석 주주 의결권의 과반수와 발행주식총수 4분의 1 이상으로 한다.

10. 주식회사의 자본금 증감과 이익배당에 대한 설명으로 옳지 않은 것은?
① 회사는 자본금 감소의 주주총회 결의일로부터 2주내에 회사채권자에게 1개월 이상의 기간 내에 자본금 감소에 대해 이의를 제출할 것을 공고해야 한다.
② 배당금은 이익배당 결의가 있는 날로부터 3개월 이내에 지급해야 한다.
③ 이익배당청구권은 주주의 고유권이며, 배당금 지급청구권의 소멸시효는 5년이다.
④ 이익배당시 주식으로 배당할 경우 회사 자산에는 변동사항이 없다.

[해설] ② 배당금은 이익배당 결의가 있는 날로부터 1개월 이내에 지급해야 한다.

11. 다음 중 주주총회의 특별결의사항에 해당하는 것은?
① 이사선임 ② 정관변경 ③ 재무제표 승인 ④ 주식배당

[해설] ①, ③, ④는 보통결의사항이다.

12. 주식회사의 기관에 대한 설명으로 가장 거리가 먼 것은?
① 주주총회는 주주로 구성되는 필요적 상설기관으로 법률 또는 정관에 정하여진 사항을 결의하는 최고의사결정기구이다.
② 주주총회의 결의는 주주총회의 의사표시로서, 결의의 성립이 선언된 때부터 각 주주의 의사와 관계없이 관계자 전원을 법적으로 구속한다.
③ 주주에 대한 소집통지는 원칙적으로 총회일의 2주간 전에 서면 또는 각 주주의 동의를 받아 전자문서로 발송되어야 한다.
④ 주주의 의결권은 1주식마다 1개만이 부여되는 것이 원칙이며, 주주명부상의 명의개서만으로 주권의 제시없이 의결권을 행사할 수 있다.

[해설] ③ 자본금 총액이 10억원 미만인 회사는 주주전원의 동의가 있을 경우에는 소집절차없이 주주총회를 개최할 수 있고, 서면에 의한 결의로써 주주총회의 결의를 갈음할 수 있다.

13. 자본금의 증감에 대한 설명으로 가장 거리가 먼 것은?
① 신주발행으로 변경등기를 한 이후로 주식청약서, 신주인수권증서의 요건의 흠결을 이유로 주식인수인은 인수의 무효를 주장할 수 없다.
② 자본의 감소는 회사에 결손이 생긴 경우 등 자본금을 감소시킬 필요가 있는 경우 등에 한하여 감소시킬 수 있다.
③ 자본의 감소는 주주총회의 특별결의가 있어야 하며 채권자 보호절차를 실행하여야 한

다.

④ 자본금 감소의 절차(주주총회결의, 채권자보호절차, 주식에 대한 조치)가 모두 완료된 때에 효력이 발생한다.

[해설] ① 변경등기를 한 날로부터 1년이 경과한 후에는 요건흠결을 이유로, 사기·강박·착오를 이유로 인수를 취소하지 못한다.

14. 주식회사의 기관에 대한 설명으로 가장 거리가 먼 것은?

① 이사는 주주총회에서 선임되어 이사회의 구성원으로서 대표이사의 업무집행을 감독하는데 참여할 권한을 갖는 자이다.

② 대표이사는 이사 중에서 이사회의 결의로 선임되는 것이 원칙이며, 대표이사의 수에는 제한이 없다.

③ 감사위원회는 반드시 3명 이상의 위원으로 구성되며 3분의 2 이상은 사외이사여야 한다.

④ 감사위원회는 이사의 업무집행과 회계를 감사할 권한을 가진 이사회내 위원회로 상법상 의무적으로 설치하여야 한다.

[해설] ④ 감사위원회는 이사회 내 위원회의 하나인 필요상설기관으로 상법상 자율적으로 정관에 의하여 설치할 수 있으나 최근 사업연도 말 현재 자산총액이 2조원 이상인 상장회사는 의무적으로 설치하여야 한다.

15. 이익배당에 대한 설명으로 가장 거리가 먼 것은?

① 배당가능이익이 있어야 이익배당을 할 수 있다.

② 이익배당청구권은 독립된 채권으로서 주주의 지위와 무관하게 양도·압류할 수 있고, 소멸시효에 걸린다.

③ 상장법인의 경우 주주총회 결의를 통해 분기마다 금전으로 이익배당을 할 수 있다.

④ 주식으로 배당하면 배당가능이익이 자본화함에 따라 발행주식총수가 증가하고 자본도 증가하지만 회사의 자산에는 변동이 없다.

[해설] ③ 상장법인의 경우 이사회 결의로 분기마다 금전으로 이익배당 할 수 있다.

16. 2인 이상이 출자하여 경영 및 채무를 무한히 책임지는 인적공동기업은?

① 합명회사 ② 합자회사 ③ 유한책임회사 ④ 주식회사

[해설] ① 인적공동기업에는 합명회사와 합자회사가 해당되며 합자회사는 1인 이상의 무한책임사원과 1

인 이상의 유한책임사원으로 구성된 기업형태를 말한다.

17. 주식회사의 합병에 대한 설명으로 잘못된 것은?
① 합병은 흡수합병과 신설합병으로 구분하며 신설합병은 모든 당사회사가 소멸하고 이들에 의해 새로운 회사가 설립되어 소멸회사의 권리·의무를 포괄적으로 승계하고 주주의 지위를 수용하는 방법을 말한다.
② 합병의 시작은 이사회의 결의로부터 시작되나 상법은 이해관계자인 주주를 보호하기 위해 주주총회 승인결의를 요구하고 있다.
③ 존속회사가 소멸회사의 발행주식 100분의 90 이상을 소유하는 간이합병 진행 시에도 주주를 보호하기 위해 주주총회 승인 결의가 필요하다.
④ 합병계약에 대해 채권자가 기간 내에 이의를 제출하지 않으면 합병을 승인한 것으로 본다.

[해설] ③ 간이합병진행 시 소멸회사의 주주총회 승인 결의를 이사회 승인으로 갈음할 수 있다.

18. 자본금의 증감에 대한 설명으로 옳지 않은 것은?
① 신주발행은 상환해야 할 주식이 아니다.
② 이사회의 결정만으로도 자본을 증가시킬 수 있다.
③ 신주인수자는 변경등기한 날로부터 1년이 경과하면 사기를 이유로도 인수를 취소할 수 없다.
④ 이사회의 결정만으로도 자본을 감소시킬 수 있다.

[해설] ④ 자본의 감소를 위해서는 주주총회의 특별결의가 필요하다.

19. 상법상 합병 및 분할에 대한 설명 중 틀린 것은?
① 합병교부금의 지급은 허용되지 않는다.
② 합병반대주주는 주식매수청구권을 행사할 수 있다.
③ 소규모합병의 경우 합병 후 존속하는 회사가 합병으로 인하여 발행하는 신주의 총수가 그 회사의 발행주식 총수의 10%를 초과하지 아니하는 때에는 그 존속하는 회사의 주주총회의 승인을 이사회의 승인으로 갈음할 수 있다.
④ 회사의 분할 또는 분할합병으로 인하여 분할 또는 분할합병에 관련되어 각 회사의 주주의 부담이 가중되는 경우에는 그 주주 전원의 동이가 있어야 한다.

[해설] ① 합병교부금은 지급이 허용되었다.(2012.04.15시행) 존속하는 회사가 합병으로 소멸하는 회사의 주주에게 그 대가의 전부 또는 일부로서 금전이나 그 밖의 재산을 제공하는 것이 가능하다.

20. 주식회사의 합병과 분할에 대한 설명으로 옳지 않은 것은?

① 존속회사의 경우 본점소재지에서 설립등기를 할 때 합병의 효력이 발생한다.

② 합병으로 소멸하는 회사의 권리와 의무는 신설회사에 포괄적으로 승계된다.

③ 회사는 합병계약서에 대한 주주총회 승인결의가 있은 날로부터 2주내에 채권자에게 이의제출을 공고해야 한다.

④ 회사는 종류에 제한없이 합병이 가능하다.

[해설] ① 신설합병이 아닌 흡수합병에서 존속회사는 소멸회사에 모든 권리·의무를 승계하므로 변경된 사항에 대한 변경등기를 할 때 합병의 효력이 발생한다.

제 2 부

세 무

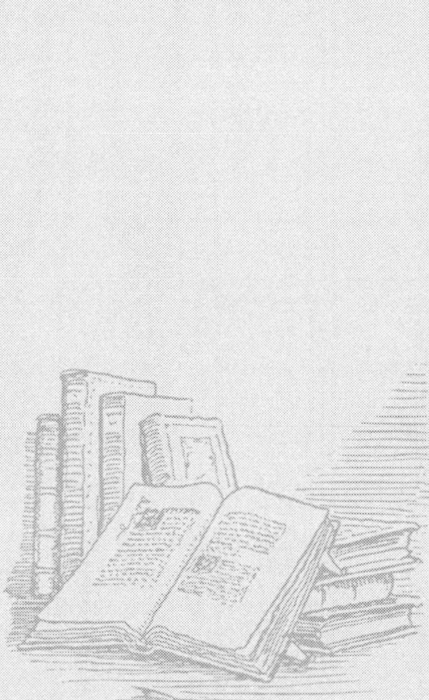

제 1 장 세금의 기초

제 1 절 조세의 정의와 분류

1. 조세의 정의

조세란 특별급부에 대한 반대급부가 아니라 공법상의 단체가 수입을 목적으로 법률이 정한 과세요건에 해당하는 경우 일반인에게 과하는 1회 또는 계속적인 금전급부를 말한다. 즉, 국가 또는 지방자치단체가 재정수입을 조달할 목적으로 법률에 규정된 과세요건을 충족한 모든 자에게 특정한 보상을 급부하지 않고 강제적으로 부과하는 금전급부이다.

2. 조세의 분류

(1) 과세권자

조세를 부과할 수 있는 자를 과세권자라 한다. 과세권자에는 국가와 지방자치단체가 있으며 국가가 과세권자이면 국세, 지방자치단체가 과세권자이면 지방세이다.

① 국세 : 소득세, 법인세, 상속세와 증여세, 종합부동산세, 농어촌특별세 등

② 지방세 : 취득세, 등록면허세, 재산세, 주민세 등

(2) 조세의 전가성

조세는 조세의 부담이 전가되느냐, 그렇지 않느냐에 따라 직접세와 간접세로 구분된다. 납세의무자와 실제로 조세를 부담하는 담세자가 일치하면 직접세, 일치하지 않으면 간접세라 한다.

① 직접세 : 소득세, 법인세, 상속세와 증여세 등

② 간접세 : 부가가치세, 개별(특별)소비세, 증권거래세, 주세 등

(3) 지출의 목적성

징수되는 조세의 사용 목적이 정해짐 없이 일반 재정수요에 충당될 예정인 조세를 보통세라 하고 징수되는 조세의 목적이 특정한 재정수요를 충당하기 위하여 부과되는 조세를 목적세라 한다. 목적세 외의 대부분의 조세는 보통세로 가장 많은 부분을 차지한다.

① 국세 중 교통·에너지·환경세, 교육세, 농어촌특별세

② 지방세 중 지방교육세, 지역자원개발세 등

(4) 과세표준단위

과세표준단위는 과세부과시 과세표준 물건의 수량 또는 가격으로 기준을 삼는 단위를 말한다. 물건의 수량을 기준으로 하면 종량세, 물건의 가격을 기준으로 하면 종가세라 한다.

① 종량세 : 골프장·카지노 입장 개별소비세, 주세, 인지세 등

② 종가세 : 종량세 외의 대부분의 조세

(5) 조세의 독립성

조세가 부과될 때 독립된 세원에 대하여 부과되는 조세를 독립세라 하는데 독립된 세원 없이 다른 조세에 부가되어 과세되는 조세를 부가세라 한다.

① 독립세 : 부가세 외의 대부분의 조세

② 부가세 : 교육세, 취득세에 부가되는 농어촌특별세 등

(6) 세율구조

세율은 과세표준에 대응시키는 방법에 따라 구분된다. 과세표준의 크기와 상관없이 일정한 비율로 정해진 세율을 비례세율이라 하며 과세표준 금액이 증가할수록 세율이 높아지는 세율을 누진세율이라 한다.

① 비례세 : 부가가치세, 개별소비세, 취득세 등(비례세율 적용)

② 누진세 : 소득세, 법인세, 상속·증여세, 재산세 등(누진세율 적용)

[표 1-1] 우리나라 조세의 분류

분 류 기 준	분 류
과세주체	국세 : 과세권자가 국가 지방세 : 과세권자가 지방자치단체
조세의 전가성	직접세 : 조세부담의 전가가 예상되지 않는 조세 간접세 : 조세부담의 전가가 예상되는 조세
지출의 목적성	보통세 : 세수의 용도가 불특정한 조세 목적세 : 세수의 용도가 특정한 조세
과세표준단위	종가세 : 가격을 과세표준으로 하는 조세 종량세 : 양을 과세표준으로 하는 조세
세율의 구조	비례세 : 과세표준과 관계없이 일정률의 세율이 적용되는 조세 누진세 : 과세표준의 크기에 따라 세율의 차이가 있는 조세

3. 우리나라의 조세체계

[그림 1-1] 우리나라의 조세체계

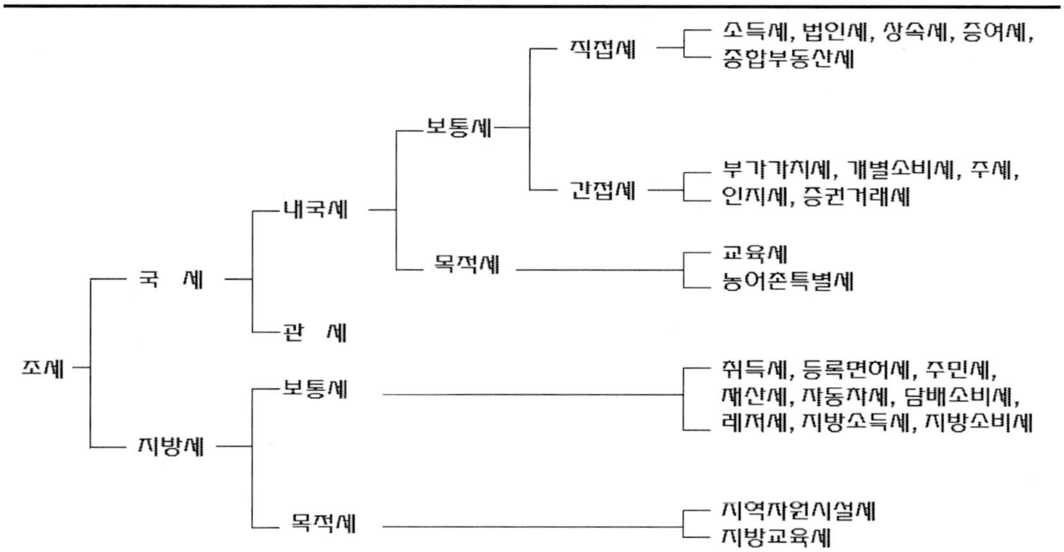

4. 조세법의 법원

조세에 관한 법의 존재형식, 즉 법원은 다른 법 분야에서와 같이 성문법과 불문법으로 분류할 수 있다. 성문법으로는 헌법, 법률, 명령, 조례, 규칙 등이 있고 불문법으로는 관습법, 판례, 조리 등을 들 수 있다. 조세법은 「헌법」에서 규정하고 있는 '조세법률주의'에 의하여 엄격히 지배되는 법의 영역이므로 성문법인 법률이 그 중추적인 지위를 갖게 된다. 과세관청의 통칙은 조세법의 법원은 아니지만 사실상 과세과정에서 중요한 역할을 하고 있어 실제로는 법원의 기능을 가지고 있다고 할 수 있다.

(1) 성문법

① 헌법 : 헌법은 법률의 기본을 정하고 있다는 점에서도 조세법의 법원이 되지만, 38조에 '모든 국민은 법률이 정하는 바에 의하여 납세의 의무를 지며, 59조에 조세의 세목과 세율은 법률로 정한다.'라고 규정하여 조세법률주의를 선언, 조세법법원에 대한 한계설정의 의무를 가진다.

② 법률 : 헌법이 정한 조세법률주의의 요청에 따라 과세요건인 납세의무자, 과세물건, 과세표준과 세율을 법률로 정하여야 하므로 법률은 조세법의 가장 중요한 법원이 되고 있으며, 실체법과 절차법으로 나눈다.

㉠ 실체법 : 조세의 세목과 세율을 정한 법률로 소득세법, 법인세법, 상속증여세법, 부가가치세법, 지방세법 등 세목에 따라 과세요건 등의 규정을 두고 있다.

㉡ 절차법 : 조세의 부과, 징수, 감면 등 일련의 절차 등을 규정한 법률로 국세기본법, 국세징수법, 조세특례제한법, 조세범처벌법과 동 절차법 등이 있다.

③ 조약 : 헌법에 의하여 체결·공포된 조약과 일반적으로 승인된 국제법규는 내국법과 같은 효력을 가진다(헌법 6조 1항)고 규정하므로 조세에 관한 조약과 국제법규는 내국법과 같은 효력을 갖는 조세법의 법원이 된다.

④ 명령 : 각 세법은 대통령령인 시행령과 부령인 시행규칙을 두고 있으며, 시행령은 법률의 위임 사항을 규정한 위임명령과 법률 집행의 세부사항인 집행명령으로 나누어지고, 시행규칙은 집행명령만 규정함이 일반적이다. 그러나 조세법률 관계는 복잡하게 끊임없이 변화하므로 법률로 구체적인 사항을 모두 수용하지 못하고 명령에 의존하는 예가 많다.

⑤ 행정규칙 : 행정기관이 그 권한에 의하여 정립한 법 형식을 가지는 것 가운데 법규

명령을 제외한 것으로, 법령의 보충적 기능을 갖는다. 행정규칙으로는 국민에게 알리는 고시, 상급기관이 하급기관에 발하는 훈령, 하급기관의 문의나 신청 등에 의하여 법령의 해석이나 지침에 관한 명령인 예규, 통첩 등이 있다.

(2) 불문법

일반적으로 불문법에는 관습법, 판례, 조리 등을 들고 있으나, 조세법은 조세법률주의에 따라 하기때문에 이들이 법원으로 인정될 수 있느냐는 것은 의문이다.

제 2 절 국세기본법

1. 국세기본법의 목적

「국세기본법」은 국세에 관한 기본 및 공통적인 사항과 위법 또는 부당한 국세처분에 대한 불복절차를 규정하고 있다. 국세기본법은 국세에 관한 법률관계를 확실하게 하며 과세를 공정 및 국민의 납세의무의 원활한 이행에 이바지함을 목적으로 한다.

2. 국세기본법과 다른 법률과의 관계

국세기본법은 일반세법에 우선하는 효력이 있다. 그러나 다음과 같이 일반세법의 특례규정에 의하는 경우에는 일반세법에 우선 적용되고 세법이 특례규정을 두지아니하면 「국세기본법」이 적용된다.

① 국세부과의 원칙
② 납세의무의 승계
③ 연대납세의무
④ 납세담보
⑤ 제2차 납세의무
⑥ 관할관청
⑦ 경정 등의 청구
⑧ 가산세의 부과와 감면
⑨ 국세환급금의 충당과 환급
⑩ 국세환급가산금
⑪ 보칙

3. 국세기본법상 용어의 정의

(1) 국세

국세란 국가가 부과하는 조세 중 다음의 13가지 내국세를 의미한다.

소득세, 법인세, 상속세, 증여세, 종합부동산세, 부가가치세, 개별소비세, 주세, 인지세, 증권거래세, 교육세, 교통·에너지·환경세, 농어촌특별세

(2) 세법

'세법'이란 국세의 종목과 세율을 정하고 있는 법률과 「국세징수법」·「조세특례제한법」·「국제조세조정에 관한 법률」, 「조세범처벌법」 및 「조세범처벌절차법」을 의미한다.

(3) 원천징수

원천징수란 세법에 따라 원천징수의무자가 국세를 징수하는 것을 의미하는데 원천징수의무자는 법률의 규정에 의하여 국가를 대신하여 세금을 징수·납부한다.

(4) 가산세와 가산금

① 가산세 : 세법에서 규정하는 납세의무의 성실한 이행을 위하여 세법에 따라 산출한 세액에 가산하여 징수하는 금액을 의미한다.

② 가산금 : 국세를 납부기한까지 납부하지 아니한 경우에 「국세징수법」에 따라 고지세액에 가산하여 징수하는 금액(가산금)을 의미하는데, 여기에는 가산금과 가산금이 포함된 이후 납부기한이 지난 후 일정기한까지 납부하지 아니한 경우에 다시 가산하여 징수하는 중가산금이 있다.

(5) 납세자, 납세의무자, 납세의무의 승계 및 제2차 납세의무자

① 납세자 : 납세의무자와 세법에 따라 국세를 징수하여 납부할 의무를 지는 자를 의미한다.

② 납세의무자 : 세법에 따라 국세를 납부할 의무가 있는 자를 말한다.

③ 납세의무의 승계

㉠ 합병법인의 승계 : 합병법인은 피합병법인이 납부할 국세, 가산금과 체납 처분비의 납부의무를 승계 받는다.

㉡ 상속인의 승계 : 상속인은 피상속인이 납부할 국세, 가산금과 체납처분비를 납부의

무를 승계받는다.

④ 제2차 납세의무자 : 제2차 납세의무자란 납세자가 납세의무를 이행할 수 없는 경우에 납세자를 갈음하여 납세의무를 지닌 자를 의미한다.

㉠ 청산인 등의 제2차 납세의무

㉡ 출자자의 제2차 납세의무

㉢ 법인의 제2차 납세의무

㉣ 사업양수인의 제2차 납세의무

(6) 과세표준

세법에 따라 직접적으로 세액산출의 기초가 되는 과세물건의 수량 또는 가액을 말한다. 이 경우 과세표준이 수량을 기준으로 하면 종량세, 가격을 기준으로 하면 종가세라 한다.

(7) 과세기간

세법에 따라 국세의 과세표준 계산의 기초가 되는 기간을 말한다.

(8) 기간과 기한

기간은 어느 시점에서 어느 시점까지의 계속된 시간을 뜻하며, 기한은 법률행위의 효력 발생・소멸・채무의 이행 등을 위하여 정한 일정시점을 뜻한다.

① 기산점

기간을 시・분・초로 정한 때에는 즉시로부터 기산한다. 기간을 일・주・월 또는 연으로 정한 때에는 초일은 산입하지 아니한다. 그러나 그 기간이 오전 0시로부터 시작하는 때와 국세기본법 또는 세법에 특별한 규정이 있는 경우에는 그러하지 아니한다.

② 만료점

기간을 일・주・월 또는 연으로 정한 때에는 기간말일의 종료로 기간이 만료한다(말일 산입). 기간을 주・월 또는 연으로 정한 때에는 역에 의하여 계산한다. 주・월 또는 연의 처음으로부터 기간을 기산하지 아니하는 때에는 최후의 주・월 또는 연에서 그 기산일에 해당한 날의 전일로 기간이 만료한다. 월 또는 연으로 기간을 정한 경우에 최종의 월에 해당일이 없는 때에는 그 월의 말일로 기간이 만료한다. 기간의 말일이 공휴일에 해당하는 때에는 기간은 그 익일로 만료한다. 여기서 공휴일이라 함은 '관공서의 공휴일에 관한 규정'에 의하여 규정된 공휴일을 말한다.

③ 기한의 특례

기한이란 법률행위의 효력발생·소멸이나 채무이행을 위하여 정해진 일정한 시점을 의미한다.

㉠ 기한이 토요일·공휴일에 되는 경우 : 납세의무자의 신고·신청·청구 및 기타 서류의 제출·통지·납부 또는 징수에 관한 기한이 공휴일에 되는 경우에는 그 공휴일의 다음 날을 기한으로 한다.

㉡ 기한이 근로자의 날에 되는 경우 : 기한이 근로자의 날에 되는 경우에는 그 다음날을 기한으로 한다.

㉢ 정보통신망이 장애로 가동이 정지되는 경우 : 과세표준신고서 등의 신고기한일에 국세청장이 정하여 고시하는 정보처리장치가 장애로 가동이 정지되어 전자신고를 할 수 없게 되는 때에는 그 장애가 복구된 날의 다음 날을 기한으로 한다.

4. 서류의 송달

세법의 규정에 의한 서류는 그 명의인의 주소 또는 영업소에 아래의 방법으로 송달한다.

① 교부송달

당해 행정기관의 소속공무원이 송달장소에서 송달받을 자에게 서류를 교부한다. 행정기관의 소속공무원이 송달장소에서 송달받아야 할 자를 만나지 못한 때에는 그 사용인, 동거인 등 사리를 판단할 수 있는 자에게 교부송달이 가능하다.

② 우편송달

납세의 고지, 독촉, 체납처분 또는 세법에 의한 정부의 명령에 관계되는 서류의 송달은 등기우편에 의한다. 다만, 소득세 중간예납세액의 고지서 및 부가가치세 예정고지세액의 고지서로서 50만원 미만일 때에는 일반우편으로 송달할 수 있다.

③ 공시송달

공시송달이란 다음의 사유로 우편송달 또는 교부송달이 불가능한 경우에 그 서류의 요지를 공고함으로써 송달의 효력이 발행하게 하는 제도이다. 송달장소가 국외에 있어 송달이 곤란할 때, 송달장소가 분명하지 아니한 때, 2회 이상 방문, 등기송달의 경우 부재중으로 송달이 곤란한 때의 경우에는 서류의 요지를 14일 전에 공고함으로써 송달에 갈음

한다.

④ 전자송달

납세자가 전자송달을 신청한 경우 국세정보통신망을 통하여 전자송달할 수 있다.

5. 국세부과와 세법적용원칙

(1) 국세부과의 원칙

국세부과란 이미 성립한 납세의무의 확정절차를 말함으로 이러한 납세의무 확정과정에서 지켜야 할 원칙이 국세부과의 원칙이다.

① 실질과세의 원칙 : 과세요건사실에 대한 세법적용에 있어서 경제적 실질과 법적 형식이 일치하지 않을 경우 경제적 실질에 따라 과세해야 한다는 원칙으로 공평부담의 원칙을 실현하기 위한 세법고유의 법원리이다.

② 신의성실의 원칙 : 납세의무자가 그 의무를 이행함에 있어서 또는 세무공무원이 그 직무를 수행 시 신의를 좇아 성실히 하여야 한다는 원칙이다.

③ 근거과세의 원칙 : 국세의 조사와 결정은 장부 등 직접적인 자료에 의하여야 한다는 원칙으로 납세의무자가 세법에 의하여 장부를 비치 · 기장하고 있는 때에는 당해 국세의 과세표준의 조사와 결정은 그 비치 · 기장한 장부와 이에 관계되는 증빙자료에 의하여야 한다.

④ 조세감면의 사후관리 : 세액감면 후 운용범위를 벗어나면 당해 감면세액은 취소하고 추징할 수 있다.

(2) 세법적용의 원칙

① 재산권 부당침해금지의 원칙 : 세법을 해석 · 적용함에 있어서 과세의 형평과 당해 조항의 합목적성에 비추어 납세자의 재산권이 부당히 침해되지 않도록 해야 한다는 원칙이다.

② 소급과세 금지의 원칙 : 법률에 의하지 아니하고는 납세의무가 성립하지 아니하므로 새로운 법령 등으로 과거에 소급하여 과세하는 것은 조세법률주의에 반하는 것으로 국세를 납부할 의무는 그 성립 후의 새로운 세법에 의하여 소급하여 과세하지 아니하며, 세법의 해석 또는 국세행정의 관행에 의한 행위 또는 계산은 정당한 것으로 보며, 새로운 해석 또는 관행에 의하여 소급하여 과세되지 아니한다.

③ 세무공무원 재량의 한계 : 직무수행 시 과세의 형평과 당해 세법의 합목적성에 비추

어 일반적으로 적당하다고 인정하는 한계를 엄수해야 한다는 원칙이다.

④ 기업회계의 존중 : 세법에 특별한 규정이 있는 경우를 제외하고는 과세표준을 조사·결정함에 있어 기업회계기준 또는 관행으로 인정되는 것을 존중해야 한다는 원칙이다.

6. 납세의무

(1) 납세의무의 성립

세법이 규정하는 다음 4가지 과세요건을 충족함으로써 납세의무가 객관적으로 발생된 때를 말하며 추상적 납세의무라 한다.

① 4대 과세 과세요건

과세요건은 조세채권의 성립에 필요한 법률상의 요건으로, 각 세법마다 그 내용을 달리하며, 그 구성요소는 납세의무자, 과세물건, 과세표준, 세율의 네 가지를 든다.

㉠ 납세의무자 : 세법의 규정에 의하여 세금을 납부할 의무가 있는 자

㉡ 과세 물건 : 성립요건의 물적 요소로 과세의 목적물로 정하는 물건·행위·사실 등의 과세객체

㉢ 과세 표준 : 세액산출의 기초가 되는 과세물건의 수량 또는 가액

㉣ 세율 : 과세표준에 대한 세액의 비율

② 납세의무의 성립시기

과세요건을 충족하는 사실이 발생하면 납세의무가 성립하나, 그 구체적 시기의 판정이 반드시 선명하지만은 않으므로 각 세법별로 성립시기를 다음과 같이 규정하고 있다.

㉠ 소득세, 법인세, 부가가치세 : 과세기간이 종료되는 때

㉡ 상속세 : 상속을 개시하는 때

㉢ 증여세 : 증여에 의하여 재산을 취득하는 때

㉣ 인지세 : 과세문서를 작성하는 때

㉤ 증권거래세 : 매매거래가 확정되는 때

㉥ 종합부동산세 : 과세기준일(매년 6월 1일)

㉦ 가산세 : 가산할 국세의 납세의무가 성립되는 때

㉧ 원천징수하는 소득세, 법인세 : 소득금액, 수입금액을 지급하는 때

㉨ 중간예납 소득세, 법인세 또는 예정신고기간에 대한 부가가치세 : 중간예납기간 또

는 예정신고기간이 종료하는 때

ⓩ 수시 부과에 의하여 징수하는 국세 : 수시 부과할 사유가 발생하는 때

(2) 납세의무의 확정

이미 성립한 납세의무에 대하여 조세의 납부 또는 징수를 위하여 세법이 정하는 바에 따라 납부할 세액을 납세의무자 또는 과세관청의 일정한 행위나 절차를 거쳐서 구체적으로 확정하는 것으로 납세의무라 한다. 여기에는 신고 확정, 부과확정, 자동확정이 있다.

① 신고확정 : 납세의무자가 과세표준과 세액을 정부에 신고하므로 확정되는 조세(소득세, 법인세, 부가가치세, 개별소비세, 주세, 증권거래세 등)

② 부과확정 : 정부가 과세표준과 세액을 결정하므로 확정되는 조세(상속세, 증여세 등)

③ 자동확정 : 납세의무의 성립과 동시에 특별한 절차 없이 확정되는 조세(인지세, 원천징수하는 소득세 또는 법인세, 중간예납법인세, 인지세 등)

(3) 납세의무의 승계

납세의무의 승계는 이미 성립, 확정된 납세의무를 본래의 납세의무자로부터 권리의무를 포괄적으로 승계받는 자에게 이전하는 것을 의미한다. 이것은 납세의무자를 확장하여 국세채권을 보전하기 위해 마련한 제도이다.

① 법인의 합병으로 인한 납세의무의 승계 : 법인이 합병한 경우에 합병 후 존속하는 법인 또는 합병으로 인하여 설립된 법인은 합병으로 인하여 소멸된 법인에게 부과하거나 그 법인이 납부할 국세, 가산금과 체납처분비를 납부할 의무를 진다. 합병에 의한 승계의 경우 전체를 모두 승계하는 것이므로 납부의무도 전액에 대하여 책임을 진다.

② 상속으로 인한 납세의부의 승계 : 상속이 개시된 경우에 그 상속인 또는 상속재산 관리인은 피상속인에게 부과되거나 그 피상속인이 납부할 국세·가산금과 체납처분비를 상속으로 인하여 받은 재산을 한도로 하여 납부할 의무를 진다.

(4) 납세의무의 소멸

과세요건이 충족되어 성립·확정된 납세의무가 다음의 법정사유로 인하여 없어지는 것을 납세의무의 소멸이라고 한다. 납세의무가 소멸되는 사유는 다음 같다.

㉠ 납부, 충당이 실현되거나 부과의 취소가 있을 때

㉡ 국세부과의 제척기간이 만료된 때

㉢ 국세징수권의 소멸시효가 완성한 때

국세부과의 제척기간은 국세부과권의 유지기간으로, 국가가 국세를 결정, 경정결정 할 수 있는 기간이다. 국세징수권의 소멸시효는 국세징수권의 유지기간으로, 국가가 권리를 행사할 수 있는 때로부터 5년간 행사하지 아니하면 소멸실효가 완성된다. 단, 납세고지 · 독촉 · 교부청구 · 압류의 경우는 그 시효가 중단된다.

[표 1-2] 국세부과의 제척기간

세 목	구 분	제척기간
일반적인 세 목	사기 등 부정한 방법으로 국세를 포탈 또는 환급받는 경우	10년
	법정신고기한 내에 과세표준신고서를 제출하지 않은 경우	7년
	기타의 경우	5년
상속세 및 증여세	· 사기 등 부정한 방법으로 국세를 포탈 또는 환급받은 경우 · 법정신고기한 내에 과세표준신고서를 제출하지 아니한 경우 · 상속 · 증여세를 허위 · 누락 신고한 경우	15년
	기타의 경우	10년

7. 수정신고와 경정청구 및 기한 후 신고

당초 과세표준과 세액의 신고 내용 중 오류나 정정사유가 발생한 경우 이를 정정하는 절차로 수정신고와 경정청구가 있고, 법정기한 내에 과세표준신고를 하지 아니한 자는 기한 후 신고를 할 수 있다.

(1) 수정신고

과세표준신고서를 법정신고 기한 내에 적법하게 제출한 자가 다음의 경우에 해당하는 때에는 관할 세무서장이 각 세법의 규정에 의하여 당해 국세의 과세표준과 세액을 결정 또는 경정하여 통지를 하기 전으로서 국세부과의 제척기간에 따른 기간이 끝나기 전까지 과세표준수정신고서를 제출할 수 있다.

㉠ 과세표준신고서에 기재된 과세표준 및 세액이 세법에 의하여 신고하여야 할 과세표준 및 세액에 미달하는 때

㉡ 과세표준신고서에 기재된 결손금액 또는 환급세액이 세법에 의하여 신고하여야 할 결손금액 또는 환급세액을 초과하는 때

㉢ 제1호 및 제2호 외에 원천징수의무자의 정산 과정에서의 누락, 세무조정 과정에서

의 누락 등 대통령령으로 정하는 사유로 불완전한 신고를 하였을 때(법인세법에 따른 국고보조금 등 또는 공사부담금에 상당하는 금액을 익금과 손금에 동시에 산입하지 아니한 경우 등)

(2) 경정청구

당초 신고한 과세표준 또는 세액이 과다한 경우 이를 정당하게 정정하는 제도로 과세표준신고서를 법정신고기한 내에 제출한 자가 다음의 경우에 해당하는 때에는 법정신고기한 경과 후 5년 이내에 최초에 신고한 국세의 과세표준 및 세액의 결정 또는 경정을 관할 세무서장에 청구할 수 있다.

㉠ 과세표준신고서에 기재된 과세표준 및 세액이 세법에 의하여 신고하여야 할 과세표준 및 세액을 초과한 때

㉡ 과세표준신고서에 기재된 금액 또는 환급세액이 세법에 의하여 신고하여야 할 결손금액 또는 환급세액에 미달한 때

과세표준신고서를 법정신고기한까지 제출한 자 또는 국세의 과세표준 및 세액의 결정을 받은 자는 다음 아래의 해당 사유가 발생하였을 때 제1항에서 규정하는 기간에도 불구하고 그 사유가 발생한 것을 안 날부터 3개월 이내에 결정 또는 경정을 청구할 수 있다.

㉠ 최초의 신고·결정 또는 경정에서 과세표준 및 세액의 계산 근거가 된 거래 또는 행위 등이 그에 관한 소송에 대한 판결에 의하여 다른 것으로 확정되었을 때

㉡ 소득이나 그 밖의 과세물건의 귀속을 제3자에게로 변경시키는 결정 또는 경정이 있을 때

㉢ 조세조약에 따른 상호합의가 최초의 신고·결정 또는 경정의 내용과 다르게 이루어졌을 때

㉣ 결정 또는 경정으로 인하여 그 결정 또는 경정의 대상이 되는 과세기간 외의 과세기간에 대하여 최초에 신고한 국세의 과세표준 및 세액이 세법에 따라 신고하여야 할 과세표준 및 세액을 초과할 때

㉤ 제1호부터 제4호까지와 유사한 사유로서 대통령령을 정하는 사유가 해당 국세의 법정신고기한이 지난 후에 발생하였을 때

결정 또는 경정의 청구를 받은 세무서장은 그 청구를 받은 날로부터 2개월 이내에 과

세표준 및 세액을 결정 또는 경정하거나 결정 또는 경정하여야 할 이유가 없다는 뜻을 그 청구한 자에게 통지해야 한다.

연말정산 또는 원천징수하여 소득세 납부 후 지급명세서를 제출기한까지 제출한 원천징수의무자와 원천징수대상자 또는 근로소득자도 연명정산세액 또는 원천징수세액의 납부기한이 지난 후 3년 이내에 원천징수영수증에 기재된 과세표준 및 세액의 결정 또는 경정을 관할 세무서장에게 청구할 수 있다.

(3) 기한 후 신고

각 세법이 정한 신고기한 내에 과세표준신고서를 제출하지 아니한 자로서 세법에 의하여 납부할 세액이 있는 자는 관할 세무서장이 신고하지 아니한 과세표준과 세액을 결정하여 통지하기 전까지 기한 후 과세표준신고서를 제출할 수 있다. 이 경우 납부하여야 할 세액과 가산세를 신고와 함께 납부하여야 한다. 기한후과세표준신고서를 제출한 경우 관할 세무서장은 세법에 따라 신고일부터 3개월 이내에 해당 국세의 과세표준과 세액을 결정하여야 한다. 다만, 그 과세표준과 세액을 조사할 때 조사 등에 장기간이 걸리는 등 부득이한 사유로 신고일부터 3개월 이내에 결정할 수 없는 경우에는 그 사유를 신고인에게 통지하여야 한다.

(4) 제2차 납세의무자

㉠ 청산인 등 : 청산인과 잔여재산을 분배받은 자는 그 해산법인의 국세 등에 대하여 제2차 납세의무를 진다.

㉡ 출자자 : 법인의 재산으로 국세 등을 충당하고 부족한 금액은 납세의무 성립일 현재의 무한책임사원과 과점주주가 제2차 납세의무를 진다.

㉢ 법인 : 국세의 납부기한 현재 법인의 무한책임사원과 과점주주가 당사자의 재산으로 국세 등을 충당 후 부족한 금액은 당해법인이 제2차 납세의무를 진다.

㉣ 사업양수인 : 양도·양수한 사업과 관련하여 양도일 이전에 확정된 국세 등은 사업양수인이 제2차 납세의무를 진다.

8. 국세우선의 원칙

조세채무와 기타 채무가 경합된 경우에는 조세채권이 기타 채무에 우선한다(국세우선권). 그러나 국세우선권이 배제되는 채권의 범위는 다음과 같다.

① 선집행 지방세의 체납세액

② 강제집행 소요비용

③ 다음의 법정기일 전에 설정된 전세권·질권 또는 저당권에 의하여 담보되는 채권의 경우

㉠ 신고 확정되는 국세 : 신고일

㉡ 부과고지한 국세 : 납세고지서의 발송일

㉢ 원천징수세액, 인지세 : 납세의무확정일

㉣ 납기 전 징수사유로 재산을 압류한 관련 세액 : 압류등기, 등록일

④ 우선변제임차보증금

⑤ 우선변제임금채권

9. 가산세의 부과와 감면

(1) 가산세의 부과

법정신고기한 이내에 신고서를 제출하지 아니하거나 세액을 납부하지 아니한 경우 무신고 가산세를 부과한다. 또한 기한 내에 신고서를 제출하였으나 신고하여야 할 세액보다 적게 신고하고 납부한 경우에는 과소 납부한 세액에 추가하여 과소신고 가산세를 부과한다.

① 무신고 가산세

무신고 가산세는 법인세, 소득세, 상속증여세 등 산출세액을 기준으로 하며 부가가치세는 납부세액을 기준으로 하여 다음의 가산율을 곱하여 계산한다(부당거래의 적용대상: 실물거래가 없이 비용 과다계상, 이중장부, 허위기록·증빙·문서 작성, 장부와 기록 파기 등).

구 분	일반무신고시	부당무신고시
소득세, 법인세	MAX[①, ②] ① 산출세액의 20% ② 수입금액의 0.07%	MAX[①, ②] ① 산출세액의 40% ② 수입금액의 0.14%
소득세, 법인세 이외	산출세액의 20%	산출세액의 40%

② 과소신고 가산세

법정 신고기한 내에 신고서를 제출하였으나 신고하여야 할 세액보다 적게 신고한 때에는 미달 신고한 과세표준에 대한 과소신고세액을 기준으로 가산세를 부과한다.

㉠ 일반과소 신고시 : 산출세액의 10%

㉡ 부당과소 신고시 : 산출세액의 40%(다만 소득세, 법인세는 산출세액의 40%와 수입금액의 0.14% 중 큰 금액)

③ 납부불성실 가산세

세액을 미납부, 과소납부한 경우 다음 금액을 가산세로 부과한다.

납부불성실 가산세 = 미납세액 × 경과일수 × 가산세율(1일당 3/10,000)

(2) 가산세 감면 등

정부는 「국세기본법」 또는 세법에 따라 가산세를 부과하는 경우 그 부과 원인이 되는 사유가 기한연장사유에 해당하거나 납세자가 의무를 이행하지 아니한 것이 정당한 사유가 있을 경우에는 해당 가산세를 부과하지 아니한다.

① 법정신고기한이 지난 후 수정신고한 경우에는 다음 각 구분에 따른 금액

㉠ 법정신고기한이 지난 후 6개월 이내에 수정 신고한 경우(해당 가산세액의 100분의 50에 상당한 금액)

㉡ 법정신고기한이 지난 후 6개월 초과 1년 이내에 수정 신고한 경우(해당 가산세액의 100분의 20에 상당하는 금액)

㉢ 법정신고기한이 지난 후 1년 초과 2년 이내에 수정 신고한 경우(해당 가산세액의 100분의 10에 상당하는 금액)

② 법정신고기한이 지난 후 6개월이내 기한 후 신고한 경우에는 다음 각 구분에 따른 금액(무신고가산세 감면)

㉠ 법정신고기한이 지난 후 1개월 이내에 기한 후 신고한 경우(해당 가산세액의 100분의 50에 상당한 금액)

㉡ 법정신고기한이 지난 후 1개월 초과 6개월 이내에 기한 후 신고한 경우(해당 가산세액의 100분의 20에 상당한 금액)

③ 다음 각 목의 하나에 해당하는 경우에는 해당 가산세액의 100분의 50에 해당하는 금액

㉠ 과세전적부심사 결정·통지기간에 그 결과를 통지하지 아니한 경우

㉡ 세법에 따른 제출, 신고, 가입, 등록, 개설의 기한이 지난 후 1개월 이내에 해당 세법에 따른 제출 등의 의무를 이행하는 경우

10. 심사와 심판

「국세기본법」 또는 세법의 처분으로서 위법 또는 부당한 처분을 받거나 필요한 처분을 받지 못하므로 권리 또는 이익에 침해를 당한 경우는 사법적 구제를 구함에 앞서 행정청 자체에 대한 시정 요구인 이의신청·심사청구·심판청구 제도를 두고 있다.

이의신청은 처분청에 재고를 요구하는 것이며, 심사청구는 국세청에, 심판청구는 국세심판원에 제기하는 불복으로, 이의신청은 청구인의 선택에 따라 본 절차를 생략할 수 있고 심사청구와 심판청구는 청구인의 선택에 따라 그중 하나를 선택하여야 한다.

이의신청·심사·심판청구는 처분청의 처분을 안 날로부터 90일 이내에 제기하여야 하며, 특히 심사·심판청구절차는 행정소송의 전제 요건이 되어 있어 본 절차를 거치지 아니하고는 행정소송을 제기할 수 없다.

11. 절세전략

(1) 각 세목별 법정신고기한을 기억하라.

(2) 세금 낼 돈이 없어도 세금 신고는 하라.

(3) 당해세라고 해서 모두 우선하는 것은 아니다.

(4) 세금을 적게 냈으면 2년 이내에 수정신고를 해라.

(5) 세금을 무신고 했으면 6개월 내에 기한 후 신고를 하라.

(6) 많이 낸 세금은 경정청구를 통해 되돌려 받아라.

(7) 세금고충처리제도와 과세전적부심사제도를 적극 활용하라.

제 2 장 소득세

제 1 절 소득세 총설

1. 소득세란?

소득세란 개인(자연인)의 소득에 대하여 부과되는 세금으로서 법인에 대한 소득세와 구별하기 위하여 개인소득세라고도 한다. 여기서 소득이란 일정기간의 총수입금액에서 이에 대응되는 필요경비를 공제한 금액이다. 소득세는 각 개인의 부담능력을 가장 직접적으로 나타내는 소득을 과세물건으로 할 뿐만 아니라 개인의 사정을 고려하여 누진세율을 적용함으로써 세금부담능력을 고려한 세금부과원칙을 실현하는데 가장 적합한 세금이다.

① 종합과세

개인의 소득 중 해마다 발생하는 정상소득을 종합하여 과세하는 것으로 현행소득세법은 이자소득, 배당소득, 부동산임대소득, 연금소득, 사업소득, 근로소득 그리고 기타소득(종합소득)등을 각 계산하여 합산과세한다.

② 분류과세

종합과세소득에 포함되지 아니하는 퇴직소득, 양도소득은 그 소득이 장기간에 걸쳐 발생된 것으로 종합소득과 구분하여 각 소득별로 소득세를 과세하는 제도를 분류과세라 한다.

③ 비과세소득

과세소득에 속하는 소득 중 그 소득의 성질이나 국가의 정책에 따라 과세에서 제외되는 소득을 비과세소득이라 한다.

④ 분리과세

종합과세소득에 속하는 소득으로 법정률(원천징수세율)만을 원천징수함으로 인해 종합소득세의 납세의무가 종료하므로 종합소득과세표준에 합산하지 아니하는 제도를 분리과세라 한다.

(1) 소득원천설을 근간으로 순자산증가설을 가미

소득원천설은 소득의 원천을 근거로 하여 소득의 개념을 규정하는 이론으로 소득은 일정한 원천으로부터 규칙적, 반복적 수입만을 소득으로 인정하고 일시적, 비반복적 수입은 소득을 구성하는 것으로 볼 수 없다는 학설이다. 순자산증가설은 소득의 원천을 가리지 않고 일정기간 부의 순증가를 소득의 개념으로 규정하고 있으며 기존의 순자산을 잠식하지 않고 자유로이 처분할 수 있는 순자산의 증가분을 소득이라 주장하는 학설이다.

현행 소득세법은 소득을 발생원천에 따라 종합소득, 퇴직소득, 양도소득으로 분류하여 법에서 열거한 소득만 과세하므로 기본적으로 소득원천설의 입장에 있으나 불규칙적이고 일시적인 소득인 양도소득, 기타소득을 과세대상으로 하는 등 순자산증가설의 입장이 가미되었다.

(2) 열거주의와 유형별 포괄주의 과세방식 채택

우리나라 소득세법은 원칙적으로 세법상 과세대상으로 열거된 소득만을 과세하는 열거주의 과세방식을 채택하고 있다. 다만, 이자·배당·연금소득에 대해서는 법령에 열거되지 아니한 경우에도 유사한 소득은 동일하게 과세할 수 있도록 포괄주의 과세방식을 채택하고 있다.

(3) 종합과세

소득세법은 원칙적으로 종합과세를 택하고 있다. 즉 종합소득인 이자소득, 배당소득, 부동산임대소득, 사업소득, 근로소득, 연금소득 및 기타소득을 인별로 종합하여 소득공제를 한 후 소득금액의 크기에 따라 초과누진율을 적용하고 있다.

분류과세와 분리과세로 현재 우리나라의 소득세제는 개인별로 소득을 종합하여 개인의 인적사정, 즉 배우자, 부양가족 또는 장애인의 유무에 따라 동일한 소득자라고 하더라도 세금부담을 달리하는 인적공제제도를 적용하는 종합과세제도를 채택하고 있다. 다만 그 소득의 특수한 성격상 퇴직소득, 양도소득을 종합과세하지 아니하고 소득별로 세금을 부과하는 분류과세제도를 채택하고 있으며, 또한 조세정책적인 측면에서 종합소득 중 이자소득, 배당소득, 기타소득의 경우에 일정한 소득금액을 한도로 분리과세제도를 채택하고 있다.

(4) 신고납세제도

납세자가 과세표준과 세액을 스스로 신고함으로써 구체적인 납세의무가 확정되는 신고납세제도와 과세관청이 부과처분에 의하여 납세의무가 확정되는 부과과세제도가 있다.

(5) 주소지 과세제도

주소지를 납세지로 하여 과세함을 원칙으로 하고 예외적으로 소득발생지를 납세지로 할 수 있도록 하고 있다.

[그림 2-1] 소득세의 과세체계

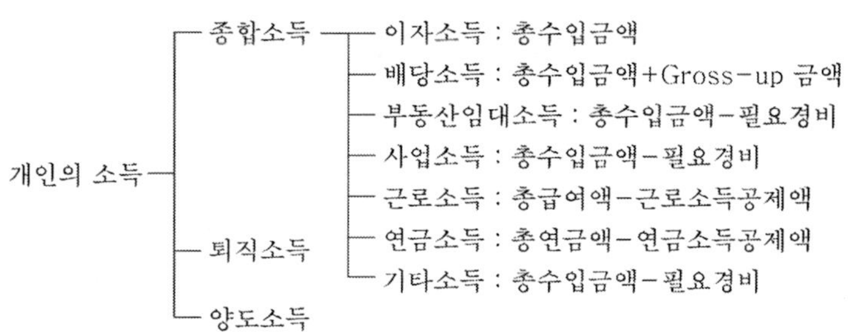

2. 소득세의 납세의무

(1) 소득세의 납세의무자

납세의무란 세법에 의하여 조세를 납부할 의무가 있는 자를 말하며 소득세의 납세의무자는 다음과 같다.

① **거주자** : 국내에 주소를 두거나 183일 이상 거소를 둔 개인

② **비거주자**로서 국내원천소득이 있는 개인

③ 법인격 없는 사단, 재단, 기타단체로서 법인으로 보는 단체 이외의 사단, 재단, 기타단체: 대표자 또는 관리인이 선임되어 있으나 이익의 분배방법이나 비율이 정하여져 있지 아니한 때에는 그 단체를 1거주자로 보며 그렇지 않을 경우에는 공동사업을 영위하는 것으로 본다(예 : 종중의 재단, 학교동창회, 직장공제조합 등).

(2) 과세소득의 범위

① 거주자: 국내외의 모든 소득을 과세한다.

② 비거주자: 국내 원천소득에 대하여만 과세한다.

(3) 과세기간

① 일반적인 경우 : 1/1~12/31

② 거주자가 사망한 경우 : 1/1~사망한 날

③ 거주자가 출국하는 경우 : 1/1~출국한 날

(4) 납세지

① 거주자: 주소지, 주소지가 없는 경우에는 그 거소지.

② 비거주자: 국내사업장(국내사업장이 2 이상 있는 경우에는 주된 국내사업장)의 소재지, 국내 사업이 없는 경우에는 국내원천소득이 발생하는 장소.

③ 비거주자가 납세관리인을 둔 경우: 그 국내사업장의 소재지 또는 납세관리인의 주소지나 거소지 중 신고하는 장소.

④ 국내에 주소가 없는 공무원 또는 내국법인의 국외사업장 등에 파견된 임직원 등 거주자로 보는 자: 그의 가족의 생활근거지 또는 소속기관의 소재지.

(5) 원천징수제도

원천징수제도란 납세의무자가 자신의 세금을 직접 납부하지 않고, 소득금액·수입금액을 지급하는 자(원천징수의무자)가 납세의무자에게 지급해야 할 금액 중 세법 규정에 따라 일정액을 징수하여 국가에 대신 납부하는 제도이다.

① 완납적 원천징수

원천징수로서 소득세 납세의무가 완전히 종결(분리과세)

② 예납적 원천징수

원천징수 후 그 소득과 타 종합소득을 합산하여 산출세액을 계산하고 원천징수된 세액을 공제한 나머지 세액을 최종적으로 납부 또는 환급한다(종합과세).

(6) 소득세의 원천징수 의무자

소득세에 있어서 징세의 편의상 원천징수의 대상이 되는 이자소득·배당소득·근로소득·기타소득·세법이 정하는 사업소득 및 퇴직소득 등을 개인에게 지급하는 다음에 해당하는 자는 그 지급금액에 대하여 세법에서 규정한 내용대로 원천징수를 하여 납부할 의무가 있다.

① 거주자

② 비거주자

③ 국내에 본점 또는 주사무소를 둔 법인(내국법인)

④ 외국에 본점 또는 주사무소를 둔 법인(외국법인)의 국내지점 또는 국내 영업소, 출장소

⑤ 기타 소득세법에서 정하는 원천징수 의무자

[그림 2-2] 소득세의 계산구조

총수입금액	이자 · 배당 · 부동산임대 · 사업 · 근로 · 연금 · 기타소득
(필요경비)	
소득금액	
(소득공제)	인적 · 연금보험료 · 주택담보노후연금이자비용 · 특별 · 기타소득공제
과세표준	
× 세율	
산출세액	
(각종 공제 · 감면세액)	
결정세액	
(기납부세액)	
자진납부세액	

제2절 종합소득금액

1. 종합소득금액

(1) 이자소득과 배당소득

제 3장 금융소득종합과세에서 자세히 다루어지므로 제3장을 참고하기 바란다.

(2) 부동산임대소득

소득세법상 부동산임대소득이란 부동산임대업에서 발생된 소득을 의미한다.

① 부동산임대업의 범위

㉠ 부동산 또는 부동산상의 권리의 대여로 인해 발생하는 소득

㉡ 공장재단, 광업재단의 대여로 인해 발생하는 소득

㉢ 광업권자, 조광권자 또는 덕대가 채굴에 관한 권리를 대여하고 얻은 소득

② 부동산임대소득금액

부동산임대소득금액 = 총수입금액(비과세소득 제외) − 필요경비

③ 부동산임대소득의 총수입금액 계산

㉠ 부동산임대소득의 총수입금액은 월임대료와 간주임대료 그리고 관리비의 합이다. 여기서 간주임대료란 월세 등과 같은 실제임대료와는 별개로 보증금·전세금 또는 이와 유사한 성질의 금액을 받은 경우에 계산한 수입금액을 말한다.

㉡ 장부 기장자의 간주임대료 계산공식

간주임대료
={당해 과세기간의 보증금 등의 적수 − 임대용 부동산의 건설비 상당액의 적수}× $\frac{1}{365}$× 정기예금이자율 − 금융수익(수입이자와 할인료+수입배당금)

㉢ 장부 미기장자의 간주임대료 계산공식

$$\text{간주임대료} = \text{당해 과세기간의 보증금 등의 적수} \times \frac{1}{365} \times \text{정기예금이자율}$$

④ 필요경비

필요경비는 부동산 임대사업과 관련하여 발생한 종업원 급여, 감가상각비, 제세공과금, 보험료 등 부동산 임대수입에 대응하는 비용을 말한다.

(3) 사업소득

소득세법상 사업소득이란 개인이 계속적·반복적인 영업활동을 통하여 얻은 소득을 의미한다.

① 사업소득의 범위

㉠ 농업(작물재배업 제외), 임업, 어업에서 발생하는 소득

㉡ 광업, 제조업, 전기·가스·증기 및 수도사업에서 발생하는 소득

㉢ 하수·폐기물처리, 원료재생 및 환경복원업, 건설업, 도·소매업에서 발생하는 소득

㉣ 숙박 및 음식점업, 운수업에서 발생하는 소득

㉤ 금융 및 보험업에서 발생하는 소득

㉥ 전문·과학, 기술서비스업(연구개발업 제외), 부동산업 및 임대업(지역권·지상권의 대여소득 제외)에서 발생하는 소득

㉦ 출판, 영상, 방송통신 및 정보서비스업에서 발생하는 소득

㉧ 교육서비스업, 보건업 및 사회복지서비스업, 사업시설관리 및 사업지원서비스업에서 발생하는 소득

㉨ 예술, 스포츠 및 여가 관련 서비스업과 협회 및 단체, 수리 및 기타 개인서비스업에서 발생하는 소득

㉩ 가구 내 고용활동에서 발생하는 소득

② 사업소득금액

$$\text{사업소득금액} = \text{총수입금액(비과세소득 제외)} - \text{필요경비}$$

③ 총수입금액

총수입금액은 사업을 통한 매출액의 합계를 의미한다.

④ 필요경비

필요경비는 총수입금액을 획득하기 위해 지출한 합계로서 매입비용, 임차료, 인건비 등을 말한다.

⑤ 무기장자의 사업소득금액 계산

사업소득금액은 비치된 장부나 증빙에 의해 총수입금액에서 필요경비를 차감하는 것이 원칙이다. 그러나 장부 등이 없는 무기장자에 대하여는 실제 발생한 비용의 산정이 어려우므로 정부에서 정한 방법에 의거 필요경비를 계산하는데 이를 기준경비율제도라 한다. 사업자가 지출한 비용 중 주요경비는 증빙이 있는 경우만 인정하고 그 외 경비는 증빙이 없는 경우에는 기준경비율제도를 따른다.

㉠ 기준경비율에 의한 소득금액계산

소득금액 = 수입금액 − 주요경비(매입비용, 임차료, 인건비) −(수입금액 × 기준경비율)

㉡ 단순경비율에 의한 소득금액계산

영세사업자는 단순경비율에 의해 소득금액을 계산한다.

소득금액 = 수입금액 − (수입금액 × 기준경비율)

(4) 근로소득

소득세법상 근로소득의 범위는 다음과 같다.

① 근로소득의 범위

㉠ 근로를 제공함으로써 받는 봉급·급료·보수·세비·임금·상여·수당과 이와 유사한 성질의 급여

㉡ 법인의 주주총회·사원총회 등의 의결기관의 결의에 따라 받는 상여 소득

㉢ 「법인세법」에 따라 상여로 받는 금액

㉣ 퇴직함으로써 받은 소득으로서 퇴직소득에 속하지 아니하는 소득

② 근로소득금액

근로자가 고용계약에 의하여 근로를 제공하고 그 대가로 받는 봉급·보수·임금·급료·상여·수당 등을 의미한다.

근로소득금액 = 총급여액(비과세소득 제외) − 필요경비(근로소득공제액)

③ 비과세 근로소득

㉠ 실비변상적 성질의 급여

㉡ 국외근로소득(월 100만원 한도)

㉢ 식대(월 10만원 한도), 현물로 제공받는 식사는 전액 비과세

㉣ 근로로 인한 부상과 관련하여 지급받는 연금이나 위로금

㉤ 학자금, 근로장학금

㉥ 연장근무·야간근무·휴일근무수당(월정급여액 150만원 이하이면서 직전 과세기간의 총 급여액이 2,500만원 이하의 생산직 근로자가 받는 연장근무수당·야간근무수당·휴일근무수당은 연간 240만원 한도)

④ 근로소득공제

일용근로자인 경우에는 근로소득공제로 일당 15만원을 공제하며 상용근로자의 근로소득공제는 다음 표와 같다.

[표 2-1] 근로소득 공제

총급여액	근로소득공제액
500만 원 이하	총 급여액의 70%
500만 원 초과 ~ 1,500만 원 이하	총 급여액의 40%
1,500만 원 초과 ~ 3,000만 원 이하	총 급여액의 15%
3,000만 원 초과 ~ 4,500만 원 이하	총 급여액의 5%
4,500만 원 초과	총 급여액의 2%

(5) 연금소득

소득세법상 연금소득의 범위는 다음과 같다.

① 연금소득의 범위

㉠ 「국민연금법」에 따라 지급받는 각종 연금

㉡ 「공무원연금법」, 「군인연금법」, 「사립학교교직원연금법」, 「별정우체국법」에 따라 지급받는 각종 연금

㉢ 대통령령으로 정하는 퇴직보험의 보험금을 연금 형태로 지급받는 경우 그 연금 또는 이와 유사한 형태로 퇴직자가 받는 연금

㉣ 「조세특례제한법」에 따른 연금저축에 가입하고 연금 형태로 받는 소득, 해당 연금저축에 가입하고 저축납입계약기간 만료 전에 사망 또는 만료 후 사망하여 연금 외의 형태로 받는 소득

㉤ 「근로자퇴직급여 보장법」 또는 「과학기술인공제회법」에 따라 받는 연금

㉥ 국민연금과 지역연금의 연계에 관한 법률에 따라 받는 연계노령연금·연계퇴직연금

㉦ ㉠에서부터 ㉥까지의 규정에 따른 소득과 유사하고 연금 형태로 받는 것으로 대통령령으로 정하는 것

② 연금소득금액

연금소득금액 = 총연금액* − 연금소득공제액(900만 원 한도)

*비과세소득과 분리과세소득(사적연금소득의 합계액이 1,200만원 이하인 경우 분리과세 선택 가능)을 제외한 금액을 종합과세한다.

③ 비과세 연금소득

㉠ 「국민연금법」에 따라 지급받는 유족연금·장애연금

㉡ 「공무원연금법」, 「군인연금법」, 「사립학교교직원연금법」, 「별정우체국법」에 따라 지급받는 유족연금·장애연금·상이연금

㉢ 「산업재해보상보험법」에 따라 지급받는 각종 연금

㉣ 「국군포로의 송환 및 대우 등에 관한 법률」에 따른 국군포로가 받는 연금

④ 연금소득공제액 900만 원 한도이며 총 연금액에 따라 차이가 있다. 자세한 내용은 다음 표와 같다.

[표 2-2] 연금 소득 공제액

총연금액	연금소득공제액
350만 원 이하	전액공제
350만 원 초과 ~ 700만 원 이하	350만 원 + (350만 원 초과금액의 40%)
700만 원 초과 ~ 1,400만 원 이하	490만 원 + (700만 원 초과금액의 20%)
1,400만 원 초과	630만 원 + (1,400만 원 초과금액의 10%)
공제액이 900만 원을 초과할 경우 900만 원 공제	

(6) 기타소득

소득세법상 기타소득은 종합소득 중 이자소득, 배당소득, 부동산임대소득, 사업소득, 근로소득, 연금소득에 속하지 않는 소득으로 다음과 같다.

① 기타소득의 범위

㉠ 상금, 현상금, 사례금, 포상금, 보조금

㉡ 복권 · 경품권 등의 당첨금

㉢ 저작자 이외의 자로서 저작권의 양도 · 사용의 대가

㉣ 영화필름 · 방송용 테이프, 산업정보, 영업권 등의 대여 · 양도소득

㉤ 물품 · 장소 등의 일시적 대여소득, 지역권 · 지상권 등의 대여소득

㉥ 계약의 위약으로 인한 위약금 또는 배상금, 뇌물

㉦ 고용관계 없는 자의 강연료, 인적용역(변호사, 세무사, 공인회계사 등)의 일시적 제공으로 인한 소득

㉧ 일시적인 문예창작소득, 원고료, 인세 등

② 기타소득금액

기타소득금액 = 총수입금액 − 필요경비

③ 비과세 기타소득

㉠ 「국가유공자 등 예우 및 지원에 관한 법률」, 「국가보안법」, 「상훈법」, 「발명진흥법」 등에 따라 받는 보상금이나 상금

㉡ 국가 또는 지방자치단체로부터 받은 상금

㉢ 서화 · 골동품의 양도차익 중 국가지정문화재로 지정된 서화 · 골동품의 양도로 발생

하는 소득 및 서화·골동품을 박물관 또는 미술관에 양도함으로써 발생되는 소득

④ 필요경비

기타소득에 대한 필요경비는 상금·전속계약금·계약위반배상금·인적용역 등이며 일시적 문예창작소득의 경우 수입금액의 80%(2018.3.31.까지는 80% 인정, 2018.4.1.부터는 70%, 2019.1.1. 이후부터는 60%만 인정)이다. 이외의 소득은 입증되는 필요경비만을 인정한다.

⑤ 기타소득에 대한 과세방법

기타소득을 지급하는 자는 필요경비를 제외한 소득금액의 20%를 원천징수하여야 한다. 기타소득을 지급받는 자는 원칙적으로 종합과세를 해야 하나 기타소득금액이 연간 300만원 이하의 경우에는 종합과세와 분리과세 중 소득자가 선택할 수 있다. 다만, 복권당첨소득과 승자투표권 혹은 승마투표권 환급금에 대해서는 조세특례제한법에 의하여 무조건 분리과세(3억원 이하는 20%, 3억원 초과는 30%의 단일세율)를 적용한다.

2. 종합소득 과세표준과 종합소득공제

종합소득공제란 납세의무자의 인적사항을 고려하여 일정한 금액을 과세소득금액에서 공제함으로써 납세의무자의 최저생계를 보장하고 부양가족의 상황에 따라 차별을 둠으로써 부담능력에 따른 과세를 실현하기 위한 제도이다.

종합소득 과세표준 = 종합소득금액 − 종합소득공제

[그림 2-3] 종합소득공제

- 종합소득공제
  - 인적공제
    - 기본공제 : 기초, 배우자, 부양가족
    - 추가공제 : 경로우대, 장애인, 부녀자, 자녀양육비, 출산 · 입양비
    - 다자녀추가공제
  - 연금보험료공제
  - 주택담보노후연금이자비용공제
  - 특별공제 : 보험료공제, 의료비공제, 교육비제공, 장애인 특수교육비공제, 주택자금공제, 기부금특별공제, 표준공제
  - 기타소득공제
    - 개인연금저축공제, 연금저축공제, 중소기업창업투자 조합출자 등 소득공제,
    - 신용카드 사용금액 소득공제, 우리사주조합출연금 소득공제

(1) 인적공제

① 기본공제

㉠ 본인공제 및 배우자 공제

㉮ 거주자 및 그 배우자에 대하여 기본적으로 150만 원을 공제하며, 이때 배우자의 연간 소득금액이 100만 원 이하인 경우에 한한다(단, 배우자가 근로소득만 있고 총급여액이 500만원 이하라면 공제대상임).

㉯ 기본공제 : 본인, 배우자 1인당 150만 원

㉡ 부양가족공제

거주자와 생계를 같이하는 부양가족(근로소득만 있고 총급여액이 500만원 이하인 자)으로서 연간소득금액이 100만 원 이하인 자 중 1인당 150만 원

㉮ 직계비속과 입양자로서 만 20세 이하인 자

㉯ 직계존속으로서 만 60세 이상인 자(장인, 장모 포함)

㉰ 형제자매로서 만 20세 이하 또는 만 60세 이상인 자

㉱ 기타

국민기초생활보장법 제2조 제2호의 수급자, 아동복지법에 따른 가정위탁을 받아 양육하는 위탁아동(다만, 장애인은 연령의 제한이 없음)

② 추가공제

기본공제 대상자가 다음에 해당하는 경우 추가로 공제한다.

㉠ 경로우대공제 : 남녀 모두 70세 이상인 경우(1인당 100만 원)

㉡ 장애인공제 : 장애인인 경우(1인당 200만 원)

㉢ 부녀자공제 : 배우자가 없는 여성(종합소득금액이 3,000만 원 이하)으로서 부양가족이 있는 세대주이거나 배우자가 있는 여성인 경우 (연 50만 원 공제)

㉣ 한부모가족공제 : 거주자가 배우자가 없는 사람으로서 기본공제대상자인 직계비속 또는 입양자가 있는 경우(연 100만 원 공제)

(2) 연금보험료 공제

종합소득이 있는 거주자로서 다음에 해당하는 보험료를 납부한 경우 보험료 전액을 공제한다.

① 「국민연금법」에 의하여 부담하는 연금보험료(근로자 본인부담금)

② 「공무원연금법」, 「군인연금법」, 「사립학교교직원연금법」, 「별정우체국법」에 의하여 근로자가 부담하는 기여금 또는 부담금

③ 「근로자퇴직급여 보장법」 또는 「과학기술인공제회법」에 따라 근로자가 부담하는 부담금(연금저축불입액 합계액이 400만 원을 초과하면 초과금액 제외)

(3) 주택담보노후연금이자비용 공제

연금소득이 있는 거주자가 주택담보노후연금을 지급받은 경우에는 그 지급받은 연금에 대하여 당해 과세기간의 해당 금액을 해당 연도 연금소득금액에서 공제한다.

> 주택담보노후연금이자비용공제액 : MIN(①, ②, ③)
> ① 받은 주택담보노후연금에 대하여 해당 과세기간에 발생한 이자비용상당액
> ② 200만원 ③ 연금소득금액

(4) 특별공제

근로소득이 있는 종합소득자의 경우 신청을 하면 보험료, 의료비 등 실제로 지출한 금액을 기준으로 공제금액을 결정할 수 있으며, 해당 지출액이 없거나 사업소득자에 대해서는 일정한 금액을 공제하는 표준세액공제가 적용된다.

① 항목별 공제

근로소득이 있는 거주자로서 다음의 근로소득금액에서 공제한다.

㉠ 보험료 공제

건강보험료와 고용보험료 및 노인장기요양보험료 : 지급금액 전액

㉡ 주택자금공제

주택자금공제는 주택마련저축공제, 주택임차차입금 원리금상환액 공제, 장기주택저당차입금 이자상환액 공제로 구성된다.

㉮ 주택마련저축공제

- 근로소득(총 급여액이 7천만 원 이하인 자)이 있는 무주택 세대주(단, 2009.12.31. 이전 가입자는 무주택 세대주 또는 취득 당시 3억 원 이하 국민주택규모 주택 1채 소유자)

- 당해 연도 주택마련저축 불입액의 40%공제(연 300만원 한도)

- 주택법에 의한 청약저축(연 납입액 240만 원 이하), 주택청약종합저축(연 납입액 240만 원 이하), 장기주택마련저축(2009.12.31.이전 가입자), 근로자주택마련저축(월 납입액 15만 원 이하)

㉯ 주택임차차입금 원리금상환액 공제

- 무주택세대의 세대주인 근로자가 국민주택규모의 주택을 임차하기 위하여 금융회사 등으로부터 차입한 차입금 원리금 상환액

- 당해 연도 원리금 상환액의 40%공제(연 300만원 한도)

㉰ 장기주택저당차입금 이자상환액 공제

- 무주택 세대의 세대주가 국민주택규모의 주택(취득당시 기준시가 4억원 이하)을 취득하기 위하여 당해 주택에 저당권을 설정하고 금융회사 또는 국민주택기금으로부터 차입한 장기주택저당차입금의 이자상환액

- 이자상환액(500만원, 1,500만원 한도)

- 차입금의 상환기간 15년 이상

- 주택소유권 이전등기 또는 보존등기일로부터 3개월 이내에 차입

- 2011.12.31 이전 차입분(1,000만원, 상환기간 30년 이상이면 1,500만원)

- 2012.01.01 이후 차입분

- 상환기간이 15년 이상인 이자를 고정금리로 지급하고 비거치식 분할상환으로 하는 경우 : 연 1,800만 원

- 상환기간이 15년 이상인 이자를 고정금리로 지급하거나 비거치식 분할상환으로 하는 경우 : 연 1,500만 원

- 상환기간이 10년 이상인 이자를 고정금리로 지급하거나 비거치식 분할상환으로 하는 경우 : 연 300만 원

(5) 신용카드 공제

① 신용카드 사용금액공제

근로소득이 있는 거주자인 본인과 기본공제 대상자 중 배우자 및 생계를 같이 하는 직계존·비속이 사용한 신용카드 금액으로 당해 연도 1월 1일부터 12월 31일까지 사용한 금액을 의미한다.

② 공제대상 및 한도

㉠ 공제대상 : 총 급여액의 25%를 초과하는 신용카드 등 사용금액

㉡ 공제율

㉮ 신용카드 사용분×15%, 체크카드·현금영수증 사용분×30%

㉯ 대중교통·전통시장 사용분×40%,

㉰ 도서·공연사용분, 박물관·미술관 입장료×30%(총급여 7천만원 이하만 적용)

㉢ 한도

㉮ 총 급여액이 7천만 원 이하인 경우 : MIN[300만원, 총급여액×20%]

㉯ 총 급여액이 7천만 원 초과 1억 2천만 원 이하인 경우 : 연간 250만원

㉰ 총 급여액이 1억 2천만 원 초과인 경우 : 연간 200만원

③ 공제 배제

다음의 지출비용을 신용카드로 결제한 금액에 대해서는 공제대상에서 제외한다.

㉠ 보험료 및 공제료

㉡ 교육비(보육비용, 유치원, 초·중·고·대학(원) 수업료 및 입학금)

㉢ 공과금(국세, 지방세, 전기료, 수도료, 전화료, 고속도로통행료, 아파트관리비 등)

㉣ 상품권 구입비, 리스료, 금융비용

㉤ 정치자금 기부금, 월세지급액, 외국에서 사용한 금액, 현금서비스

3. 종합소득세액의 계산

(1) 종합소득산출세액과 세율

거주자의 종합소득세에 대한 소득세는 당해 연도의 종합소득 과세표준에 다음의 세율

을 적용하여 계산한 금액을 그 세액으로 한다.

종합소득산출세액 = 종합소득 과세표준× 종합소득세율

① 종합소득세율

[표 2-3] 종합소득세 과세표준 및 세율

종합소득 과세표준	세 율
1,200만 원 이하	과세 표준의 6%
1,200만 원 초과 4,600만 원 이하	72만 원 + 1,200만 원 초과금액의 15%
4,600만 원 초과 8,800만 원 이하	582만 원 + 4,600만 원 초과금액의 24%
8,800만 원 초과 1억 5천만 원 이하	1,590만 원 + 8,800만 원 초과금액의 35%
1억 5천만 원 초과 3억 원 이하	3,760만 원 +1억 5천만 원 초과금액의 38%
3억 원 원 초과 5억 원 이하	9,460만 원 +3억 원 초과금액의 40%
5억 원 초과	1억 7,460만 원 +5억 원 초과금액의 42%

(2) 세액공제와 세액감면

종합소득결정세액 = 종합소득산출세액 - 세액공제

① 근로소득 세액공제

소득자의 종합소득금액에 근로소득이 있는 경우 근로소득에 대한 산출세액의 30/100 혹은 55/100에 상당하는 금액을 산출세액에서 공제한다.

근로소득에 대한 종합소득산출세액	공제액
130만 원 이하시	산출세액의 55%
130만 원 초과시	715,000+130만원 초과액의 30%

㉠ 근로소득 세액공제 한도액

㉮ 총급여액이 3,300만원 이하인 경우 : 74만원

㉯ 총 급여액이 3,300만원 초과 7,000만원 이하인 경우 : 74만원 - [(총급여액 - 3,300만원)×8/1,000]

단, 계산된 금액이 66만원보다 적은 경우 66만원을 적용.

㉰ 총 급여액이 7,000만원을 초과하는 경우 :66만원-[(총급여액-7,000만원)×1/2]

단, 계산된 금액이 50만원보다 적은 경우 50만원을 적용.

② 자녀세액공제

종합소득이 있는 거주자의 기본공제대상자에 해당하는 자녀(입양자 및 위탁아동 포함)에 대해서는 다음 금액을 종합소득산출세액에서 공제한다(만 7세 이상(만 7세 미만 취학아동 포함).

㉠ 자녀가 1명인 경우 : 연 15만원

㉡ 자녀가 2명인 경우 : 연 30만원

㉢ 자녀가 3명 이상인 경우 : 연 30만원+2명 초과 1명당 연 30만원

㉣ 출생세액공제 : 첫째 출산·입양(연 30만원), 둘째 출산·입양(연 50만원), 셋째 출산·입양(연 70만원)한 경우 추가공제

③ 연금계좌세액공제

㉠ 납입금액의 연 12%(단, 종합소득금액이 4,000만원 이하(근로소득만 있는 경우 총급여액이 5,500만원 이하)인 경우 15%)공제율을 적용

㉡ 연 400만원 한도(퇴직연금계좌에 납입한 금액에 대하여 연금저축계좌 납입금액 400만원을 합하여 700만원을 한도로 함)

㉢ 공제대상 제외금액

㉮ 소득세가 원천징수되지 아니한 퇴직소득 중 과세이연된 소득

㉯ 연금계좌에서 다른 연금계좌로 계약을 이전함으로써 납입되는 금액

④ 특별세액공제

종전의 근로소득자에 대하여 공제하였던 특별공제항목으로 보험료, 의료비, 교육비, 기부금 지출액은 해당 지출금액의 일정률을 곱한 금액을 세액공제한다

㉠ 보험료 세액공제

기본공제 대상자를 피보험자로 하는 보장성보험료에 대하여 각각 계산된 금액을 합산하여 세액공제한다

㉮ 장애인전용 보장성보험료(한도액 100만원)×15%

㉯ 기타 보장성보험료(한도액 100만원)×12%

㉡ 의료비 세액공제

기본공제대상자(연령과 소득금액의 제한을 받지 않음)를 위하여 근로자가 직접 부담한 의료비로 진료비, 장애인보장구·약품·의료기기 구입비, 시력보정용 안경구입비, 보청기 구입비 등을 의미한다.

㉮ 본인 및 65세 이상, 장애인(공제한도 없음)이외의 자에게 지출한 의료비로서 총급여액의 3/100을 초과하는 금액(연간 700만원)의 15%를 산출세액에서 공제한다(단, 난임시술비의 경우 20% 공제).

㉯ 의료비공제 대상금액에서 공제대상의료비는 진찰, 진료, 질병예방을 위하여 의료법의 규정에 의한 의료기관(국외 의료기관 지급 비용 제외)에 지급하는 비용과 치료, 요양을 위하여 약사법의 규정에 의한 의약품을 구입하고 지급하는 비용만 공제 가능하다(단, 미용, 성형수술을 위한 비용, 건강증진을 위한 의약품 구입비용 제외).

㉰ 시력보정용 안경 또는 콘택트렌즈 구입을 위하여 지출한 비용으로서 기본공제대상자 1명당 연 50만원 이내의 금액

- 「노인장기요양보험법」에 따라 실제 지출한 본인 일부 부담금

㉱ 총급여 7천만원 이하 근로자(사업소득금액 6천만원 이하)의 산후조리원비용(한도 200만원)에 대한 세액공제 적용

㉢ 교육비 세액공제

근로소득자가 본인과 기본공제 대상자의 교육을 위하여 지급한 교육비의 15%를 다음과 같이 산출세액에서 공제한다(연령·소득금액에 제한이 없으나 직계존속은 제외).

- 본인(전액 공제, 대학원 교육비 포함)

㉮ 영유아 : 유치원, 어린이집, 학원, 체육시설에 지급한 수업료(1인당 연 300만원)

㉯ 취학 전 아동 및 초·중·고생 : 입학금, 수업료, 육성회비, 방과후학교 수업료, 급식비, 학교에서 구입하는 교재비, 중·고생 교복구입비(학생 1인당 연 50만원)등 교육비(국외 교육비 포함)를 연간 300만원 한도로 세액공제한다.

㉰ 대학생(대학원 제외, 1인당 연 900만원)

㉱ 장애인 특수교육비(사회복지시설 및 비영리법인에 지급한 것) : 전액 공제

㉣ 기부금 세액공제

거주자(사업소득만 있는 자는 제외) 및 기본공제대상자가 해당 기관에 기부금을 지급한 경우 당해 지출액 중 15%(1천만원 초과분은 30%)를 종합소득산출세액에서

세액공제한다

㉮ 국가 · 지방자치단체 · 사립학교법에서 정한 사회복지시설기부금, 국방헌금, 불우이웃기부금품, 수재의연금 등의 법정기부금 : 전액 공제

㉯ 장학단체 · 문화예술 · 종교단체 등에 대한 기부금, 사회복지시설에 기부하는 금품 등의 지정기부금 : 30% 공제(종교단체는 10%)

ⓜ 표준세액공제

위의 해당 지출액이 없는 근로소득자, 사업소득자에 대하여 일정금액(근로소득자 : 약 13만원, 성실사업자 : 연 12만원, 종합소득이 있는 자 : 연 7만원)을 세액공제한다.

ⓗ 월세액 세액공제

㉮ 무주택세대주(세대주가 공제를 받지 않는 경우 세대원 신청 가능) 세대원 총급여 7천만 원 이하인 근로소득자(종합소득금액 6천만 원 이하 포함)가 국민주택규모의 주택을 임차하기 위하여 지급하는 월세액, 국민주택규모를 초과하는 기준시가 3억원 이하 주택 임차시에도 적용

㉯ 당해 연도 월세지급액의 10%(연 750만원 한도)공제

총급여 55백만원이하 근로자(종합소득금액 4천만원 이하)는 12%

[표 2-4] 종합소득세 세액공제

구 분	세액공제액	공제한도액
배당세액공제액	배당소득 × 11%	(종합과세방식 비교산출세액 - 분리과세방식 비교산출세액)
기장세액공제 (간편장부대상자)	(종합소득세 산출세액 × 간편장부에 의해 계산된 사업소득금액 / 종합소득금액) × 20%	연 100만원
외국납부세액공제	종합소득세 산출세액 × (국외 원천소득금액 / 종합소득금액)	외국에서 납부하였거나 납부할 소득세액
재해손실세액공제	부동산임대소득 또는 사업소득에 대한 산출세액× 재해상실비율 (재해상실비율이 20%이상인 경우에 한함)	상실된 자산의 가액
전자신고세액공제	납세자가 직접 전자신고방법으로 종합소득 과세표준확정신고를 하는 경우	2만원

(3) 종합소득과세표준과 세액의 계산

① 종합소득 과세표준계산 흐름도

> 종합소득과세표준 = 종합소득금액 − 소득공제
>
> 종합소득금액 = 이자소득금액 + 배당소득금액 + 부동산임대소득금액 + 사업소득금액
> + 근로소득금액 + 연금소득금액 + 기타소득금액
>
> 이자소득금액 = 이자수입금액 − 분리과세소득
> 배당소득금액 = 배당수입금액 + 간주배당 − 분리과세소득
> 부동산임대소득금액 = 부동산총수입금액 − 필요경비
> 사업소득금액 = 총수입금액 − 필요경비
> 근로소득금액 = 총급여액 − 근로소득공제액
> 연금소득금액 = 총연금액 − 연금소득공제, 분리과세 연금소득
> 기타소득금액 = 총기타수입금액 − 분리과세 기타소득, 필요경비

② 세액계산흐름도

> 종합소득과세표준금액 × 세율(기본세율) = 산출세액
> 산출세액 − 세액공제 = 결정세액
> 결정세액 + 가산세 = 종합소득 결정세액
> 종합소득 결정세액 − 기납부세액 = 납부 또는 환급세액(확정신고 자진납부세액)

4. 과세표준과 세액의 신고와 납부

(1) 종합소득 과세표준 확정신고 및 자진납부

당해 연도의 종합소득금액이 있는 거주자는 종합소득 과세표준을 다음 연도(익년) 5월 1일부터 5월 31일까지 납세지 관할 세무서장에게 신고 및 납부하여야 한다. 당해 연도의 과세표준이 없거나 결손금액이 있는 때에도 신고를 해야 한다.

(2) 과세표준 확정신고의 예외

① 다음의 각 하나에 해당하는 거주자는 과세표준 확정신고를 하지 않아도 된다.

㉠ 근로소득만 있는 자

㉡ 퇴직소득만 있는 자

㉢ 연금소득만 있는 자

㉣ 원천징수되는 사업소득으로서 대통령령으로 정하는 사업소득만 있는 자

㉤ 근로소득과 퇴직소득만 있는 자

㉥ 퇴직소득과 연금소득만 있는 자

㉦ ㉡과 ㉣의 소득만 있는 자

㉧ 분리과세 이자소득, 배당소득, 연금소득 및 기타소득만 있는 자

㉨ 위 ㉠에서 ㉦에 해당하는 거주자로서 분리과세 이자소득, 배당소득, 연금소득 및 기타소득만 있는 자

㉩ 원천징수되는 기타소득으로서 종교인소득만 있는 자(2018년부터 시행)

㉪ ㉡과 ㉩의 소득만 있는 자(2018년부터 시행)

② 일용근로자 외의 자로서 2인 이상으로부터 근로소득·연금소득·퇴직소득 또는 위 ①의 ㉣의 소득이 있는 자에 대하여는 예외로 한다.

(3) 과세표준 확정신고 자진납부

납부 또는 환급세액(확정신고 자진납부세액) = 종합소득 결정세액 − 기납부세액

확정신고 자진납부시 공제되는 금액(기납부세액)의 종류는 다음과 같다.

① 중간예납세액

② 예정신고 산출세액 또는 그 결정·경정세액(예정신고 납부세액 공제액 포함)

③ 수시부과세액

④ 원천징수세액

⑤ 납세조합의 징수세액과 그 공제액

(4) 분납

자진납부할 세액 또는 중간예납세액이 각각 1,000만원을 초과하는 자는 다음과 같이 납부기한 경과 후 2개월 이내에 분납할 수 있다.

① 납부할 세액이 2,000만원 이하인 경우에 1,000만원을 초과하는 금액
② 납부할 세액이 2,000만원 초과하는 경우에는 그 세액의 1/2 이하의 금액(50%)

5. 원천징수의무

(1) 원천징수의무

국내 거주자나 비거주자에게 다음의 어느 하나에 해당하는 소득을 지급하는 자는 그 거주자나 비거주자에 대한 소득세를 원천징수해야 한다(소득을 지급하는 자의 경우에는 사업자 등 대통령령으로 정하는 자로 한정한다).

① 이자소득
② 배당소득(배당수익금액에 가산되는 배당소득금액은 제외)
③ 대통령령으로 정하는 사업소득(원천징수 대상 사업소득)
④ 근로소득
⑤ 연금소득
⑥ 기타소득
⑦ 퇴직소득
⑧ 봉사료

(일용근로자의 근로소득에 대하여 원천징수하는 경우 해당 근로소득에 대한 산출세액의 100분의 55에 해당하는 금액을 산출세액으로 공제한다)

(2) 원천징수세율

[표 2-5] 원천징수세율

구 분	원천징수세율
이자소득배당소득	· 원칙 : 14%(비영업대금의 이익 25%) · 예외 : 제3장 금융소득 종합과세 참조
사업소득	수입금액의 3%
근로소득	· 매월 지급한 근로소득금액 : 근로소득 간이세액표(기본세율) · 연말정산 : 근로소득 과세표준에 기본세율 적용 · 일용근로자의 근로소득에 대해서는 100분의 6으로 함
연금소득	· 공적연금 : 연금소득 간이세액표(기본세율) · 사적연금 : 3~5%
기타소득	기타소득금액의 20%, 복권당첨 소득금액이 3억 원을 초과하는 경우 그 초과분에 대하여는 30% 적용
퇴직소득	퇴직소득 과세표준에 기본세율(6%~42%) 적용
봉사료 수입금액	수입금액의 5%

제3절 퇴직소득

1. 퇴직소득의 종류

퇴직소득이란 근로자가 퇴직을 함으로써 수령하게 되는 금전의 가액을 의미하는데 그 종류는 다음과 같다.

(1) 공적연금 관련법에 따라 받는 일시금
(2) 사용자 부담금을 기초로 하여 현실적인 퇴직을 원인으로 지급받는 소득
(3) 위 (1), (2)와 유사한 소득으로서 다음의 소득
① 위 (1)의 소득을 지급하는 자가 퇴직소득의 일부 또는 전부를 지연하여 지급하면서 지연지급에 대한 이자를 함께 지급하는 경우 해당 이자
② 「과학기술인공제회법」에 따라 지급받는 과학기술발전장려금
③ 「건설근로자의 고용개선 등에 관한 법률」에 따라 지급받는 퇴직공제금
④ 종교관련종사자가 현실적인 퇴직을 원인으로 종교단체로부터 지급받는 소득(2018년부터 시행)

2. 퇴직의 범위

(1) 현실적 퇴직에 해당하는 경우

계속 근로기간 중에 다음 사유로 퇴직급여를 미리 지급받은 경우 지급받은 날에 퇴직한 것으로 본다
① 퇴직급여 중간정산 사유에 해당하는 경우
② 퇴직연금제도가 폐지되는 경우

(2) 비현실적 퇴직에 해당하는 경우

① 종업원이 임원이 된 경우
② 합병 · 분할 등 조직변경, 사업양도 또는 직 · 간접으로 출자관계에 있는 법인으로의

전출이 이루어진 경우

③ 둘 이상의 사업장이 있는 사용자의 근로자가 한 사업장에서 다른 사업장으로 전출하는 경우

④ 법인의 상근임원이 비상근임원이 된 경우

3. 퇴직소득세의 계산구조

퇴직소득 과세표준 = 환산급여* - 환산급여공제액 퇴직소득 산출세액 = (퇴직소득 과세표준 × 기본세율) ÷ 12 × 근속연수

*환산급여=퇴직소득금액(근속연수공제액 차감한 금액)×12÷근속연수로 계산된 금액을 말한다

(1) 퇴직소득공제

퇴직소득공제에는 기본공제와 근속연수공제로 구분된다. 근속연수공제는 근속연수에 따라 공제액에 차이가 있으며 근속연수가 1년 미만인 경우에는 1년으로 본다.

① 근속연수공제

[표 2-6] 퇴직소득 근속연수공제

근속연수	공제액
5년 이하	30만 원 × 근속연수
5년 초과 10년 이하	150만 원 + 50만 원 × (근속연수 - 5년)
10년 초과 20년 이하	400만 원 + 80만 원 × (근속연수 - 10년)
20년 초과	1,200만 원 + 120만 원 × (근속연수 - 20년)

② 환산급여공제

종전의 퇴직소득금액의 40%를 기본공제하였으나 저소득자에 대한 세부담을 완화하고 고소득자에 대한 세부담이 커지는 구조인 환산급여방식으로 2016년부터 적용하고 있다.

[표 2-7] 퇴직소득 환산급여공제

환산급여액	공제액
800만원 이하	환산급여의 100%
800만원 초과 7천만원 이하	800만원+800만원 초과분의 60%
7천만원 초과 1억원 이하	4,520만원+7,000만원 초과분의 55%
1억원 초과 3억원 이하	6,170만원+1억원 초과분의 45%
3억원 초과	1억 5,170만원+3억원 초과분의 35%

(2) 임원에 대한 퇴직소득 범위액

법인의 임원이 퇴직금으로 받는 금액 중 다음의 한도액까지는 퇴직소득으로 보고 한도액을 초과하는 부분은 근로소득으로 보아 과세한다.

> 임원의 퇴직소득 한도액 = 퇴직한 날로부터 소급하여 3년간 지급받은 급여의 연평균금액 × 10% × 2012.1.1.이후의 근속연수 × 3

* 임원퇴직소득한도 규정은 2012.1.1. 이후부터 적용된다.
** 근무기간이 3년 미만인 경우 개월수로 하며, 1월 미만은 1개월로 계산

제3장 금융소득 종합과세

제1절 금융소득 종합과세의 개요

금융소득 종합과세는 개인별 금융소득 즉 이자소득과 배당소득을 종합소득에 합산하여 누진세율을 적용하여 과세하는 제도이다. 금융소득종합과세란 금융소득의 합계액이 2천만 원을 초과하는 경우 다른 소득과 합산하여 종합과세하고 금융소득의 합계액이 2천만 원 이하인 경우에는 다른 소득과 분리과세하는 것을 의미한다.

제 2 절 금융소득 종합과세

1. 이자소득

현행 소득세법에서는 이자소득을 아래와 같이 한정적으로 열거하고 있다. 따라서 법령상 또는 경제적 이자 중 아래에 열거된 소득만이 소득세의 과세대상이 된다.

(1) 이자소득의 범위(소득세법 제16조)

① 국가 또는 지방자치단체가 발행한 채권 또는 증권의 이자와 할인액

② 내국법인이 발행한 채권 또는 증권의 이자와 할인액

③ 국내에서 지급받는 예금(적금, 부금, 예탁금과 우편대체 포함)의 이자와 할인액

④ 「상호저축은행법」에 의한 신용계 또는 신용부금으로 인한 이익

⑤ 외국법인의 국내지점 또는 국내영업소에서 발행한 채권이나 증권의 이자와 할인액

⑥ 외국법인이 발행한 채권 또는 증권의 이자와 할인액

⑦ 국외에서 지급 받는 예금의 이자

⑧ 채권 또는 증권의 환매조건부매매차익

⑨ 저축성보험의 보험차익

⑩ 직장공제회 초과반환금

⑪ 비영업대금의 이익

⑫ 위 ①에서 ⑪까지 소득과 유사한 소득으로서 금전사용에 따른 대가의 성격이 있는 이익

⑬ 위의 어느 하나에 해당하는 소득을 발생시키는 거래 또는 행위와 자본시장법에 관한 법률에 의한 파생상품이 일정한 요건으로 결합된 경우 파생상품의 거래 또는 행위로부터의 이익

(2) 신탁, 환매조건부매매차익, 비영업대금이익 등 개념

① 신탁이익의 구분

신탁이란 위탁자의 지시에 의하여 수탁자가 위탁자의 재산을 운용하는 것을 말한다. 수

탁자가 위탁받은 재산을 운용하는 과정에서 발생하는 운용수익은 운용방법에 따라 이자소득, 배당소득, 양도소득 등 다양한 형태로 나타날 수 있다. 이에 소득세법에서는 실질과세의 원칙을 적용하여 위탁자가 신탁만료 시 얻은 신탁의 이익에 대하여 소득의 내용별로 소득을 구분하도록 하고 있다.

② 환매조건부매매차익

환매조건부매매차익은 금융기관이 환매기간에 따른 사전약정 이율을 적용하여 환매수 또는 환매도하는 것을 조건으로 매매하는 채권 또는 증권의 매매차익을 말한다.

③ 비영업대금의 이익

비영업대금의 이익은 금전의 대여를 영업으로 하지 않는 자가 일시적, 우발적으로 금전을 대여함에 따라 지급받는 이자 또는 수수료를 말하며 대외에 표방하지 아니한 자가 금전을 대여하고 받는 이자는 비영업대금의 이익이라 한다.

④ 저축성보험의 보험차익

저축성보험의 보험차익은 보험계약에 의하여 만기에 지급받는 보험금, 공제금이나 계약기간 중도에 당해 보험계약이 해지됨에 따라 지급받는 환급금에서 납입보험료 또는 납입공제료를 차감한 금액을 말한다.

⑤ 직장공제회 초과반환금

직장공제회란 동일 직장이나 직종에 종사하는 근로자들의 생활안정, 복리증진 또는 상호부조 등을 목적으로 구성된 단체를 말하며, 근로자가 퇴직·탈퇴로 인하여 직장공제회로부터 받은 반환금에서 납입한 공제료를 차감한 금액을 초과반환금이라 한다

(3) 이자소득금액의 계산구조

이자소득은 총수입금액 자체가 소득금액(필요경비 공제 안함)이다.

이자소득금액 = 총수입금액 = 수령이자(원천징수 전 금액)

(4) 비과세 이자소득

소득세법상 비과세이자소득으로는 공익신탁의 이익, 조세특례제한법상 비과세이자소득으로는 재형저축(2015년까지 가입분 해당)이자, 장기주택마련저축(2012년까지 가입분 해당)이자, 개인종합자산관리계좌(ISA)에서 받는 200만원(250만원)까지의 이자, 65세 이

상인 거주자, 장애인 등 법에 정한 자가 비과세 종합저축에 가입한 경우 그 이자, 농협·수협·신협·새마을금고의 1인당 3,000만원 이하의 예탁금에서 발생하는 이자에 대해서는 비과세되고 있다.

(5) 이자소득의 과세방법

① 1단계 : 이자소득 수입금액을 지급받을 때 이를 지급하는 자가 14%에 해당하는 금액을 원천징수한다.

㉠ 비영업대금의 이익의 경우는 25%

㉡ 비실명이자소득의 경우는 42%(90%)

② 2단계 : 금융소득 종합과세규정에 따라 분리과세 또는 종합과세 여부를 결정한다.

(6) 이자소득의 수입시기

[표 3-1] 이자소득의 수입시기

구 분		수입시기
채권 등의 이지와 할인액	무기명	지급을 받은 날
	기명	약정에 의한 이자지급 개시일
예금의 이자		'실제로 이자를 지급받는 날' 원본에 전입하는 뜻의 특약이 있는 이자는 그 특약에 의하여 '원본에 전입된 날'
통지예금의 이자		인출일
채권 또는 증권의 환매조건부 매매차익		약정에 의한 당해 채권 또는 증권의 환매수일 또는 환매도일. 단, 기일전에 환매수 또는 환매도하는 경우에는 그 환매수 또는 환매도일
저축성보험의 보험차익		보험금 또는 환급금의 지급일
직장공제회의 초과반환금		약정에 의한 초과반환금의 지급일
비영업대금의 이익		약정에 의한 이자지급일

2. 배당소득

배당은 법인 또는 단체의 잉여금을 주주나 출자자에게 그 출자비율에 따라 배분하는 것으로 그 배당에 의하여 주주 등이 분배받는 배당금 중 소득세 과세대상이 되는 배당금을 배당소득이라 하며 아래와 같이 열거하고 있다.

(1) 배당소득의 범위(소득세법 제17조)

① 내국법인으로부터 받는 이익이나 잉여금의 배당 또는 분배금, 건설이자배당

② 법인으로 보는 단체로부터 받는 배당 또는 분배금

③ 의제배당

④ 「법인세법」에 의하여 배당으로 처분된 금액(인정배당)

⑤ 국내 또는 국외에서 받은 집합투자기구로부터의 이익

즉, 국내외에서 받는 집합투자기구(투자신탁, 투자유한회사, 투자합자회사, 투자조합, 투자익명조합)로부터 받은 이익

⑥ 외국법인으로부터 받는 이익이나 잉여금의 배당 또는 분배금

⑦ 「국제조세조정에 관한 법률」 제 17조에 따라 배당받은 것으로 간주된 금액

⑧ 공동사업에서 발생한 소득금액 중 출자공동사업자의 손익분배비율에 해당하는 금액

⑨ 위의 ①에서 ⑦까지의 규정에 따른 소득과 유사한 소득으로써 수익 분배의 성격이 있는 것

⑩ 동업기업과세특례에 따른 동업자의 배당소득

⑪ 위의 ①에서 ⑨까지의 규정 중 어느 하나에 해당하는 소득을 발생시키는 거래 또는 행위와 「자본시장과 금융투자업에 관한 법률」에 의한 파생상품이 일정한 요건으로 결합된 경우 해당 파생상품의 거래 또는 행위로부터의 이익

(2) 의제배당, 인정배당 개념

① 의제배당

형식이나 절차상 본래 의미의 배당은 아니나 법인의 잉여금이 배당 이외의 형태로 출자자에게 이전되는 경우 소득세법상 이를 배당으로 의제한 것이다. 즉 법인이 이익처분에 의하여 배당금을 지급하는 것이 아니고 주주 또는 사원이 법인의 주식을 소유하였거나 출자로 인하여 경제적 이익을 받게 될 때, 그 경제적 이익을 배당으로 간주한다.

㉠ 투자의 회수(자본 또는 출자의 감소와 퇴사 또는 탈퇴의 경우)

주식의 소각이나 자본의 감소(주식소각 등)로 인하여 주주가 취득하는 금전 기타 재산의 가액 또는 퇴사, 탈퇴나 출자의 감소로 인하여 사원이나 출자자가 취득하는 금전 기타 재산의 가액이 주주, 사원이나 출자자가 당해 주식 또는 출자를 취득하기 위하여 소요된 금액을 초과하는 경우 그 초과금액을 의제배당으로 한다.

자본감자의 경우 의제배당금액	=	주주 등이 취득하는 금전과 기타 자산의 합계액	-	당해 주식 등의 취득가액

㉡ 잉여금의 자본전입

법인이 잉여금의 전부 또는 일부를 자본 또는 출자의 금액에 전입함으로써 취득하는 주식 또는 출자의 가액을 의제배당으로 한다.

의제배당금액	=	교부받은 주식 수	×	액면가액

※ 자본잉여금의 전입이라도 의제배당으로 과세하는 경우

㉮ 채무의 출자전환으로 주식을 발행하는 경우 당해 주식의 시가를 초과하여 발행한 금액

㉯ 자기주식소각이익을 자본에 전입함으로써 주식을 발행하는 경우 중 ① 소각 당시 시가가 취득가액을 초과하거나 ② 소각일로부터 2년 이내에 자본전입을 하는 경우의 무상주

㉰ 재평가적립금을 자본에 전입함으로써 주식을 발행하는 경우 중 자산재평가법에 따라 1%의 재평가세를 부담한 것

㉱ 자본준비금의 자본전입이라도 법인의 자기주식 해당분 중 다른 주주가 무상주를 받는 것

㉢ 법인이 해산하는 경우

해산한 법인의 주주, 사원, 출자자 또는 구성원이 그 법인의 해산으로 인한 잔여재산의 분배로서 취득하는 금전 기타 재산의 가액이 당해 주식 및 출자 또는 자본을 취득하기 위하여 소요된 금액을 초과하는 경우 동 초과금액을 의제배당으로 한다.

해산의 경우 의제배당금액	=	잔여재산의 분배액	-	당해 주식 등의 취득가액

㉣ 법인이 합병하는 경우

합병으로 인해 소멸한 피합병법인의 주주, 사원 또는 출자자가 합병법인으로부터 그 합병으로 인하여 취득하는 주식 또는 출자의 가액과 금전의 합계액이 당해 피합병법인의 주식 또는 출자를 취득하기 위하여 소요된 금액을 초과하는 경우 그 초과

금액을 의제배당으로 한다.

합병의 경우 의제배당금액	=	합병으로 취득한 주식 등의 합계액	-	소멸법인의 주식 등의 취득가액

㉤ 법인이 분할하는 경우

법인이 분할하는 경우 분할법인의 주주가 받는 분할가액이 그 분할법인의 주식을 취득하기 위하여 소요된 금액을 초과하는 금액을 의제배당으로 한다.

분할의 경우 의제배당금액	=	분할로 인하여 취득하는 주식의 가액과 금전 기타재산가액의 합계액	-	분할법인 등의 주식의 취득가액

② 인정배당

법인이 법인세를 불성실하게 신고하여 과세관청이 법인세 과세표준과 세액을 경정결정하는 경우 익금산입 또는 손금불산입된 금액 중 출자자에게 귀속되었다고 인정하는 금액은 이를 출자자에 대한 배당으로 처리하는 법인세법의 규정에 의하여 개인출자자의 배당소득으로 과세하는 금액을 인정배당이라고 한다.

(3) 배당소득금액의 계산구조

배당소득은 총수입금액 자체가 소득금액(필요경비 공제 안함)이다.

배당소득금액 = 총수입금액(원천징수전 금액) + 배당가산액(Gross-up 금액)

(4) 비과세 배당소득

소득세가 과세되지 않는 배당소득으로는 조세특례제한법에서 규정하는 재형저축 등에서 발생한 배당소득이 있다.

(5) 배당소득의 과세방법

① 1단계 : 배당소득 수입금액을 지급받을 경우 이를 지급하는 자가 원천징수한다.

㉠ 비실명배당소득의 경우는 42%(90%)

㉡ 출자공동사업의 배당소득의 경우는 25%

② 2단계 : 금융소득종합과세 규정에 따라 분리과세 또는 종합과세 여부를 결정한다.

(6) 배당소득의 Gross-up 제도

① Gross-up 제도

소득이 개인에게 귀속되는 경우에는 소득세가 법인에게 귀속될 때에는 법인세가 과세된다. 그런데 기업을 법인형태로 영위하는 경우 법인세가 부과된 법인의 소득이 출자자에게 분배되는 단계에서 다시 소득세가 과세되므로 배당소득은 법인세와 소득세의 이중과세를 초래하게 된다. 이러한 이중과세 문제를 조정하기 위한 제도가 Gross-up제도이다. 이 방법은 법인세가 과세된 배당소득에 대하여 법인세상당액(Gross-up금액)을 배당소득에 가산한 후 종합소득 산출세액에서 Gross-up금액(법인세상당액)을 공제해 이중과세를 제거하는 방법이다.

② Gross-up 하는 배당소득

Gross-up은 배당소득에 대한 이중과세를 조정할 목적으로 하는 것이므로 다음 3가지 요건을 충족하는 경우에만 총수입금액에 가산한다.

㉠ 내국법인으로부터 받은 배당소득일 것

㉡ 종합과세 되는 배당소득일 것

㉢ 법인세가 과세된 소득을 재원으로 하는 배당소득일 것

③ Gross-up 제외 배당소득

㉠ 외국법인으로부터 받는 배당소득

㉡ 분리과세 배당소득

㉢ 종합과세 배당소득 중 원천징수세율이 적용되는 것

㉣ 출자공동사업자의 분배금 등

④ Gross-up 금액

Gross-up금액 = Gross-up 대상 배당소득 ×가산율(11%)

⑤ 배당소득의 수입시기

㉠ 실지 배당소득 : 잉여금처분 결의일(=주주총회일)

㉡ 건설이자배당 : 당해 법인의 건설이자배당 결의일

㉢ 의제배당 : 감자결의일, 합병등기일, 분할등기일, 잔여재산가액 확정일

㉣ 집합투자기구로부터의 이익 : 집합투자기구로부터 이익을 지급받는 날
㉤ 출자공동사업자가 받는 손익분배비율에 상당하는 금액 : 과세기간 종료일

3. 비과세 · 세금우대 및 분리과세저축

(1) 비과세저축

비과세란 국가가 과세권을 행사하지 않는다는 의미이다. 비과세저축이란 「소득세법」 및 「조세특례제한법」 상 이자소득에 대해 과세하지 않는 금융상품을 말하는데 그 내용은 다음과 같다.

① 공익신탁의 이익

공익신탁이란 종교 · 자선 · 학술 · 기타 공익을 목적으로 하는 신탁을 말한다. 공익신탁은 민간의 재산을 사회전체의 공익을 위해 신탁한 것으로 공익신탁에서 발생한 소득에 대해서는 전액 비과세되며 출연한 재산의 경우도 지정기부금으로 간주하여 손금으로 인정해 준다. 또한 상속재산 중 피상속인 또는 상속인이 일정한 요건을 충족한 공익신탁을 통하여 공익법인 등에 출연하는 재산의 가액은 상속세과세가액에 산입하지 아니한다.

② 장기주택마련저축(2012년까지 가입분만 해당)

서민 및 무주택자의 주택마련을 위한 장기저축으로 분기 300만원 이내에서 1만원 단위로 적립하는 자유적립식 저축이다. 조세특례제한법에 의해 이자소득에 대해 비과세혜택(10년 이상 저축 시) 및 연간납입액의 40%범위 내에서 최고 300만원까지 소득공제 혜택이 있다.

③ 재형저축(2015년까지 가입분 해당)

2012년 세법 개정안에 따라 기존 장기주택마련저축의 세제혜택을 종료하고 일정소득금액(총 급여액 5,000만원 혹은 종합소득금액이 3,500만원)이하인 서민의 재산형성을 지원하기 위해 2013년 도입된 비과세 저축상품이다.

④ 비과세종합저축(2019년까지 가입분 해당)

일반원천징수세율인 14%보다 낮은 9%의 세율이 적용되었던 기존 세금우대저축이 2015년 폐지되고 세금우대저축과 생계형 저축 등으로 분리되어 있던 제도를 비과세종합저축으로 통합하여 2016년부터 실시하고 있다. 가입대상은 65세 이상(2015년 61세, 2016년 62세, 매년 가입연령 1세씩 증가하여 2019년 65세)인 거주자, 장애인 등 법에 정한

자가 1인당 저축 원금 5,000만원까지 비과세 혜택을 받을 수 있다.

⑤ 농협 · 수협 · 신협 · 새마을금고 등의 출자금으로서 1인당 1천만원 이하의 출자금에 대한 배당소득과 조합원 등이 이용실적에 따라 받는 배당소득, 1인당 3,000만원 이하의 예탁금에서 발생하는 이자소득

⑥ 2017년까지 가입한 농어가목돈마련저축에서 특별중도해지 사유(사망, 해외이주 등)로 해지하여 받는 이자소득

⑦ 개인종합자산관리계좌(ISA : Individual Savings Account)

저금리 시대에 통합적 자산관리를 통한 재산형성을 지원하기 위해 일정한 자격을 갖춘 거주자가 개인종합자산관리계좌에 2018년 12월 31일까지 가입하는 경우 해당 계좌에서 발생하는 일정한 금융소득에 대해 비과세 및 세금우대 혜택이 주어지는 상품이다.

[표 3-2] 개인종합자산관리계좌에 대한 과세특례

구 분	내 용
가입대상	근로자, 사업자 및 농어민(금융소득종합과세자 제외)
과세특례	· 금융소득 200만원까지 비과세 · 총급여 5,000만원(종합소득금액 3,500만원)이하자는 금융소득 400만원까지 비과세 · 금융소득 200(400)만원 초과분에 대해서는 9% 분리과세
의무가입기간	5년 단, 총급여 5,000만원(종합소득금액 3,500만원)이하자는 3년)
편입상품	예금, 적금, 예탁금, 펀드, 파생결합상품 등
납입한도	연 2,000만원(5년 동안 1억원까지 가능)
가입기간	2018년 12월 31일까지

(2) 분리과세저축

분리과세가 되는 저축성 금융상품 또는 금융자산은 다음과 같다.

① 3년 이상 보유한 장기채권

3년 이상 보유한 장기채권의 이자와 할인액은 보유자의 신청에 의해 30%의 분리과세 선택이 가능하다. 단, 분리과세가 되기 위해서는 다음 조건에 해당해야한다.

㉠ 거주자일 것 : 장기채권의 소지자가 거주자인 경우에만 분리과세를 선택할 수 있다.

㉡ 장기채권의 범위에 속하는 채권일 것 : 장기채권이란 채권·증권 또는 수익증권으로 발행일로부터 원금 전부를 일시에 상환하기로 약정한 날까지 기간이 10년 이상인 채권을 의미한다.

㉢ 분리과세를 신청할 것 : 장기채권의 소지자가 분리과세를 적용받기 위해서는 이자소득의 수입시기까지 장기채권이자소득분리과세신청서를 금융기관 또는 이자지급자에게 제출하여 신청해야 한다.

② 임의단체의 금융소득

임의단체 중 수익을 구성원에게 배분하지 아니하는 단체로서 단체명을 표기하여 금융거래를 하는 경우 단체가 「금융실명거래 및 비밀보장에 관한 법률」에 의한 금융기관으로부터 받은 이자 및 배당소득은 원천징수로서 납세의무가 종결된다. 여기서 임의단체란 법인으로 보는 단체 외의 단체를 의미한다.

③ 비실명금융자산

㉠ 금융기관의 경우 : 금융기관이 이자 또는 배당을 지급할 때까지 실명이 확인되지 아니한 것에 대하여는 90%의 원천징수세율을 적용하고 분리과세한다.

㉡ 비금융기관의 경우 : 비금융기관이 이자 또는 배당을 지급할 때까지 실명이 확인되지 아니한 것에 대하여는 42%의 원천징수세율을 적용하고 분리과세한다.

④ 직장공제회 초과반환금

직장공제회 초과반환금은 기본세율로 분리과세한다.(6%~42% 초과누진세율적용)

⑤ 부동산 경매입찰을 위한 법원보증금 등의 이자소득

부동산 경매입찰을 위한 법원보증금에서 발생하는 이자소득에 대해서는 14% 분리과세한다.

4. 원천징수

(1) 원천징수의무자

원칙적으로 이자소득, 배당소득은 지급하는 자가 원천징수를 하여야 한다.

① 예외적인 경우

㉠ 당사자 간의 합의에 의해 위임한 경우

원래 원천징수의무자로부터 원천징수에 관한 사항을 대리 또는 위임받은 자가 원천징수의무자가 된다. 제3자가 원천징수의무자가 되는 경우 그 행위는 수권 또는 위임의 범위에서 본인 또는 위임인의 행위로 보아 원천징수에 과한 규정을 적용한다.

㉡ 세법에서 원천징수를 위임한 경우

㉮ 내국인이 발행한 어음, 채무증서, 주식 또는 집합투자증권을 금융회사가 인수 매매·중개·대리하는 경우

㉯ 신탁재산에 귀속되는 이자

㉰ 외국법인이 발행한 채권 또는 증권

㉱ 채권을 중도 매도한 경우

(2) 원천징수세율

① 거주자에게 지급되는 경우

㉠ 일반적인 경우 : 14%

㉡ 분리과세신청을 한 경우 : 30%

㉢ 비영업대금의 이익 : 25%

㉣ 출자공동사업자의 배당소득 : 25%

㉤ 직장공제회 초과반환금 : 6%~42%

㉥ 비실명금융소득 : 42%(비금융기관), 90%(금융기관)

② 비거주자에게 지급되는 경우

㉠ 조약이 체결된 국가의 거주자인 경우 : 10%~15%

㉡ 조약이 체결되지 않은 국가의 거주자인 경우 : 20%

③ 법인에게 지급되는 경우

㉠ 비영업대금의 이익 : 25%

㉡ 기타이자소득 : 14%

㉢ 집합투자기구로부터의 이익 중 투자신탁의 이익 : 14%

(3) 비교과세제도

① 비교과세제도의 의의

금융소득 종합과세규정에 따라 종합소득과세 기준금액 2,000만원을 초과하는 이자소득과 배당소득에 대하여 분리과세하지 아니하고 종합소득과세표준에 합산하는 목적은 고액의 금융소득에 대해 세금부담을 더 크게 하기 위함이다. 그러나 종합소득 산출시 기본세

율은 최저 6%이므로 이자 및 배당소득의 원천징수세율인 14%의 세율로 과세하는 것보다 세액이 더 적을 수 있다. 그러므로 기준금액 2,000만원을 초과하여 종합소득에 합산되는 금융소득의 경우, 기본세율을 적용해 산출된 산출세액과 원천징수세율을 적용하여 산출된 산출세액을 비교하여 그 중 큰 산출세액으로 과세하는 것을 금융소득에 대한 비교과세라 한다.

② 비교과세방법

기준금액을 초과하여 종합소득과세표준에 합산되는 금융소득에 대하여 누진세율로 종합과세한 경우와 원천징수세율로 과세한 경우의 세액을 비교하여 큰 금액을 산출세액으로 한다.

③ 비교과세 산출세액

다음 일반산출세액과 비교산출세액 중 큰 금액을 산출세액으로 결정한다.

일반산출세액 = [(금융소득 이외의 종합소득 + 2,000만원 초과 금융소득)
− 종합소득공제 × 기본세율] + (2,000만원 × 14%*)

비교산출세액 = (금융소득 이외의 종합소득 − 종합소득공제) × 기본세율
+ 금융소득총액 × 원천징수세율

* 금융소득 중 조세특례제한법상 「고배당상장기업으로부터의 배당소득」이 포함되어 있는 경우 9%를 적용

제 3 절 채권 등에 대한 소득금액의 계산특례

1. 채권 등에 대한 소득금액계산 특례

소득을 지급하는 자가 지급받은 자의 세금을 징수하여 납부하는 제도이다. 채권 등에 대한 소득금액계산특례는 다음과 같다.

(1) 의의

매매가 가능한 채권 등에서 발생하는 이자와 할인액 및 집합투자기구로부터의 이익은 당해 채권 등의 보유기간별로 이자상당액이 각각 귀속되는 것으로 보아 소득금액을 계산하여 원천징수하는 것이 원칙이다.

$$\text{보유기간별 이자상당액} = \text{채권 등 액면가액} \times \text{이자율} \times \frac{\text{보유기간 일수}}{365}$$

① 보유기간 일수

매수일(발행일 또는 직전 원천징수일)부터 매도일(이자 등의 지급일)까지의 보유기간을 일수로 계산한 기간을 말한다. 매수일과 매도일 중 어느 한쪽을 산입하는 방법으로 계산한다.

② 이자율

㉠ 공개시장에서 발행하는 국채 : 표면이자율

㉡ 전환·교환사채 중 상환할증률의 지급이 약정된 것 : 표면이자율 + 상환할증률

㉢ 기타 채권 및 증권 = 표면이자율 ±할인율 또는 할증률

(2) 채권거래 시 원천징수의무자 및 원천징수세율

① 원천징수의무자

㉠ 원칙 : 채권의 발행기관 또는 이자지급대행자

㉡ 예외 : 채권을 중도매수 또는 중도 매도하는 법인

② 원천징수세율

㉠ 법인보유기간 이자상당액 : 14%

㉡ 개인보유기간 이자상당액 : 14%

㉢ 비실명자, 분리과세해당자, 비거주자 등 : 해당 특례세율

(3) 채권의 범위

중도매매 시 보유기간 이자액을 계산하여 보유자의 소득으로 귀속시키는 채권의 범위에는 국·공채, 금융채, 회사채, 양도가능 예금증서 및 어음 등 양도가능한 증권이 포함된다.

(4) 원천징수의 시기

만기상환 또는 이자지급 시 채권발행기관 또는 지급대행자, 중도매도자에게 높은 세율이 적용되는 중도매매 시에만 채권중도매수법인이 원천징수한다. 다만, 개인과 개인의 매매거래 시에는 원천징수의무 규정은 없다.

(5) 원천징수의 특례

특례가 적용되는 채권으로부터 발생한 이자소득에 대하여는 아래의 방법으로 소득세를 원천징수하여야 한다.

① 이자 등을 지급하는 경우 : 채권의 발행법인이 채권의 이자를 지급하는 경우에는 그 이자 등을 지급받는 자의 보유기간 이자상당액에 대하여 소득세를 원천징수한다.

② 개인이 법인에게 매도하는 경우 : 거주자 등이 채권 등의 이자를 받기 전에 법인에 매도하는 경우에는 채권 등을 매수하는 법인이 거주자의 보유기간의 이자상당액에 대하여 소득세를 원천징수한다.

③ 법인이 개인 또는 법인에게 매도하는 경우 : 법인이 채권의 이자와 할인액을 지급받기 전에 당해 채권을 매도(중개, 알선 등을 포함)하는 경우의 보유기간 이자상당액에 대하여 소득세를 원천징수를 하여야 한다.)

(6) 채권보유기간의 확인

채권보유기간을 확인하는 방법으로는 계좌거래의 경우 전산시스템 또는 통장원장에 의하여 확인하고 실무거래의 경우 공정증서(개인 간의 거래) 또는 매출확인서(법인과의 거래)로 확인한다.

제 4 절 비거주자에 대한 금융소득 과세방법

1. 비거주자에 대한 과세방법

(1) 거주자와 비거주자의 구분

거주자는 국내에 주소를 두거나 183일 이상 거소를 둔 자를 말한다. 비거주자는 세법상 거주자가 아닌 자를 의미한다.

(2) 비거주자에 대한 금융소득 과세방법

① 국내사업장이 있거나 부동산임대소득이 있는 비거주자로서 금융소득이 국내사업장 또는 부동산에 실질적으로 관련 있는 경우 → 거주자와 동일하게 과세한다(종합과세).

② 국내사업장이 없거나 부동산임대소득이 없는 비거주자의 금융소득 → 원천징수로서 납세의무를 종결한다(분리과세).

③ 국내사업장이 있거나 부동산임대소득이 있는 비거주자의 금융소득이 국내사업장 또는 부동산임대소득과 관련이 없는 경우 → 원천징수로서 납세의무를 종결한다(분리과세).

(3) 분리과세되는 경우의 세율

① 조약이 체결된 국가의 거주자인 경우 : 10%～15%

② 조약이 체결되지 않은 국가의 거주자인 경우 : 20%

2. 임의단체의 금융소득에 대한 과세방법

[표 3-3] 임의단체 금융소득 과세방법

구 분	종 류	과세방법	예 시
법인으로 보는 단체	· 당연히 법인으로 보는 단체 · 신청에 의하여 법인으로 되는 단체	-법인세 과세 -공익성 단체의 경우 고유목적 사업준비금 설정이 가능	-미등기 주택조합 -미등기 노동조합 -직장사우회 -종중 -종교단체 -학교동창회 등
개인으로 보는 단체	· 하나의 거주자로 보는 단체	-소득세 과세 -금융소득 2,000만원 초과 여부 불문 분리과세	
	· 공동사업자로 보는 단체	-소득세 과세 -구성원에 대하여 과세	

제 4 장 부동산 관련 세금

제 1 절 취득시 세금

1. 취득세

취득세는 토지, 건축물, 차량, 기계장치, 입목(立木), 항공기, 선박, 광업권, 어업권, 콘도미니엄회원권, 골프회원권 또는 종합체육시설이용회원권 등의 취득에 대하여 당해 취득물건 소재지의 도에서 그 취득자에게 부과한다.

(1) 과세대상

① 부동산 : 토지, 건물 및 구축물
② 부동산에 준하는 것 : 차량, 기계장치, 입목(立木), 항공기, 선박
③ 각종 권리 : 광업권, 어업권, 콘도미니엄회원권, 골프회원권, 또는 종합체육시설이용회원권, 승마회원권

(2) 취득세 납세의무자

취득세의 납세의무자는 취득세 과세대상 재산의 취득자를 말하며 취득에는 실질취득과 간주취득으로 구분된다.

구 분	취득의 내용
실질취득	등기·등록 유무에 관계없이 사실상 취득하는 경우 : 매매·교환·상속·증여 등을 통하여 취득하는 경우
간주취득	·선박·차량·기계장치의 종류변경 또는 토지의 지목변경으로 그 가액이 증가한 경우 ·과점주주의 간주취득 : 법인의 주식을 취득함으로써 과점주주(발행주식 총수의 50% 이상을 취득한 자)가 된 때에는 그 과점주주는 당해 법인의 과세대상 자산을 취득한 것으로 본다. 그러나 설립시 취득으로 인한 과점주주가 된 경우는 제외한다.

(3) 과점주주에 대한 취득세

① 과점주주의 정의

과점주주란 주주 또는 유한책임사원 1인과 그와 친족 기타 특수관계에 있는 자들의 소유주식의 합계 또는 출자액의 합계가 당해 비상장법인의 발행주식 총수 또는 출자총액의 50%를 초과하는 자들을 의미한다. 주권상장법인의 과점주주에 대해서는 간주취득으로 인한 취득세를 부과하지 아니한다.

② 취득세 과세대상

㉠ 비상장법인의 주식 또는 지분을 취득함으로써 과점주주가 된 경우(단, 법인 설립시에 발행하는 주식 또는 지분을 취득함으로써 과점주주가 된 경우는 제외)

㉡ 과점주주가 비상장법인의 주식 또는 지분을 새로이 취득함으로써 지분비율이 증가하는 경우(단, 증가된 후의 지분비율이 당해 과점주주의 주식 또는 지분의 최고비율보다 증가하지 아니한 경우는 제외)

(4) 취득의 시기

취득일은 취득세 납세의무가 성립하는 날이다. 취득세의 경우 취득일로부터 60일 이내에 취득세를 신고·납부하도록 되어 있으며 동 기일까지 신고·납부하지 않을 때에는 가산세가 부과되기 때문에 취득시기의 판정이 매우 중요하다.

① 유상승계취득

국가·지방자치단체 및 지방자치단체조합으로부터의 유상취득, 외국으로부터의 수입에 의한 유상취득, 판결문·법인장부 등에 의하여 취득가격이 입증되는 유상취득 및 공매방법에 의한 유상취득의 경우에는 사실상의 잔금지급일을 취득시기로 본다. 그 외의 경우에는 계약상의 잔금지급일 또는 그 이전에 등기가 이행된 경우에는 그 등기일이다.

② 무상승계취득

무상승계취득의 경우는 그 계약일(상속 또는 유증으로 인한 취득의 경우에는 상속개시일 또는 유증개시일)을 취득시기로 본다. 그 계약일 전에 등기 또는 등록이 이행된 경우에는 그 등기일 또는 등록일이다.

③ 건축에 의한 취득

건축허가를 받아 건축하는 건축물의 경우에는 사용승인서 교부일, 사용승인서 교부일 이전에 사실상 사용하거나 임시사용 승인을 받은 경우에는 사실상의 사용일 또는 임시사용승인일, 무허가건축의 경우에는 사실상의 사용일 중 빠른 날을 취득시기로 본다.

④ 연부취득

연부취득의 경우 그 사실상의 연부금(매회 사실상 지급되는 금액, 취득금액에 포함되는 계약보증금) 지급일에 취득한 것으로 본다.

⑤ 토지의 지목변경

토지의 지목이 사실상의 지목변경일 또는 공부상의 지목변경일 중 빠른 날을 취득일로 본다. 토지 지목변경일 이전에 사용하고 있다면 사실상 사용일이 취득시기이다.

⑥ 토지 원시취득

매립, 간척 등으로 토지를 원시취득하는 경우에는 공사준공인가일을 취득일로 본다. 다만 공사준공인가일 이전에 사용승낙이나 허가를 받은 경우에는 사용승낙일 또는 허가일을 취득시기로 본다.

⑦ 주택조합 등의 조합원 불귀속 토지의 취득

「주택법」에 따른 주택조합이 주택건설 사업을 하면서 조합원에게 귀속되지 않은 토지를 취득하는 경우에는 사용검사를 받은 날에 그 토지를 취득한 것으로 본다. 「도시 및 주거환경정비법」에 따른 주택재건축조합이 주택재건축사업을 하면서 조합원에게 귀속되지 않은 토지를 취득하는 경우에는 「도시 및 주거환경정비법」에 따른 소유권이전 고시일의 다음 날에 그 토지를 취득한 것으로 본다.

(5) 취득세 비과세 및 감면

① 국가·지방자치단체 등의 취득에 대한 비과세

② 「신탁법」에 따라 신탁등기가 병행되는 신탁재산을 취득하는 경우

③ 종교·학술 및 제사를 목적으로 하는 단체가 부동산을 취득하는 경우

④ 천재 등으로 인한 대체취득에 대한 비과세(천재지변, 소실, 도괴, 기타 불가항력으로 인하여 멸실 또는 파손된 것을 2년 이내에 복구하는 경우)

⑤ 토지수용 등으로 인한 대체 취득에 대한 비과세(보상금을 받은 날로부터 1년 이내에 대체 부동산 취득)

⑥ 형식적인 소유권의 취득 등에 대한 세율의 특례(법인합병, 환매, 상속에 의한 1세대 1주택, 이축권)

⑦ 혼인한 날로부터 5년 이내인 사람, 주택 취득일로부터 3개월 이내에 혼인할 예정인 신혼부부로서 취득하는 생애최초 구입주택 중 아래 요건을 충족한 경우 2019.12.31.일까지 취득세의 50%를 감면한다.

㉠ 부부 모두 이전에 주택을 소유한 사실이 없을 것

㉡ 취득 당시의 주택가격 3억원 이하(수도권은 4억원)이고 전용면적이 40㎡이하일 것

㉢ 주택 취득 직전연도 부부합산 소득이 7천만원(홑벌이의 경우 5천만원) 이내일 것

(6) 취득세의 납세지

취득세는 도세(道稅)이다. 해당 과세물건 소재지를 관할하는 도와 서울특별시·광역시에서 취득자에게 취득세를 부과한다. 그러나 실제로 취득세의 과세권은 도, 특별시, 광역시의 권한을 위임받은 시장·군수 및 구청장이 행사하고 있다.

(7) 부동산 취득세 표준세율

[표 4-1] 부동산 취득세 표준세율

구 분			2013.8.28.~
표준세율			4.6%[1)]
유상취득	6억 원 이하	국민주택규모(85m^2) 이하	1.1%
		국민주택규모(85m^2) 초과	1.3%
	9억 원 이하	국민주택규모(85m^2) 이하	2.2%
		국민주택규모(85m^2) 초과	2.4%
	9억 원 초과	국민주택규모(85m^2) 이하	3.3%
		국민주택규모(85m^2) 초과	3.5%
	주택 외 부동산 유상취득		4.6%
상속취득			2.8%(농지 2.3%)
상속 외의 무상취득			3.5%(비영리사업자 2.8%)

(8) 중과세율

[표 4-2] 부동산 중과세율

<table>
<tr><th colspan="2">구 분</th><th>중과세율</th></tr>
<tr><td colspan="2">중과기준세율</td><td>2%(종전의 취득세율)</td></tr>
<tr><td colspan="2">① 과밀억제지역의 본점 또는 주사무소의 사업용 부동산 신·증축 및 공장 신·증설(산업단지 제외)을 위한 사업용 과세물건 취득</td><td>표준세율 +
중과기준세율의 2배</td></tr>
<tr><td rowspan="2">② 다음 ㉠, ㉡의 부동산 취득</td><td>㉠ 대도시 지역(산업단지 제외)에서의 법인설립(휴면법인을 인수하는 경우 포함) 및 대도시 지역으로의 법인전입 등에 따라 대도시의 부동산 취득</td><td rowspan="2">(표준세율 × 3배) −
중과기준세율의 2배</td></tr>
<tr><td>㉡ 대도시(유치지역 및 공업지역은 제외)에서의 공장 신·증설에 따른 대도시의 부동산 취득</td></tr>
<tr><td colspan="2">③ 사치성 재산(별장, 골프장, 고급주택, 고급오락장, 고급선박) 취득</td><td>표준세율 +
중과기준세율의 4배</td></tr>
<tr><td colspan="2">위 ①과 ②가 동시에 적용되는 경우</td><td>표준세율 × 3배</td></tr>
<tr><td colspan="2">위 ②와 ③이 동시에 적용되는 경우</td><td>(표준세율 × 3배) +
중과기준세율의 2배</td></tr>
</table>

(9) 취득세 납세절차

취득세 과세물건을 취득한 자는 취득한 날로부터 60일 이내(상속으로 취득한 경우에는 상속개시일이 속하는 달의 말일로부터 6개월 이내, 실종으로 취득한 경우에는 실종선고일이 속하는 달의 말일로부터 6개월 이내, 외국에 주소를 둔 경우에는 9개월 이내)에 그 과세표준에 세율을 적용하여 산출한 세액을 신고·납부하여야 한다.

(10) 가산세 및 면세점

취득세 납세의무자가 취득세의 신고 또는 납부의무를 다하지 아니한 때에는 산출세액 또는 그 부족세액에 신고불성실가산세와 납부불성실가산세를 합한 금액을 세액으로 징수한다.

① 일반가산세

㉠ 신고불성실가산세 : 산출세액 또는 부족세액 × 20%(1개월 이내는 10%)

㉡ 납부불성실가산세 : 산출세액 또는 부족세액 × 경과일수 × 3/10,000

---

1) 부동산의 표준세율(종전의 「취득세율+등록세율」 : 4%이며, 취득세에 대한 부가세금(농어촌특별세, 지방교육세)을 포함한 세율임.

② 중가산세

취득세 납세의무자가 취득세 과세물건을 사실상 취득한 후 취득세를 신고·납부하지 아니하고 매각하는 경우 미납부세액의 80%를 가산한 금액을 세액으로 징수한다.

③ 면세점

취득가액이 50만 원 이하의 경우에는 취득세를 부과하지 아니한다.

(11) 추가세액 신고납부

중과세 대상이 아닌 과세물권을 취득한 후 5년 이내에 별장, 고급주택, 과밀억제권역 내에서 공장 신·증설 등 지방세법상 중과세 대상에 해당되는 경우에는 중과세율을 적용하여 산출한 세액에서 이미 납부한 세액을 공제한 금액을 그 사유발생일 등의 날로부터 60일 이내에 신고·납부하여야 한다

2. 등록세

(1) 등록면허세의 개요

등록이란 재산권과 그 밖의 권리의 설정·변경 또는 소멸에 관한 사항을 공부에 등기 또는 등록하는 것을 의미한다. 면허란 각종 법령에 규정된 면허·허가·인가·등록·지정·검사·검열·심사 등 특정한 영업설비 또는 행위에 대한 권리의 설정, 금지의 해제 또는 신고의 수리 등 행정청의 행위를 의미한다.

① 광업권 및 어업권의 취득에 따른 등록

② 외국인 소유의 취득세 과세대상 물건(차량, 기계장비, 항공기 및 선박만 해당)의 연부 취득에 따른 등기 또는 등록

(2) 등록면허세의 납세의무자

공부상 등기 또는 등록을 받는 자, 면허를 받는 자(변경면허를 받는 자 포함)가 납세의무자가 된다. 받고자 하는 면허의 종류마다 납세의무자는 등록면허세를 납부하여야 한다.

(3) 등록면허세의 과세표준과 세율

① 등록면허세 과세표준

부동산, 선박, 항공기, 자동차 및 건설기계의 등록에 대한 등록면허세의 과세표준은 등

록 당시의 가액으로 한다.

② 등록면허세의 세율

다음은 등록면허세의 세율을 정리하여 작성한 표이다. 본 표에 제시되지 않는 등록면허세의 세율은 지방세법 제28조를 참조해야 한다.

[표 4-3] 등록면허세의 세율

구 분		등록면허세의 세율
소유권 등기	보존등기	0.8%
	이전(유상)	2%
	이전(상속이외 무상)	1.5%
	이전(상속)	0.8%
소유권 이외의 등록	지상권	부동산가액의 0.2%
	저당권 · 경매신청 · 가압류 · 가처분	채권금액의 0.2%
	지역권	요역지가액의 0.2%
	전세권	전세금액의 0.2%
	임차권	월 임대차금액 0.2%
	가등기	부동산가액의 0.2%
	위 이외의 등기	1건당 6,000원

③ 등록면허세의 중과세율

다음에 해당하는 등기를 하는 경우에는 등록면허세 일반세율의 3배를 중과한다.

㉠ 대도시 안에서의 법인 설립과 지점 또는 분사무소의 설치에 따른 등기(설립 후 또는 휴면법인을 인수한 후 5년 이내에 자본 또는 출자액을 증자하는 경우 포함)

㉡ 대도시 외의 법인이 대도시 내의 본점 또는 주사무소의 전입에 따른 등기, 이 경우 전입은 법인의 설립으로 보아 세율을 적용한다(전입 후 5년 이내에 자본 또는 출자액을 증가하는 경우 포함).

(4) 등록면허세의 신고 및 납부

등록을 하려는 자는 과세표준에 세율을 적용하여 산출한 세액을 대통령령으로 정하는 바에 따라 등기 또는 등록신청서를 등기소 및 등기관청에 접수하는 날까지 신고·납부해야 한다.

(5) 부족세액의 추징 및 가산세

등록면허세 납세의무자가 신고 또는 납부의무를 다하지 아니하면 지방세법 제 32조에 따라 산출한 세액 또는 그 부족세액에 다음의 가산세를 합한 금액을 세액으로 하여 보통징수의 방법으로 징수한다. 등록면허세의 경우 중가산세는 적용하지 아니한다.

① 신고불성실가산세 : 산출세액 또는 부족세액 × 20%

② 납부불성실가산세 : 산출세액 또는 부족세액 × 경과일수 × 3/10,000

3. 국민주택채권 매입

소유권보전 또는 이전등기(상속, 증여 또는 기타 무상으로 취득하는 경우)시 과세시가표준액에 대해 일정비율로 국민주택채권 매입해야 한다. 국민주택채권은 국민주택사업의 자금조달을 위해 정부가 발행하는 국채로 만기가 발행일로부터 5년, 연이율 1.5% 복리인 만기일시상환 채권이다(제2종 국민주택채권은 2013.5.31.일부터 발행이 폐지되어 현재 제1종 국민주택채권만 매입)

4. 교육세

지방교육세는 등록세율의 20%를 부과한다. (단, 담배소비세는 43.99%, 레저세액은 40% 및 자동차세액은 30% 적용)

5. 농어촌특별세

농어촌특별세는 취득세율의 10%를 부과한다.(단, 레저세액 및 종합부동산 세액은 20%, 유가증권시장의 상장주식의 증권거래금액은 0.15% 적용)

제 2 절 보유시 세금

1. 재산세

(1) 재산세의 개요

토지, 건축물, 주택, 선박 및 항공기 등의 과세대상 자산의 보유에 대해 그 보유자에게 부과하는 지방세이다.

① 과세대상

토지, 건축물, 주택, 선박 및 항공기

② 납세의무자

재산세 과세기준일(매년 6월 1일) 현재 재산을 사실상 소유하고 있는 자가 납세의무자이다. 공유재산인 경우에는 그 지분에 해당하는 부분에 대해 그 지분권자를 납세의무자로 본다.

(2) 재산세의 과세표준과 세율

① 토지의 재산세 과세대상 분류

토지에 대한 재산세 과세대상은 종합합산과세대상, 별도합산과세대상 및 분리과세대상으로 구분한다.

㉠ 종합합산과세대상

과세기준일 현재 납세의무자가 소유하고 있는 토지 중 별도합산과세대상 또는 분리과세대상이 되는 토지는 제외한다.

㉡ 별도합산과세대상

과세기준일 현재 납세의무자가 소유하고 있는 건축물의 부속 토지 등을 말한다.

㉢ 분리과세대상

과세기준일 현재 납세의무자가 소유하고 있는 토지 중 다음에 해당하는 토지

㉮ 공장용지・농지(전・답・과수원) 및 목장용지로서 대통령령이 정하는 토지

㉯ 산림의 보호육성을 위하여 필요한 임야 및 종중소유 임야로서 대통령령이 정하는 토지

㉰ 골프장용 토지와 고급오락장용 토지로서 대통령령이 정하는 토지

㉱ 「산업집적활성화 및 공장설립에 관한 법률」에 따른 공장의 부속토지로서 개발제한구역의 지정이 있기 이전에 그 부지취득이 완료된 곳으로서 대통령령이 정하는 토지

㉲ 위의 토지와 유사한 토지로서 분리과세해야 할 타당한 이유가 있는 대통령령이 정하는 토지

② 재산세의 과세표준

토지·건축물·주택에 대한 재산세의 과세표준은 시가표준액에 부동산 시장의 동향과 지방재정 여건 등을 고려하여 다음의 어느 하나에서 정한 범위에서 공정시장가액비율을 곱하여 산정한 가액으로 한다.

㉠ 토지 및 건축물

시가표준액 × 공정시장가액비율
◈ 토지의 시가표준액 : 부동산 가격공시 및 감정평가에 관한 법률에 의하여 가격이 공시되는 토지는 동법에 의하여 매년 5월 말에 공시된 가액인 개별공시지가를 시가표준으로 한다(시가표준액의 50%에서 90%까지의 범위).

㉡ 주택

시가표준액 × 공정시장가액비율
◈ 주택의 시가표준액 : 부동산 가격공시 및 감정평가에 관한 법률에 의하여 가격이 공시되는 주택은 동법에 의하여 매년 4월 말에 공시된 가액을 시가표준으로 한다(시가표준액의 40%에서 80%까지의 범위).

㉢ 선박 및 항공기 : 시가표준액

③ 재산세의 세율

㉠ 토지

㉮ 종합합산과세대상 토지 : 3단계 초과누진세율

과세표준	세 율
5,000만 원 이하	1,000분의 2(0.2%)
5,000만 원 초과 1억 원 이하	1,000분의 3(0.3%)
1억 원 초과	1,000분의 5(0.5%)

㉯ 별도합산과세대상 토지 : 3단계 초과누진세율

과세표준	세 율
2억 원 이하	1,000분의 2(0.2%)
2억 원 초과 10억 원 이하	1,000분의 3(0.3%)
10억 원 초과	1,000분의 4(0.4%)

㉰ 분리과세대상 토지

ⓐ 전, 답, 과수원, 목장용지, 임야 : 과세표준의 1천분의 0.7(0.07%)

ⓑ 골프장, 고급오락장용 토지 : 과세표준의 1천분의 40(4%)

ⓒ 위 ⓐ, ⓑ외의 토지 : 과세표준의 1천분의 2(0.2%)

㉡ 건축물

㉮ 골프장, 고급오락장용 건축물 : 과세표준의 1,000분의 40(4%)

㉯ 특별시·광역시(군 지역은 제외)·시(읍·면지역은 제외)지역에서 「국토의 계획 및 이용에 관한 법률」과 그 밖의 관계법령에 따라 지정된 주거지역 및 해당 지방자치단체의 조례로 정하는 지역의 대통령령으로 정하는 공장용 건축물 : 과세표준의 1,000분의 5(0.5%)

㉰ 기타의 건축물 : 과세표준의 1,000분의 2.5(0.025%)

㉢ 주택

㉮ 별장 : 과세표준의 1천분의 40

㉯ 그 밖의 주택

과세표준	세 율
6,000만 원 이하	1,000분의 1(0.1%)
6,000만 원 초과 1억5천만 원 이하	1,000분의 1.5(0.15%)
1억5천 원 초과 3억 원 이하	1,000분의 2.5(0.25%)
3억 원 초과	1,000분의 4(0.4%)

㉣ 선박

㉮ 고급선박 : 과세표준의 1천분의 50

㉯ 그 밖의 선박 : 과세표준의 1천분의 3

㉤ 항공기 : 과세표준의 1천분의 3

④ 재산세의 납기일과 세액부담의 상환

㉠ 납기일

㉮ 주택 : 산출세액의 1/2은 매년 7월 16일~7월 31일, 나머지는 1/2은 9월 16일~9월 30일

㉯ 토지 : 매년 9월 16일~9월 30일

㉰ 건축물, 선박, 항공기 : 매년 7월 16일~7월 31일

㉱ 납세지 : 과세대상 부동산의 소재지를 관할하는 시 · 군

㉡ 세액부담의 상한

해당 재산에 대한 재산세의 산출세액이 일정한 방법에 따라 계산한 직전 연도의 해당 재산에 대한 재산세액상당액의 150%을 초과하는 경우에는 150%에 해당하는 금액을 해당연도에 징수할 세액으로 한다. 다만, 주택의 경우에는 아래와 같이 예외적으로 적용한다.

㉮ 공시가격이 3억원 이하인 주택 : 105%

㉯ 공시가격이 3억원 초과 6억원 이하인 주택 : 110%

㉰ 공시가격이 6억원 초과인 주택 : 130%

2. 종합부동산세

(1) 종합부동산세의 개요

2005년부터 고액의 부동산 소유자에게 종합부동산세를 부과하여 부동산 보유에 대한 조세부담 형평성을 제고하고 부동산가격안정 등을 도모하기 위해서 전국의 부동산을 인별로 합산하여 일정가액 초과분을 높은 세율로 과세하기 시작했다. 종합부동산세는 주택에 대한 종합부동산세와 토지에 대한 종합부동산세의 세액을 합한 금액을 그 세액으로 한다.

(2) 주택에 대한 종합부동산세

① 납세의무자

과세기준일(매년 6월 1일) 현재 주택분 재산세의 납세의무자로서 국내에 있는 재산세 과세대상인 주택의 공시가격을 합산한 금액이 6억 원(1세대 1주택자는 9억원)을 초과하는 자

② 과세표준

> [Σ 인별 주택의 공시가격 - 6억원] × 공정시장가액비율
>
> 1세대 1주택자(단독명의) : 과세기준일 현재 세대원 중 1명만이 주택분 재산세 과세대상인 1주택만을 단독으로 소유한 경우에는 납세의무자별 주택의 공시가격을 합산한 금액에서 3억원(기초공제)을 공제한 금액을 말한다.
>
> ◈ 공정시장가액비율은 매년 5%씩 단계적으로 상향 조정하여 적용한다
> (2018) 80% → (2019) 85% → (2020) 90% → (2021) 95% → (2022) 100%

③ 합산배제 주택

㉠ 임대주택법에 따른 건설임대주택매입임대주택 또는 다가구임대주택 등 법정요건을 충족하는 주택

㉡ 종업원의 주거에 제공하기 위한 기숙사 및 사원용 주택(국민주택규모 이하), 주택건설업자가 건축하여 소유하고 있는 미분양주택, 가정보육시설용 주택

④ 종합부동산세 세율 적용을 위한 주택수 산정 방법(종부령 6의 2)

㉠ 공동주택소유는 각자가 그 주택을 소유한 것으로 본다

단, 상속을 통해 공동 소유한 주택은 과세기준일(6/1일)현재 요건(지분율 20% 이하, 지분상당 공시가격이 3억원 이하)을 모두 갖춘 경우인 경우 주택 수에서 제외

㉡ 다가구주택은 분할등기 되지 않았으므로 하나의 주택으로 봄

⑤ 세율

㉠ 2주택 이상 보유자(조정대상 지역 내 2주택 보유자 제외)에 대해 0.5~2.7%의 세율 적용

과세표준	세 율
3억 원 이하	0.5%
3억원 초과 6억 원 이하	0.7%
6억 원 초과 12억 원 이하	1.0%
12억 원 초과 50억 원 이하	1.4%
50억 원 초과 94억 원 이하	2.0%
94억 원 초과	2.7%

㉡ 3주택 이상 보유자와 조정대상지역 2주택 보유자에 대해 0.6~3.2%(현행대비 +0.1~1.2%p)세율 적용

과세표준	세 율
3억 원 이하	0.6%
3억원 초과 6억 원 이하	0.9%
6억 원 초과 12억 원 이하	1.3%
12억 원 초과 50억 원 이하	1.8%
50억 원 초과 94억 원 이하	2.5%
94억 원 초과	3.2%

⑥ 재산세액의 공제

주택분 과세표준 금액에 대하여 해당 과세대상주택의 주택분 재산세로 부과된 세액은 주택분종합부동산세액에서 공제한다.

⑦ 세액계산

㉠ 일반적인 경우

종합부동산세액 = (주택분 종합부동산세 과세표준 × 세율) - 주택분 재산세

㉡ 1세대 1주택자에 해당하는 경우

종합부동산세액 = (주택분 종합부동산세 과세표준 × 세율) - 주택분 재산세 -고령자세액공제 - 장기보유자 세액공제 ※ 고령자 세액공제 및 장기보유자 세액공제는 단독명의로 소유한 1세대 1주택자에 한하며 공제율 합계 70% 범위내에서 중복 공제함

㉮ 고령자세액공제 : 1세대 1주택자

연 령	공제율
만 60세 이상 65세 미만	(종합부동산세액-재산세이중계산분 공제액) × 10%
만 65세 이상 70세 미만	(종합부동산세액-재산세이중계산분 공제액) × 20%
만 70세 이상	(종합부동산세액-재산세이중계산분 공제액) × 30%

㉯ 장기보유자 세액공제 : 5년 이상 보유한 1세대 1주택자

보유기간	공제율
5년 이상 10년 미만	(종합부동산세액-재산세이중계산분 공제액) × 20%
10년 이상 15년 미만	(종합부동산세액-재산세이중계산분 공제액) × 40%
15년 이상	(종합부동산세액-재산세이중계산분 공제액) × 50%

⑧ 세액부담의 상한

종합부동산세의 납세의무자가 해당 연도에 납부하여야 할 주택분 재산세액상당액과 주택분 종합부동산세액상당액의 합계액이 해당 납세의무자에게 직전 연도에 해당 주택에 부과된 주택에 대한 총세액상당액의 150%를 초과하는 경우에는 그 초과하는 세액에 대하여는 이를 없는 것으로 본다. 단, 3주택 이상 보유한 경우 300%, 그 외(조정대상 지역

내 2주택 보유자)의 경우 200%를 상한선으로 한다.

(3) 토지에 대한 종합부동산세

① 과세방법

토지에 대한 종합부동산세는 국내에 소재하는 토지에 대하여 종합합산과세대상과 별도합산과세대상으로 구분하여 과세한다.

② 납세의무자

과세기준일 현재 토지분 재산세의 납세의무자로서 다음에 해당하는 자는 해당 토지에 대한 종합부동산세를 납부할 의무가 있다.

㉠ 국내에 소재하는 종합합산과세대상 토지의 공시가격을 합산한 금액이 5억 원을 초과하는 자

㉡ 국내에 소재하는 별도합산과세대상 토지의 공시가격을 합산한 금액이 80억 원을 초과하는 자

③ 과세표준

과세대상	과세표준	세 율
종합합산과세대상 토지	[Σ 인별 토지의 공시가격 - 5억원] × 공정시장가액비율	1%~3%의 3단계 초과누진세율
별도합산과세대상 토지	[Σ 인별 토지의 공시가격 - 80억원] × 공정시장가액비율	0.5%~0.7%의 3단계 초과누진세율

※ 공정시장가액비율은 매년 5%씩 단계적으로 상향 조정하여 적용한다
(2018) 80% → (2019) 85% → (2020) 90% → (2021) 95% → (2022) 100%

④ 세율

㉠ 종합합산대상 토지

과세표준	세 율
15억 원 이하	1%
15억 원 초과 45억 원 이하	2%
45억 원 초과	3%

㉡ 별도합산대상 토지

과세표준	세 율
200억 원 이하	0.5%
200억 원 초과 400억 원 이하	0.6%
400억 원 초과	0.7%

⑤ 재산세액의 공제

종합합산과세대상 또는 별도합산과세대상인 토지의 과세표준 금액에 대하여 해당 과세대상토지의 토지분 재산세로 부과된 세액은 토지분 종합부동산세액 또는 토지분 별도합산세액에서 이를 각각 공제한다.

⑥ 세액계산

종합부동산세액 = (토지분 종합부동산세 과세표준 × 세율) - 토지분 재산세

⑦ 세액부담의 상한

종합부동산세의 납세의무자가 해당 연도에 납부하여야 할 토지분 재산세액상당액과 토지분 종합부동산세액상당액의 합계액이 해당 납세의무자에게 직전 연도에 해당 토지에 부과된 토지에 대한 총세액상당액의 150%를 초과하는 경우에는 그 초과하는 세액에 대하여는 이를 없는 것으로 본다. 종합합산대상 토지, 별도합산대상 토지에 대해 각각 계산하여 적용한다.

(4) 납세절차와 납부

① 납세절차

㉠ 원칙(부과징수)

관할 세무서장은 납부하여야 할 종합부동산세의 세액을 결정하여 당해 연도 12월 1일부터 12월 15일(납부기간)까지 부과·징수한다. 관할 세무서장은 납세고지서에 주택 및 토지로 구분한 과세표준과 세액을 기재하여 납부기간 개시 5일전까지 발부하여야 한다.

㉡ 예외(신고납부)

종합부동산세를 신고납부방식으로 납부하고자 하는 납세의무자는 종합부동산세의 과세표준과 세액을 당해 연도 12월 1일부터 12월 15일까지 관할 세무서장에게 신고·납부하여야 하다.

② 물납과 분납

㉠ 물납

납부할 세액이 1천만 원을 초과하는 경우에는 해당 주택 및 토지로 물납을 허가할 수 있으며, 이 경우 종합부동산세 신고기한까지 물납허가신청서를 관할 세무서장에게 제출하여야 한다.

㉡ 분납

납부할 세액이 250만원을 초과하는 경우에는 납부기한 경과일로부터 6개월 이내 분납할 수 있다.

구 분	분납할 수 있는 금액
250만 원 초과~500만 원 이하	250만 원을 초과하는 금액
500만 원을 초과하는 경우	해당 세액의 50%이하 금액

제3절 처분시 세금

1. 양도소득세

양도소득이란 개인이 당해 연도에 일정한 자산을 양도함으로써 얻는 소득을 말한다.

(1) 양도소득세의 과세대상 자산

양도소득세는 소득세법상 양도소득이라고 열거하고 있는 자산의 양도로 인하여 발생하는 양도차익에 대해서 과세한다. 따라서 열거되지 않은 자산의 양도로 발생한 양도차익에 대해서는 과세하지 않는다.

① 토지와 건물

㉠ 토지 : 지적공부에 등록해야 할 지목에 해당하는 것

㉡ 건물 : 건물에 부속된 시설물과 구축물

② 부동산에 관한 권리

㉠ 지상권 · 전세권

㉮ 지상권 : 타인의 토지에 건물이나 공작물을 축조하거나 또는 수목을 소유하기 위하여 토지를 사용하는 권리를 말하며 등기여부에 관계없이 지상권을 사실상 이전하면 양도소득세(대여로 인한 소득 발생시 기타소득)가 과세된다.

㉯ 전세권 : 전세금을 지급하고 전세권 설정자의 부동산을 점유하고 사용 · 수익할 수 있는 권리를 말하며 등기 여부에 관계없이 전세권을 사실상 이전하면 양도소득세가 과세된다.

㉡ 등기된 부동산임차권 : 임대차계약에 기하여 임차인이 임대인의 부동산을 사용 · 수익하는 권리를 말하며, 등기된 부동산임차권을 양도한 경우에만 양도소득세가 과세된다.

㉢ 부동산을 취득할 수 있는 권리 : 아파트당첨권, 주택상환채권, 토지상환채권 등의 양도 및 계약금만 지급한 상태의 부동산 매도자가 이를 양도하는 경우

③ 과세요건을 갖춘 한국거래소 상장주식 또는 출자지분

본인과 특수관계자가 합하여 특정 상장법인의 직전 사업연도 말 현재 발행주식 총수의 1%(코스닥 상장법인은 2%, 벤처기업과 코넥스시장 상장법인은 4%)이상을 소유하거나 시가총액 25억원[2](코스닥 상장법인은 20억원, 벤처기업은 40억원, 코넥스시장 상장법인은 10억원) 이상 주식을 보유한 주주를 대주주로 분류한다. 상장법인의 대주주가 당해 상장법인의 주식을 양도하는 경우에는 양도소득세를 과세한다.

④ 비상장주식 또는 출자지분[3]

증권거래소에 상장되지 않은 주식을 양도한 경우에는 주식의 보유비율이나 양도규모와 상관없이 양도소득세가 과세된다. (단, 금융투자협회가 운영하는 비상장법인 주식 거래시장(K-OTC)을 통한 소액주주, 중소·중견기업에 대한 양도소득세는 비과세)

[표 4-4] 양도소득세 과세대상

과세대상	
과세대상	① 부동산(토지와 건물)
	② 부동산에 관한 권리 - 지상권 - 전세권 - 등기된 부동산 임차권 - 부동산을 취득할 수 있는 권리
	③ 주식 상장법인의 대주주 등이 양도하는 주식 등, 비상장법인의 주식 등
	④ 기타자산 - 과점주주소유 부동산 과다보유법인의 주식 - 사업용 고정자산과 함께 양도하는 영업권 - 특정시설물의 이용권, 회원권 - 부동산 과다보유 법인의 주식

2) 상장 벤처기업은 별도 구분없이 소속 증권시장의 시가총액을 적용함

주식양도일	유가증권시장	코스닥시장	코넥스시장
18.3.31일 이전	25억원	20억원	10억원
18.4.1~20.3.31	15억원	15억원	10억원
20.4.1~21.3.31	10억원	10억원	10억원
21.4.1일 이후	3억원	3억원	3억원

3) 소액주주 범위 : 다음의 대주주 범위에 해당하지 아니한 자
-(21.3.31일 이전)지분율 4% 또는 종목별 보유액 10억원 이상
-(21.4.1일 이후)지분율 4% 또는 종목별 보유액 3억원 이상
중소·중견기업 범위
- 중소기업 : 중소기업법에 따른 중소기업
- 중견기업 : 중소기업이 아닐 것, 직전 3개 과세연도의 매출액 평균액이 3천억원 미만일 것, 소비성서비스업 및 금융업·보험연금업·관련서비스업이 아닐 것

⑤ 기타자산

부동산은 아니지만 부동산의 성격을 가진 자산을 소득세법에서는 기타자산으로 분류한다. 기타자산의 양도소득에 대하여는 토지나 건물의 양도소득에 대한 세율과 동일한 세율을 적용한다.

㉠ 특정주식 등

주주 1인과 기타 주주가 아래 ㉮, ㉯ 요건에 모두 해당하는 법인주식의 50/100 이상을 양도하였을 때 양도한 주식(주주 1인이 주식 등을 양도하는 날부터 소급하여 3년 내에 그들이 양도한 주식 등을 합산하여 판정)이다.

㉮ 당해 법인의 자산총액 중 토지, 건물과 부동산에 관한 권리의 합계액이 당해 법인의 자산총액의 50% 이상인 법인

㉯ 주주 1인과 특수관계가 있는 주주가 소유하고 있는 주식 등의 합계액이 차지하는 비율이 50% 이상인 법인

㉡ 사업용 비유동자산과 함께 양도하는 영업권

토지, 건물, 부동산에 관한 권리와 함께 양도하는 영업권은 양도소득세가 과세된다. 단, 사업용 고정자산의 양도없이 점포임차권 및 영업권만 양도하는 경우 기타소득으로 보아 종합소득세를 과세한다.

㉢ 특정시설물 이용권

골프회원권, 헬스클럽이용권, 콘도회원권 등

㉣ 부동산과다보유법인의 주식 등

부동산과다보유법인이라 함은 법인의 총자산 중 부동산가액이 80/100 이상이고 골프장, 스키장, 휴양콘도미니엄 및 전문휴양시설에 해당하는 시설 중 1개 이상을 분양, 임대 또는 운영하고 있는 법인의 주식

⑥ 파생상품 거래이익

소득세법상 이자소득 또는 배당소득으로 보는 이익 이외의 파생상품 등의 거래, 행위에서 발생하는 소득

(2) 양도의 개념

자산에 대한 등기 · 등록에 관계없이 매도, 교환, 현물출자, 대물변제, 부담부증여 등으로 인하여 그 자산이 유상으로 사실상 이전되는 것을 양도로 본다.

① 소득세법상 양도소득세가 과세되는 양도의 형태

㉠ 매매, 교환

㉡ 현물출자

금전으로 납입하지 않고 부동산 등의 현물로 납입하는 경우를 현물출자라 말한다.

㉢ 부담부증여

본인의 재산을 타인에게 증여하면서 동시에 당해 재산과 관련된 채무도 상대방에게 인계하는 조건으로 증여하는 것을 부담부증여라 한다. 부담부증여의 경우 증여재산가액 중 채무액에 상당하는 부분에 대해서는 그 재산이 유상으로 이전되는 것으로 보아 양도소득세를 과세한다.

㉣ 대물변제

손해배상이나 채무 변제를 부동산으로 하는 것을 말한다.

㉤ 공용수용

공공목적에 의하여 보상을 전제로 특정한 재산의 소유권을 강제적으로 취득하는 것을 의미하는데 이 경우 소유권에 대해 보상금을 지급하기 때문에 양도소득세를 과세한다.

② 양도로 보지 않는 경우

㉠ 환지처분 및 보류지 충당

도시개발법 등에 의하여 사업구역 내의 토지소유자 또는 관계인에게 종전의 토지 대신에 그 구역 내의 다른 토지로 바꾸어 주는 것을 환지처분이라 한다. 보류지란 사업시행자가 해당 법률에 따라 일정한 토지를 환지로 정하지 아니하고 공공용지, 체비지[4]로 사용하기 위하여 보류한 토지를 말한다

㉡ 명의신탁

본인이 실질적인 소유권을 가지면서 등기부 등과 같은 공부상의 명의만을 타인명의로 하는 것을 명의신탁이라 한다. 명의만 이전한 것에 불과하므로 양도에 해당하지 않는다.

㉢ 양도담보

채무에 대한 담보를 제공할 목적으로 소유권을 이전하는 것을 양도담보라 한다. 양도담보의 경우 형식적인 소유권이전에 해당하여 양도로 보지 않는다.

4) 사업시행자가 사업구역 내의 토지소유자 또는 관계인에게 사업비용을 부담하게 하기 위하여 제공하는 토지

㉣ 공유물의 분할

공동소유의 토지를 소유지분별로 단순히 분할하거나 공유자지분 변경 없이 2개 이상의 공유토지로 분할하였다가 그 공유토지를 소유지분별로 단순히 재분할하는 경우에는 양도로 보지 아니한다.

(3) 양도 또는 취득의 시기

[표 4-5] 양도 또는 취득 시기

구 분	취득시기 및 양도시기
원칙적인 경우	자산의 대금청산일
대금청산일이 분명하지 아니한 경우	등기·등기접수일 또는 명의개서일
대금청산일 이전에 소유권 이전등기한 경우	소유권이전등기·접수일
장기할부조건 양도의 경우	소유권이전등기 등의 접수일, 인도일 또는 사용수익일 중 빠른 날
자기가 건설한 건축물	사용검사필 교부일, 사실상 사용일 중 빠른 날
상속 또는 증여에 의해 취득한 자산	상속개시일 또는 증여를 받은 날
점유로 인하여 취득하는 부동산	해당 부동산의 점유개시일
현물출자의 경우	주식을 교부 받은 날
경매에 의해 취득한 자산	경매대금을 완납한 날

① 양도자산 취득시기의 의제

㉠ 1984년 12월 31일 이전에 취득한 토지·건물·부동산에 관한 권리 및 기타자산의 취득시기 : 1985년 1월 1일

㉡ 1985년 12월 31일 이전에 취득한 특정주식의 취득시기 : 1986년 1월 1일

(4) 양도소득세 과세표준의 계산구조

양도가액	
(-)필요경비	(취득가액 + 기타필요경비)
양도차익	
(-)장기보유특별공제	
양도소득금액	
(-)양도소득 기본공제	(양도자산별 연 250만원 공제)
양도소득 과세표준	

(5) 양도차익의 계산

> 양도차익 = 양도가액 - 취득가액 및 필요경비

자산의 양도가액은 당해 자산의 양도당시 양도자와 양수자 간에 실지거래가액에 의하는 것을 원칙으로 한다. 양도차익계산에 있어서 양도가액을 실지거래가액에 의하는 때에는 취득가액도 실지거래가액에 의하고, 양도가액을 기준시가에 의하는 때에는 취득가액도 기준시가에 의한다.

① 실지거래가액에 의한 양도차익

㉠ 양도가액

2007년 1월 1일부터 모든 양도자산에 대한 양도가액과 취득가액은 실지거래가액을 적용한다.

㉡ 취득가액 및 필요경비

㉮ 취득가액 : 양도가액을 실지거래가액에 의해 계산할 때 취득가액도 실지거래가액으로 계산한다. 단, 취득가액이 불분명한 경우 매매사례가액, 감정가액, 환산가액 및 기준시가를 순차적으로 적용한다.

$$\text{환산가액} = \text{양도당시의 실지거래가액 또는 감정가액} \times \frac{\text{취득당시의 기준시가}}{\text{양도당시의 기준시가}}$$

㉯ 필요경비 : 필요경비란 취득세, 등록면허세, 부동산 중개수수료 등 자본적 지출액 및 양도를 위하여 직접 지출한 비용을 말한다. 단, 취득당시 실지거래가액을 확

인할 수 없어 기준시가로 환산하는 경우에는 필요경비개산공제에 의한다.

② 기준시가에 의한 양도차익

㉠ 양도가액

실지거래가액을 적용하는 것이 원칙이나 불가피한 경우 기준시가로 적용한다.

[표 4-6] 양도소득세 기준시가

구 분	기 준 시 가
토 지	개별공시지가
건 물	국세청장 고시가액
공동주택	국세청장 고시가액
부동산이용권	상속세법상의 평가액
부동산취득권	국세청장 고시가액

㉡ 취득가액 및 필요경비

취득가액을 기준시가에 의하는 경우에는 기타필요경비로 필요경비계산공제액(취득당시 기준)을 공제한다.

[표 4-7] 필요경비계산공제

구 분	기 준 시 가
토 지	취득당시 개별공시지가 × 3%(미등기 양도자산 0.3%)
건 물	취득당시 국세청장이 산정 · 고시가액 × 3% (미등기 양도자산 0.3%)
지상권 · 전세권 · 등기된 부동산임차권	취득당시 기준시가 × 7%(미등기 양도자산 1%)
주식 등 기타자산	취득당시 기준시가 × 1%

(6) 양도소득금액의 계산

양도소득금액 = 양도차익 - 장기보유특별공제

등기된 토지 · 건물 또는 조합원 입주권에 한해 그 자산의 보유기간이 3년 이상인 것에

대하여 해당 자산의 양도차익에 보유기간별 공제율을 곱하여 계산한 금액을 장기보유특별공제로 공제한다.

① 장기보유특별공제

[표 4-8] 장기보유특별공제

보유기간 (취득일~양도일)	공제액	
	양도소득세가 과세 되는 1세대 1주택	양도소득세가 과세 되는 1세대 1주택 이외의 자산
		2019.1.1.이후 양도[5)]
3년 이상 4년 미만	양도차익 × 24%	양도차익 × 6%
4년 이상 5년 미만	양도차익 × 32%	양도차익 × 8%
5년 이상 6년 미만	양도차익 × 40%	양도차익 × 10%
6년 이상 7년 미만	양도차익 × 48%	양도차익 × 12%
7년 이상 8년 미만	양도차익 × 56%	양도차익 × 14%
8년 이상 9년 미만	양도차익 × 64%	양도차익 × 16%
9년 이상 10년 미만	양도차익 × 72%	양도차익 × 18%
10년 이상	양도차익 × 80%	양도차익 × 20%

② 고가주택에 대한 양도소득

1세대 1주택으로 비과세 대상이 되더라도 고가의 주택의 경우 양도소득세가 과세된다. 1세대 1주택에 해당하는 고가주택의 경우 주택 전체의 양도소득 중에서 9억 원을 초과하는 부분의 양도소득에 대해서만 과세하고 있다.

㉠ 고가주택의 양도차익

$$\text{실제거래가격에 의한 양도차익} \times \frac{\text{양도가액} - \text{9억원}}{\text{양도가액}}$$

5) 2019.1.1.이후 양도분부터 3년 이상 매 1년이 늘어날 때마다 2%씩(15년 이상 보유시 최고 30%) 증가

ⓛ 고가주택의 장기보유특별공제[6)]

$$장기보유특별공제액 \times \frac{양도가액 - 9억원}{양도가액}$$

or 고가주택에 대한 양도차익 × 장기보유특별공제율

(7) 양도소득 과세표준계산

양도소득 과세표준 = 양도소득금액 - 양도소득 기본공제

양도소득 기본공제는 양도소득이 있는 거주자에게 자산단위별(부동산 등, 주식)로 연 250만원을 공제한다. 동일한 자산단위 내에서는 먼저 양도한 자산부터 순차적으로 적용한다. 미등기 양도자산은 양도소득 기본공제 적용을 배제한다.

(8) 양도소득 산출세액의 계산

양도소득 산출세액 = 양도소득 과세표준 × 양도소득세율

6) 9억원 이상 고가주택은 2020.1.1. 이후 양도하는 주택에 대해 2년의 거주요건을 갖추어야 양도소득세 장기보유 특별공제가 적용됨

[표 4-9] 양도소득세율[7]

<table>
<tr><th colspan="4">구 분</th><th>양도소득세율</th></tr>
<tr><td rowspan="8">토지 · 건물 및 부동산에 관한 권리</td><td colspan="3">미등기 양도자산</td><td>70%</td></tr>
<tr><td rowspan="2">비사업용토지</td><td colspan="2">보유기간이 2년 이상인 경우</td><td>일반세율+10% 적용</td></tr>
<tr><td colspan="2">보유기간이 2년 미만인 경우</td><td>단기보유세율과 비교, 높은 세율 적용</td></tr>
<tr><td colspan="3">지정지역(투기지역)내에 있는 부동산[8]</td><td>일반세율+10%
비사업용토지 : 기본세율+20%</td></tr>
<tr><td rowspan="2">보유기간이 1년 미만인 경우</td><td colspan="2">주택 및 조합원입주권</td><td>40%</td></tr>
<tr><td colspan="2">그 외의 자산</td><td>50%</td></tr>
<tr><td rowspan="2">보유기간이 1년 이상 2년 미만인 경우</td><td colspan="2">주택 및 조합원입주권</td><td>기본세율</td></tr>
<tr><td colspan="2">그 외의 자산</td><td>40%</td></tr>
<tr><td rowspan="5">주식</td><td rowspan="3">대주주</td><td colspan="2">1년 미만 보유한 중소기업 외의 법인</td><td>30%</td></tr>
<tr><td rowspan="2">그 외의 주식[9]</td><td>3억원 이하</td><td>20%</td></tr>
<tr><td>3억원 초과</td><td>6천만원+(3억원 초과금액×25%)</td></tr>
<tr><td rowspan="2">대주주가 아닌 경우</td><td colspan="2">중소기업 법인 주식</td><td>10%</td></tr>
<tr><td colspan="2">그 외 주식</td><td>20%</td></tr>
<tr><td>기타자산</td><td colspan="3"></td><td>기본세율</td></tr>
</table>

보유기간이 2년 이상인 토지 · 건물 · 부동산에 관한 권리 및 기타자산은 다음의 누진세율이 적용된다.

7) 조정대상지역 내 1세대 2주택자 : 기본세율+10% 및 장기보유특별공제 적용 배제
조정대상지역 내 1세대 3주택 이상 : 기본세율+20% 및 장기보유특별공제 적용 배제

8) 2018.12.31. 현재 주택 투기지역은 서울특별시 강남, 서초, 송파, 강동, 용산, 성동, 노원, 양천, 영등포 등 서울시의 15개 구와 세종특별자치시 등 총 16개 지역이다.

9) 중소기업주식은 2019.1.1.이후 양도분부터, 그 외의 주식은 2018.1.1. 이후 양도분부터 적용

[표 4-10] 보유기간 2년 이상 부동산 누진세율

과세표준	2012년	
	세율	누진공제액
1,200만 원 이하	6%	0
1,200만 원 초과 4,600만 원 이하	15%	1,080,000
4,600만 원 초과 8,800만 원 이하	24%	5,220,000
8,800만 원 초과 1억 5천만 원 이하	35%	14,900,000
1억 5천만원 초과 3억 원 이하	38%	19,400,000
3억 원 초과 5억 원 이하	40%	25,400,000
5억 원 초과	42%	35,400,000

(9) 양도소득 산출세액 및 감면세액

$$\text{양도소득 산출세액} = \text{양도소득 과세표준} \times \text{양도소득세율}$$

$$\text{양도소득세 감면세액} = \text{양도소득 산출세액} \times \frac{\text{감면소득금액} - \text{양도소득 기본공제}}{\text{양도소득 과세표준}}$$

(10) 세액의 감면

① 양도소득세 감면의 종합한도

㉠ 조세특례제한법상 감면제도에 따른 감면세액의 합계액은 매 과세기간별로 1억 원을 초과하는 경우에는 1억 원까지 5개 과세기간동안 2억원을 한도로 감면한다.

㉡ 양도소득세 감면의 배제

양도소득세의 감면요건을 모두 갖춘 경우라도 미등기 양도자산에 대해서는 양도소득세 감면규정의 적용을 배제한다.

㉢ 양도소득세 감면세액의 계산

$$\text{양도소득세 감면세액} = \text{양도소득 산출세액} \times \frac{\text{감면소득금액} - \text{양도소득 기본공제}}{\text{양도소득 과세표준}}$$

② 8년 이상 자경농지에 대한 감면

농지소재지에 거주하면서 8년 이상 자경한 농지를 양도하는 경우에는 양도로 인한 양도소득세를 매 5년간 2억원(매 과세기간별 1억원)을 한도로 100% 감면한다. 이 8년 이상 자경농지에 대한 양도소득세 감면조항은 다음의 3가지 요건을 모두 충족해야 한다.

㉠ 농지요건 : 양도하는 토지가 농지여야 한다.

㉡ 거주요건 : 농지소재지에 거주하였어야 한다.

㉢ 8년 이상 자경요건 : 8년 이상 자경[10] 했어야 한다.

③ 농지의 대토(代土)

농지의 대토란 경작상 필요에 의하여 자기소유의 토지를 양도하고 그 대신 다른 농지를 대체취득하는 것을 말하며, 이는 농지의 자유로운 대체를 허용하여 농민을 보호하고 농업 발전을 장려하기 위한 것이다.

④ 공익사업용 토지 등의 양도

해당 토지 등이 속한 사업지역에 대한 사업인정고시일(사업인정고시일 전에 양도하는 경우에는 양도일)부터 소급하여 2년 이전에 취득한 토지 등을 2021년 12월 31일 이전에 양도함으로써 발생하는 소득에 대해서는 양도소득세를 감면한다.

㉠ 감면대상

㉮ 「공익사업을 위한 토지 등의 취득 및 보상에 관한 법률」이 적용되는 공공사업에 필요한 토지 등을 당해 공공사업의 시행자에게 양도함으로써 발생하는 소득

㉯ 「도시 및 주거환경정비법」에 의한 정비구역안의 토지 등을 사업시행자에게 양도함으로써 발생하는 소득

㉰ 「공익사업을 위한 토지 등의 취득 및 보상에 관한 법률」, 기타 법률에 의한 토지 등의 수용으로 인하여 발생하는 소득

㉡ 감면율

양도소득세의 10%에 해당하는 세액을 감면받을 수 있다. 또한 양도대금을 채권으로 받는 경우에는 15%의 세액을 감면받을 수 있으며, 「공공주택특별법」 등의 법률에 따라 협의매수 또는 수용되어 발생된 소득으로 해당 채권을 3년(5년) 이상의 만기까지 보유하기로 특약을 체결한 경우 30%(40%)의 세액을 감면받을 수 있다.

10) 자경이란 농작업에 종사하거나 농작업의 1/2이상을 자기의 노동력에 의해 경작 또는 재배하는 것을 말하며, 근로소득(총급여) 및 사업소득(농·축·임업·비과세농가부업소득·부동산임대소득 제외)이 연간 3,700만원 이상인 경우 자경기간에서 제외한다.

(11) 양도소득세 신고 및 납부

① 양도소득세 예정신고

㉠ 예정신고기한

양도일이 속하는 달의 말일로부터 2개월 이내(상장 및 비상장주식은 양도일이 속하는 반기의 말일로부터 2개월 이내),

㉡ 무신고 가산세 : 20%

㉢ 무납부 가산세 : 지연일수 1일당 2.5/10,000 부과

② 양도소득세 확정신고

㉠ 신고대상

양도한 날이 속하는 연도의 다음 연도 5. 1~5. 31까지 주소지 관할 세무서장에게 신고·납부하는 것을 말한다.

㉡ 양도세 예정신고자

예정신고납부를 한 경우에는 확정신고 납부를 하지 않아도 된다.

㉢ 가산세

㉮ 신고불성실 가산세

• 신고하지 않은 무신고의 경우 : 산출세액 × 일반무신고시 20%(부당무신고시 40%)

• 적게 신고한 미달신고의 경우 : 산출세액 × 일반미달신고시 10%(부당미달신고시 40%)

㉯ 납부불성실 가산세 : 미납세액 × 2.5/10,000 × 경과일수

③ 양도소득세 물납(2016. 1.1 폐지됨)

④ 양도소득세 분납

㉠ 요건 : 납부할 세액이 1천만 원을 초과하는 자

㉡ 분납기한 : 납부기한 경과 후 2개월 이내

㉢ 분납세액

㉮ 납부할 세액이 2천만 원 이하인 때 : 1천만 원을 초과하는 금액

㉯ 납부할 세액이 2천만 원을 초과하는 때 : 그 세액의 50% 이하의 금액

2. 비과세소득

(1) 비과세소득

양도소득세 비과세란 양도소득세 과세요건이 갖추어진 자산을 양도하더라도 조세정책상 목적에 의해 양도소득세를 과세하지 않은 것을 의미한다. 여기서 비과세란 처음부터 양도소득세의 납세의무가 발생하지 않은 것으로 별도의 감면신청 없이 세금이 과세되지 않는 것을 말한다. 소득세법상 양도소득이 발생하더라도 조세정책상 세제혜택을 주는 경우나 불가피한 경우에 양도소득세를 과세하지 않는다. 현재 비과세소득에 해당되는 경우는 다음과 같다.

① 파산선고에 의한 처분으로 인하여 발생하는 소득

법원이 파산선고에 의하여 부동산을 처분하는 경우에는 불가피한 소유권이전에 해당하므로 양도소득세를 과세하지 않는다.

② 농지의 교환 또는 분합(分合)으로 인하여 발생하는 소득

농지에 대하여 소득세법에서 정한 교환사유에 해당되어 다른 토지와 교환하는 경우에는 양도소득세를 과세하지 않는다. 소득세법상 비과세대상이 되는 교환범위는 다음과 같다. 단, 교환하는 토지가액의 차이가 가액이 큰 토지의 1/4이하인 경우에 한하여 비과세를 적용한다.

㉠ 국가·지방자치단체가 시행하는 사업으로 인하여 교환·분합되는 농지

㉡ 국가·지방자치단체가 소유하는 토지와 교환 또는 분합하는 농지

㉢ 경작상 필요에 의하여 교환하는 농지.(단 새로이 취득하는 농지를 3년 이상 농지소재지에 거주하면서 자경하는 경우에 한함)

㉣ 「농촌정비법」 등 관련 법률에 의해 교환·분합하는 농지

③ 1세대 1주택과 이에 부수되는 토지의 양도로 인하여 발생하는 소득

(2) 1세대 1주택 양도세 비과세

① 의의

양도소득세가 과세되지 않는 1세대 1주택이란 생계를 같이 하는 1세대가 국내에서 1개의 주택을 2년 이상 보유해야 한다. 이 경우 주택에 딸린 토지는 도시계획구역 안에 있으면 건물바닥면적의 5배, 도시계획구역 밖에 있으면 건물바닥면적의 10배를 넘지 않으면

양도소득세가 과세되지 아니한다. 그러나 1세대 1주택이라도 미등기전매는 양도소득세를 물게 된다.

② 1세대의 요건

1세대란 거주자 및 그 배우자가 동일한 주소 또는 거소에서 생계를 같이 하는 가족과 함께 구성하는 거주단위를 말한다.

㉠ 원칙 : 배우자가 있어야 한다.

㉡ 예외 : 배우자가 없어도 1세대로 보는 경우

㉮ 30세 이상

㉯ 30세 미만이라도 소득이 있는 사람(미성년자 제외)

㉰ 배우자가 사망하거나 이혼한 경우

③ 1주택의 요건

주택이란 주거를 목적으로 사용하는 건축물과 일정범위내의 부수토지를 말하며, 건물의 공부상 용도에 관계없이 사실상 주거로 사용하는 건물은 주택으로 보며, 사실상 용도구분이 불분명한 경우에는 공부상의 용도구분에 따라 주택인지의 여부를 판단한다.

㉠ 겸용주택

하나의 건물이 주택과 주택 외 부분으로 복합되어 있는 경우 다음과 같이 판정한다.

㉮ 주택면적 〉 주택 외의 건물면적 : 전부를 주택으로 본다.

㉯ 주택면적 ≦ 주택 외의 건물면적 : 주택만 주택으로 본다.

※ 주택부수 토지면적=전체토지면적×주택의 연면적/건물전체 연면적으로 안분 계산

㉡ 주택의 범위

주택에 부수된 토지에 대하여는 주택의 일부로 보아 비과세를 적용하는 규모에 제한이 있다.

㉮ 도시지역 내 : 주택정착면적 × 5배

㉯ 도시지역 밖 : 주택정착면적 × 10배

㉢ 공동소유주택

각 개개인이 1주택을 소유하는 것으로 본다.

㉣ 다가구주택

가구별로 분양하지 않고 당해 다가구주택을 하나의 매매단위로 하여 양도하거나 취득하는 경우에는 이를 단독주택으로 본다.

㉤ 고가주택

2년 이상 거주한 1세대 1주택이라도 고급주택에 해당되는 경우에는 양도소득세가 과세된다. 고가주택이란 주택 및 이에 부수되는 토지의 양도 당시의 실지거래가액이 9억원을 초과하는 주택을 말한다.

㉮ 겸용주택의 경우 주택으로 보는 부분에 해당하는 실지거래가액을 포함하여 판정한다.

㉯ 단독주택으로 보는 다가구주택의 경우에는 그 전체를 하나의 주택으로 보아 고가주택에 해당하는지의 여부를 판정한다.

④ 1세대 2주택에 대한 비과세특례규정

㉠ 일시적으로 2개의 주택을 갖게 된 경우

양도소득세가 과세되지 않는 1세대 1주택의 요건을 갖춘 1세대가 이사를 가기 위해서 새로운 주택을 구입하거나 신축을 하는 경우 이사를 가기 전에 종전의 주택이 팔리지 아니함으로써 1세대 2주택이 된 경우에는 종전의 주택을 취득한 날로부터 1년 이상이 지난 후 새로운 주택을 취득하고, 새로운 주택을 취득한 날로부터 3년 이내에 양도일 현재 2년 이상 보유한 종전 주택을 양도하면 1세대 1주택으로 보아 양도소득세를 과세하지 아니한다.

㉡ 직계존속을 봉양하기 위하여 세대를 합친 경우

1세대 1주택에 해당하는 사람이 1세대 1주택에 해당하는 60세 이상(직계존속 중 어느 한 사람이 60세 미만인 경우도 포함하며 중증질환 등이 발생한 직계존속의 간병을 목적으로 합가시 직계존속 연령에 관계없이 양도소득세 비과세 특례 적용)의 직계존속을 봉양하기 위하여 세대를 합쳐 2주택이 된 경우에 세대를 합친 날로부터 10년 이내에 먼저 양도하는 주택(보유기간 2년 이상이어야 함)은 1세대 1주택으로 보아 비과세한다. 다만, 그 주택양도일 현재 2주택 모두 비과세 되는 1세대 1주택의 요건에 해당되지 아니하는 때에는 그러하지 아니한다. 이 때 직계존속의 범위는 본인 및 배우자의 부모·조부모 등을 말한다.

㉢ 혼인으로 인하여 2주택을 보유하게 된 경우

1주택을 보유하고 1세대를 구성하고 있는 자가 1주택을 보유하고 1세대를 구성하고 있는 자와 혼인함으로써 1세대가 2주택을 보유하게 되는 경우 그 혼인한 날부터 5년 이내에 먼저 양도하는 주택은 이를 1세대 1주택으로 보아 비과세한다. 다만, 그 주택양도일 현재 2주택 모두 비과세되는 1세대 1주택의 요건에 해당되지 아니하는 때에는 그러하지 아니한다.

㉣ 상속으로 인하여 2주택이 된 경우

1주택 보유자가 상속을 받아 1세대 2주택이 된 경우로서 상속주택외의 상속 당시에 보유하고 있던 기존주택을 양도하는 경우 1세대 1주택으로 보아 비과세한다.

피상속인이 상속개시당시 2개 이상의 주택을 보유하고 있을 시에는 ① 피상속인 보유기간이 가장 긴 1주택, ② 피상속인 거주기간이 가장 긴 1주택, ③ 피상속인 상속개시 당시 거주한 1주택, ④ 기준시가가 가장 높은 1주택(기준시가가 같을 경우 상속인이 선택한 1주택)의 순위에 따른 1주택만 인정한다. 또한 1주택을 여러 상속인들이 공동상속받는 경우 ① 상속지분이 가장 큰 상속인, ② 당해 상속주택에 거주하는 상속인, ③ 최연장자의 순서로 당해 상속주택의 소유자로 판단한다.

㉤ 일반주택을 소유하고 있는 자가 수도권 이외의 읍·면지역에 소재한 농어촌 주택을 보유하여 일시적인 1세대 2주택이 된 경우 일반주택을 양도하면 비과세 규정을 적용한다.

㉮ 피상속인이 취득 후 5년 이상 거주한 사실이 있는 상속받은 주택

㉯ 이농인이 취득일 후 5년 이상 거주한 사실이 있는 이농주택

㉰ 영농·영어 목적의 농지(1,000㎡ 이상)를 소유한 자가 귀농주택(대지면적이 660㎡ 이내, 실지거래가액 9억원 이하의 주택 등)을 취득한 후 5년 내 종전주택 양도시 비과세 적용(농지소유자의 배우자가 귀농주택을 취득하는 경우에도 종전 보유주택 양도소득세 비과세 적용)

⑤ 2년 이상 보유요건

1세대 1주택으로 비과세 받기 위해서는 양도하는 당해 주택의 보유기간이 2년 이상이어야 한다.

⑥ 보유기간 및 거주기간의 제한을 받지 않는 경우

㉠ 5년 이상 거주한 건설임대주택을 양도하는 경우

임대주택법에 의한 건설임대주택을 취득하여 양도하는 경우로 임차일로부터 양도일까지의 거주기간이 5년 이상인 경우에는 보유기간 및 거주기간에 제한을 받지 않는다.

㉡ 공공사업에 의한 양도 및 수용

주택 및 그 부수토지의 전부 또는 일부가 공공용지의 취득 및 손실보상에 관한 특례법이 적용되는 공공사업용으로 당해 공공사업의 시행자에게 양도하는 경우 보유기

간 및 거주기간에 제한을 받지 않는다.

㉢ 해외이주로 세대전원이 출국하는 경우 출국일로부터 2년 내 양도하는 경우

㉣ 1년 이상 계속하여 국외거주를 필요로 하는 취학 또는 근무상의 형편으로 세대전원이 출국하는 경우 출국일로부터 2년 내 양도하는 경우

㉤ 1년 이상 거주한 주택을 취학·근무상의 형편이나 질병의 요양으로 양도하는 경우

㉮ 취학(유치원, 초·중학교 제외)

㉯ 1년 이상의 치료나 요양을 필요로 하는 질병의 치료 또는 요양

㉰ 직장의 변경이나 전근 등 근무상의 형편

㉱ 기타 부득이한 사유로 세대 전원이 다른 시·군으로 주거 이전

⑦ 기타(조합원입주권의 특례)

관리처분계획의 인가일(인가일 전에 기존주택이 철거되는 때에는 기존주택의 철거일) 현재 1세대 1주택 비과세요건을 충족한 1세대가 조합원입주권을 양도하는 경우로서 다음 중 어느 하나에 해당하는 경우 1세대 1주택으로 본다.

㉠ 양도일 현재 다른 주택이 없는 경우

㉡ 양도일 현재 1조합원입주권 외에 1주택을 소유한 경우(1주택을 취득한 날로부터 3년 이내에 조합원입주권을 양도하는 경우에 한한다)

제 5 장 상속 · 증여 · 증권거래세

제 1 절 상속세

1. 상속세의 의의

(1) 상속세의 개념

상속세란 피상속인의 사망 또는 실종선고에 따라 상속, 유증 등의 원인에 의하여 상속인 또는 기타의 자가 피상속인으로부터 취득하는 재산을 과세물건으로 하고 그 재산의 가액을 과세표준으로 하여 부과하는 조세이다.

(2) 상속세와 관련된 용어정리

① 상속의 개시

㉠ 자연적 사망 : 사망이라고 하는 사실이 발생한 시점으로 사망신고일을 말한다.

㉡ 실종선고에 의한 사망 : 상속세 및 증여세법에서는 실종선고일을 사망일로 간주한다.

② 상속인

상속인이란 상속의 개시에 의하여 재산을 상속받는 자로서 민법에서 규정하는 상속인의 순위를 정리하면 다음과 같다.

㉠ 1순위 : 피상속인의 배우자 및 직계비속(태아를 포함한 자녀, 손주 등 직계후손)

㉡ 2순위 : 피상속인의 배우자 및 직계존속(부모 등 직계 어른)

㉢ 3순위 : 피상속인의 형제자매

㉣ 4순위 : 피상속인의 4촌 이내의 방계혈족

상속순위는 선순위가 있으면 후순위는 상속인이 될 수 없으며 같은 순위의 상속인은 공동상속인이 된다. 단, 배우자는 1순위 직계비속이 없을 경우 직계존속과 공동상속하며, 직계존속과 직계비속이 없을 경우 배우자가 단독 상속한다.

③ 유증

유언에 의하여 유산의 전부 또는 일부를 무상으로 주는 행위를 말한다.

④ 사인증여

사망을 법정요건으로 증여하는 재산을 의미한다.

⑤ 대습상속

상속인이 될 직계비속, 형제자매가 상속개시 전 사망하거나 상속결격자가 된 경우에 그 직계비속이 있는 때는 사망한 직계비속이나 결격된 자의 순위에 갈음하여 상속인이 되는 것을 의미한다.

⑥ 상속의 효력

상속인은 상속이 개시된 때부터 피상속인의 재산에 관한 권리·의무를 포괄적으로 승계한다. 단, 피상속인의 일신에 전속하는 것은 승계되지 않는다.

(3) 상속세의 유형

상속세를 과세하는 방법은 다른 방법도 있지만 많이 제기되고 있는 방법으로는 유산과세방식과 유산취득세방식으로 나누어 설명할 수 있다. 상속세가 누진세이므로 유산과세방식이 유산취득세방식보다 세금부담이 크다.

우리나라는 상속세에 대해서는 유산과세체계를 채택하고 있으면서도, 증여세에 대하여는 유산취득세체계를 취하고 있다.

① 유산과세방식

유산세방식이란 피상속인의 상속재산 전체에 대하여 계산된 상속세액을 공동상속인의 상속지분에 따라 나누어 내는 방식이다.

② 유산취득세방식

유산취득세방식이란 피상속인의 상속재산을 공동상속인별로 분할한 후 각 상속인의 상속지분에 따라 상속세를 계산하는 방식이다.

[표 5-1] 상속세의 유형

구 분	유산과세방식	유산취득세방식
과세방식	피상속인의 유산총액에 과세	상속인의 유산취득가액에 각각 과세
세율적용대상	피상속인의 유산총액	각 상속인이 취득한 유산가액
납세의무자	상속인	수증자

(4) 과세대상

상속으로 인해 상속개시일 현재 다음에 해당하는 상속재산이 있는 경우에는 그 상속재산에 대하여 상속세를 부과한다.

① 거주자의 사망 : 거주자의 모든 상속재산(무제한 납세의무)

② 비거주자의 사망 : 국내에 있는 비거주자의 모든 상속재산(제한 납세의무)

(5) 납세의무자

상속인 또는 유증으로 인해 재산을 취득하는 자이다. 즉, 상속인과 수유자(유증 또는 사인증여로 인하여 재산을 취득한 자)는 상속재산 중 각자가 받았거나 받을 재산의 비율에 따라 상속세를 납부할 의무를 진다.

자연인의 개인이 상속세의 납세의무자가 되는 것이 일반적이지만 법인으로 보는 법인격 없는 단체와 비영리법인의 경우도 상속세납세의무자가 될 수 있다. 특별연고자 및 수유자가 영리법인인 경우에는 당해 영리법인이 납부할 상속세액(법인세 납부)을 면제한다.

(6) 관할관청

상속세는 피상속인의 주소지를 관할하는 세무서장이 과세한다. 다만, 상속개시지가 국외인 경우에는 국내에 있는 재산의 소재지를 관할하는 세무서장이 과세한다.

2. 상속세의 계산구조

[표 5-2] 상속세의 계산구조

<table>
<tr><th colspan="3">상속세의 계산구조</th></tr>
<tr><td>상속재산가액</td><td colspan="2">(+) 본래의 상속재산가액
(+) 사전증여재산가액
(+) 간주상속재산가액
(+) 상속추정재산가액
(-) 비과세상속재산
(-) 과세가액불산입재산</td></tr>
<tr><td>(-) 과세가액 공제액</td><td colspan="2">공과금 , 장례비 , 채무</td></tr>
<tr><td colspan="3">(=) 상속세 과세가액</td></tr>
<tr><td rowspan="3">(-) 상속공제</td><td>인적공제</td><td>기초공제
배우자상속공제
기타인적공제
(자녀, 미성년자, 연로자, 장애인 공제)</td></tr>
<tr><td>물적공제</td><td>가업상속공제
영농상속공제
금융재산공제
재해손실공제
동거주택상속공제</td></tr>
<tr><td colspan="2">감정평가수수료 공제</td></tr>
<tr><td colspan="3">(=) 상속세 과세표준</td></tr>
<tr><td colspan="3">(×) 세율</td></tr>
<tr><td colspan="3">(=) 상속세 산출세액</td></tr>
<tr><td colspan="2">(-) 상속 세액공제</td><td>징수유예금액
증여세액공제
외국납부세액공제
단기재상속세액공제
신고세액공제</td></tr>
<tr><td colspan="3">(=) 상속세 신고납부세액</td></tr>
</table>

3. 상속세 과세가액의 계산

상속세 과세가액은 상속재산가액에 사전증여재산, 간주상속재산, 추정상속재산을 가산하고 비과세, 과세가액불산입재산, 공과금·장례비용·채무를 차감함으로써 구할 수 있다. 항목별로 구체적으로 살펴보며 다음과 같다.

(1) 상속재산가액

상속세가 과세되는 재산이란 금전으로 환가할 수 있는 경제적 가치가 있는 물건과 재산적 가치가 있는 법률상 및 사실상의 권리를 말한다. 따라서 토지, 건물, 유가증권, 현금과 예금, 서화, 골동품과 채권 및 특허권, 저작권, 광업권 등 모든 재산이 포함된다.

상속재산가액은 상속재산을 상속세법의 규정에 의하여 판단한 가액이다. 원칙적으로 상속일 현재의 시가이나 시가를 판단하기 어려운 경우의 평가방법은 다음과 같다.

상속재산가액 = 본래의 상속재산 + 증여재산 + 간주상속재산 + 상속추정재산

[표 5-3] 상속재산의 평가금액

상속재산의 종류	평가금액
토 지	상속개시일 현재 개별공시지가
건 물(오피스텔 · 상업용 건물 포함)	국세청장이 산정 · 고시하는 가액
공동주택	공동주택가격
동 산	2인 이상의 전문가가 감정한 가액의 평균액(단, 그 가액이 국세청이 위촉한 감정평가심의회의 감정가액에 미달하는 경우 그 감정가액)
상장주식, 상장 국공채, 사채	평가기준일 전후 2월간 공표된 종가평균액
비상장주식 및 출자지분	순자산가치와 순손익가치의 비율을 가중평균한 가액
예금, 적금 등의 평가	원금 + 상속개시일까지의 미수이자 − 원천징수세액
저당권, 질권이 설정된 재산	상기의 가액과 채권액 중 큰 금액
전세권이 등기된 재산	상기의 가액과 등기된 전세금 중 큰 금액

(2) 증여재산

일정기간 내에 증여한 재산을 상속재산가액에 합산하는 이유는 생전증여를 통해 상속세 누진부담을 회피하려는 의도를 방지하기 위해서이다.

피상속인이 다음의 합산기간 이내에 증여한 재산가액은 상속재산가액에 가산하며 비거주자가 사망한 경우에는 국내에 있는 재산을 증여한 경우에만 이를 가산한다. 이 경우 합산하는 증여재산가액은 증여일 현재의 가액으로 하며, 그 합산되는 증여재산에 대한 증여세액은 상속세 산출세액에서 증여세액 공제로 공제된다.

① 상속개시일 전 10년 이내에 피상속인이 상속인에게 증여한 재산

② 상속개시일 전 5년 이내에 피상속인이 상속인이 아닌 자에게 증여한 재산

(3) 간주상속재산

본래 상속재산이 아니어도 다음의 재산은 상속재산으로 간주하여 상속세를 과세한다. 이는 과세형평을 기하기 위한 조치이다.

① 보험금

피상속인의 사망으로 지급받은 보험금으로서 피상속인이 보험계약자(실질적으로 보험료를 지불하였을 때 포함)가 된 보험계약에 의해 지급받는 것을 말하고 보험계약자가 피상속인 외의 자인 경우에도 피상속인이 실질적으로 보험료를 지불한 보험계약에 의해 지급받는 것으로 한다.

$$보험금 = 보험금수령액 \times \frac{피상속인이\ 부담한\ 보험료의\ 합계액}{피상속인의\ 사망시까지\ 불입된\ 보험료의\ 총합계액}$$

② 퇴직금 등

퇴직금, 퇴직수당, 공로금, 연금 또는 이와 유사한 것으로서 피상속인의 사망으로 인하여 상속인에게 지급되는 것을 말한다. 다만 국민연금법에 따라 지급되는 유족연금 등은 제외(비과세)한다.

③ 신탁재산

피상속인이 신탁한 재산. 단, 타인이 신탁의 이익을 받을 권리를 소유하고 있는 가액은 제외한다. 위탁자와 수탁자가 다른 신탁인 타익신탁으로서 피상속인이 신탁으로 인하여 타인으로부터 신탁의 이익을 받을 권리를 소유하고 있는 경우에는 당해 이익에 해당하는 가액으로 본다.

(4) 상속추정재산

① 의의

상속추정재산은 사전에 재산을 처분하거나 채무를 부담하여 과세자료의 노출이 쉽지 않은 현금으로 상속함으로써 상속세를 회피하는 경우를 방지하기 위해 추정하는 재산을 말한다.

② 요건

㉠ 재산처분 및 예금 인출

피상속인의 재산을 처분하여 받거나 피상속인의 재산에서 인출한 금액이 상속개시일 전 1년 이내에 재산종류별로 계산하여 2억 원 이상인 경우와 상속개시일 전 2년 이내에 재산별로 계산하여 5억 원 이상인 경우로서 용도가 객관적으로 명백하지 않은 경우가 해당한다.

㉡ 채무부담의 경우

피상속인이 부담한 채무의 합계액이 상속개시일 전 1년 이내에 2억 원 이상인 경우와 상속개시일전 2년 이내에 5억 원 이상인 경우로서 용도가 객관적으로 명백하지 않은 경우가 해당한다.

[표 5-4] 상속추정재산 요건

구 분	내 용
재산종류별	· 현금, 예금 및 유가증권 · 부동산 및 부동산에 관한 권리 · 그 외의 자산
용도가 객관적으로 명백하지 않은 경우	· 피상속인이 재산을 처분하여 받은 금액이나 피상속인의 재산에서 인출한 금전 등 또는 채무를 부담하고 받은 금액을 지출한 거래상대방이 거래증빙의 불비 등으로 확인되지 아니하는 경우 · 거래상대방이 금전 등의 수수사실을 부인하거나 거래상대방의 재산상태 등으로 보아 금전 등의 수수사실이 인정되지 아니한 경우 · 거래상대방이 피상속인과 특수관계에 있는 자로서 사회통념상 지출사실이 인정되지 아니하는 경우 · 피상속인의 재산을 처분하거나 채무를 부담하고 받은 금전 등으로 취득한 다른 재산이 확인되지 아니하는 경우 · 피상속인의 연령, 직업, 경력, 소득 및 재산상태 등으로 보아 지출 사실이 인정되지 아니하는 경우

③ 과세가액에 산입될 금액

원칙적으로 용도가 불분명한 금액은 상속받은 것으로 추정한다. 다만 용도가 불분명한 금액이 처분재산이나 인출한 금액 또는 채무를 부담하고 받은 금액의 20%와 2억원 중 적은 금액에 미달하는 금액은 용도를 밝히지 못하더라도 상속받은 것으로 추정하지 않는다.

추정상속재산가액 = 재산처분액 · 인출액 · 채무부담액 - 용도입증액 - MIN(재산처분 등의 가액 × 20%, 2억원)

(5) 비과세 상속재산

① 피상속인이 유증한 재산

국가·지방자치단체, 정당, 사내근로복지기금, 근로복지진흥기금 또는 공공단체 및 불우한 자를 돕기 위해 유증한 재산

② 상속인이 증여한 재산

상속재산 중 상속인이 상속세신고기한 이내에 국가, 지방자치단체 또는 공공단체에 기증한 재산

③ 기타 재산

문화재보호법의 규정에 의한 국가지정문화재 및 시·도지정문화재가 속하는 있는 보호구역안의 토지, 족보와 제구

(6) 상속세 과세가액 불산입재산

과세가액 불산입이란 일단 상속재산에 포함되나 일정한 요건을 갖추어 신고하는 경우 과세가액에서 제외되는 것을 말한다.

① 공익법인 등의 출연재산

상속재산 중 피상속인 또는 상속인이 종교, 자선, 학술 기타공익을 목적으로 하는 사업을 영위하는 자에게 출연한 재산의 가액에 대하여는 상속세과세표준 신고기한 이내에 출연한 경우에 한하여 상속세과세가액에 산입하지 아니한다.

② 공익신탁재산

종교, 자선, 학술, 기타공익을 목적으로 하는 신탁을 통하여 공익법인 등에 출연하는 재산의 가액은 상속세 과세가액에 산입하지 아니한다.

(7) 과세가액공제액

① 공과금

상속개시일 현재 피상속인이 납부할 의무가 있는 것으로서 상속인에게 승계된 조세, 공공요금 기타 이와 유사한 금액을 말한다. 피상속인의 귀책사유로 발생하는 공과금만 공제하므로 상속개시일 이후 상속인의 귀책사유로 발생하는 가산금, 체납처분비, 과태료 등은 공제대상이 아니다.

② 장례비용

장례비용은 피상속인이 사망한 날로부터 장례일까지 장례에 직접 소요되는 비용으로 하며 시신의 발굴 및 안치에 직접 소요되는 비용과 묘지구입비(공원묘지사용료 포함), 비석, 상석 등 장례에 직접 소요된 제반비용을 포함한다.

[표 5-5] 장례 비용

구 분	금 액
사망일부터 장례일까지 장례에 직접 소요된 금액	· 최소 500만 원 공제 · 증빙(세금계산서, 영수증 등)에 의해 입증하는 경우 최고 1,000만 원 한도로 인정
봉안시설 또는 자연장지 사용비용	증빙에 의해 입증하는 경우 최고 500만원 한도로 인정

③ 피상속인의 채무의 범위

상속개시당시 피상속인이 실제로 부담하는 사실이 입증되는 채무로서 공과금 이외의 모든 부채(상속개시전 10년 이내에 피상속인이 상속인에게 진 증여채무와 상속개시전 5년 이내에 피상속인이 상속인 이외의 자에게 진 증여채무 및 구상권을 행사할 수 있는 보증채무는 제외한다.)

④ 비거주자인 피상속인의 채무 등

비거주자의 사망으로 인한 상속이 개시되는 경우에는 다음의 금액을 상속재산가액에서 공제하며 채무 등의 입증 방법은 거주자와 같다.

㉠ 당해 상속재산에 관한 공과금

㉡ 당해 상속재산을 목적으로 하는 유치권, 질권 또는 저당권으로 담보된 채무

㉢ 피상속인의 사망 당시 국내사업장의 비치, 기장한 장부에 의해 확인되는 사업상의 공과금 및 채무

4. 상속세 과세표준

상속세 과세표준은 상속세 과세가액에서 상속공제를 차감하여 계산한다. 자세한 상속공제에 대해 살펴보면 다음과 같다.

상속세 과세표준 = 상속세 과세가액 – 상속공제(인적공제, 물적공제, 감정평가수수료)
(과세표준이 50만원 미만이면 상속세를 부과하지 않는다)

(1) 인적공제

① 기초공제

거주자나 비거주자의 사망으로 상속이 개시되는 경우에는 상속세과세가액에서 2억원을 공제한다. 단, 비거주자의 사망인 경우에는 기초공제만 적용되고 다른 인적공제와 물적공제는 적용하지 않는다.

② 배우자상속공제

배우자상속공제는 다음 중 적은 금액이 공제되며 배우자가 실제 상속받은 재산이 없거나 상속받은 재산의 금액이 5억 원 미만인 경우에는 5억 원을 최소 공제한다. 다만, '배우자상속재산 분할기한[11]'까지 배우자의 상속재산을 분할한 경우에 한하여 최고 30억 원까지 배우자상속공제가 가능하다.

㉠ 배우자가 실제 상속받은 금액이 5억 원 미만인 경우 : 5억 원(최저공제)

㉡ 배우자가 실제 상속받은 금액이 5억 원 이상인 경우 : MIN(㉮ 배우자가 실제 상속받은 금액, ㉯ 배우자 상속공제의 한도액)

배우자상속공제의 한도액 = MIN[ⓐ, ⓑ] ⓐ (상속재산가액 × 배우자의 법정상속지분) – 상속세과세가액에 가산한 증여재산 중 배우자에게 증여한 재산에 대한 증여세 과세표준 ⓑ 30억 원

11) 배우자상속재산 분할기한이란 상속세과세표준 신고기한의 다음 날부터 6개월이 되는 날까지 배우자의 상속재산을 분할(상속인 앞으로 등기·등록·명의개서)하는 것을 말한다.

③ 기타 인적공제

피상속인의 동거가족에 대한 공제제도로서, 인적공제는 피상속인이 거주자인 경우에만 적용되며 인적공제 대상자가 상속의 포기 등으로 상속을 받지 아니한 경우에도 적용, 다음의 합산금액을 기타 인적공제로 산정한다.

㉠ 자녀공제 : 자녀 1인당 5천만 원을 공제
양자는 포함, 태아는 제외하며 공제대상자녀의 수에는 제한이 없다.

㉡ 미성년자 공제 : 미성년 자녀 1인당 1천만 원 × 19세에 달할 때까지의 연수
자녀공제대상자가 미성년자인 경우 자녀공제와 미성년자공제를 중복적용 가능

㉢ 연로자공제 : 65세 이상 상속인(배우자 제외) 및 동거가족 1인당 5,000만원(자녀공제와 연로자공제, 배우자공제와 연로자공제는 동시에 받을 수 없다)

㉣ 장애인공제 : 장애인 1인당 1천만 원 × 장애인 기대여명[12]의 연수
장애인공제는 배우자공제 · 자녀공제 · 미성년자공제 · 연로자공제와 동시에 받을 수 있다(연수의 계산에 있어서 1년 미만의 기간은 1년으로 한다).

④ 일괄공제

거주자의 사망으로 상속이 개시되는 경우 ㉠ 상속인 또는 수유자는 기초공제 및 기타 인적공제의 합계액이 5억원에 미달하는 경우 5억원(일괄공제액)공제를 선택할 수 있다. 다만, 상속세 과세표준 신고가 없는 경우에는 5억 원을 공제한다.

다만, 배우자가 단독으로 상속을 받는 경우에는 일괄공제를 적용하지 않고 기초공제 및 기타인적공제의 규정에 의한 공제액의 합계액을 공제한다.

(2) 물적공제

① 가업상속공제와 영농상속공제

피상속인이 영위하던 중소기업 및 중견기업을 상속 받거나 영농상속을 받는 경우에 추가로 상속공제를 받을 수 있다. 다만, 가업상속 및 영농상속을 받은 자가 상속개시일로부터 5년 이내에 정당한 사유없이 가업(영농)상속받은 재산을 처분하거나 가업(영농)에 종사하지 아니하는 경우에는 공제받은 금액을 상속개시당시의 상속세과세가액에 산입하여 상속세를 부과한다.

12) 장애인의 기대여명이란 상속개시일 현재 통계청장이 고시하는 통계표에 따른 성별 · 연령별 기대여명을 말한다.

[표 5-6] 가업상속공제 및 영농상속공제

구 분		내 용
가업상속	가업의 범위	㉠ 10년 이상 계속 경영한 중소기업 또는 상속개시 직전사업연도 3년간 평균 매출액이 3천억원 미만 기업 ㉡ 중소기업의 최대주주이면서 지분율이 50%이상일 것(단, 상장·코스닥기업의 경우 30% 이상)
	상속인의 요건	상속개시일 현재 18세 이상이면서 상속개시일 2년 전부터 가업에 계속 종사, 상속세 신고기한 이내에 임원으로 취임하고 2년내에 대표이사에 취임할 것
	공제액	가업상속재산가액 × 100%, 한도액(㉠,㉡,㉢) ㉠ 피상속인이 10년 이상 경영한 경우 : 200억 원 ㉡ 피상속인이 20년 이상 경영한 경우 : 300억 원 ㉢ 피상속인이 30년 이상 경영한 경우 : 500억 원
영농상속 (양축·영어·영림)	MIN[영농상속재산가액, 15억 원]	

② 금융재산 상속공제

상속개시일 현재 순금융재산가액(금융재산의 가액 – 금융채무의 가액)이 있는 경우에 다음과 같이 상속재산가액에서 공제한다.

㉠ 금융재산가액이 2천만 원 이하인 경우 : 당해 순금융재산의 가액

㉡ 금융재산가액이 2천만 원을 초과하는 경우 : 순금융재산가액 × 20%(순금융재산가액이 1억 원에 미달하는 경우에는 2천만 원), 2억 원 한도

㉢ 금융재산의 범위 : 금융기관이 취급하는 예금, 적금, 부금, 출자금, 금전신탁재산, 보험금, 공제금, 주식, 채권, 수익증권, 출자지분, 어음 등이다. 단, 최대주주(또는 최대출자자)가 보유하는 주식 및 출자지분은 제외한다.

③ 재해손실공제

상속세 신고기한 내에 화재, 붕괴, 폭발, 환경오염사고 및 자연재해 등으로 인하여 상속재산이 멸실, 훼손된 경우에는 그 손실가액을 공제한다. 다만, 보험금 등의 수령 또는 구상권 등의 행사에 의해 보전 받을 수 있는 경우에는 그 금액을 제외한다.

④ 동거주택상속공제

동거주택상속공제를 받기 위해서는 다음과 같은 요건이 충족되어야 한다.

㉠ 피상속인과 직계비속인 상속인이 10년 이상(상속인이 미성년자인 기간은 제외) 동

거할 것

㉡ 피상속인이 1주택(일시적 2주택자 포함)을 보유할 것

㉢ 상속개시일 현재 무주택자로서 피상속인과 동거한 상속인이 상속받은 주택일 것

㉣ 공제액 : MIN(주택가액의 80%, 5억 원)

상속재산 공제액은 다음 산식에 따라 계산된 '상속공제(인적공제와 물적공제)액 적용한도'를 초과하지 못한다.

상속공제액 종합한도 =
상속세 과세가액 – 상속인이 아닌 자에게 유증·사인증여한 재산가액 – 상속인의 상속포기로 그 다음 순위의 상속인이 상속받은 재산의 가액 - 상속세 과세가액에 가산한 증여재산가액의 과세표준

5. 상속세 계산

(1) 세율

① 초과누진세율

상속세 세율은 증여세와 동일하며 10%~50% 5단계 초과누진세율을 적용한다.

[표 5-7] 상속세의 세율

과세표준	세 율
1억 원 이하	과세표준의 10/100
1억 원 초과 5억 원 이하	1천만 원 + 1억 원을 초과하는 금액의 20/100
5억 원 초과 10억 원 이하	9천만 원 + 5억 원을 초과하는 금액의 30/100
10억 원 초과 30억 원 이하	2억 4천만 원 + 10억 원을 초과하는 금액의 40/100
30억 원 초과	10억 4천만 원 + 30억 원을 초과하는 금액의 50/100

② 세대생략 상속에 대한 할증과세

피상속인과 상속인간의 상속이 한 세대를 건너뛰어 이루어지는 경우가 있다. 다시 말하면, 할아버지가 아버지에게 상속하지 아니하고 손자에게 직접 상속을 하는 것이다. 이것은 1세대를 생략함으로써 상속세를 회피하기 위한 수단으로 이용된다. 이러한 상속을 방지하기 위하여 세대를 생략하고 상속이 이루어진 경우에는 산출세액의 30%를 할증하여 과세하며, 상속인이 미성년자이고 상속재산가액이 20억원을 초과하면 40%의 할증율이

적용된다. 다만 민법상 대습상속 시에는 할증과세를 배제한다.

(2) 세액공제

① 징수유예세액공제

피상속인의 상속재산에 문화재자료 및 박물관 자료 또는 미술관 자료로서 전시 또는 보존 중에 있는 재산가액이 포함되어 있는 경우이다. 이 경우 해당 상속세액의 징수를 유예한다.

② 증여세액공제

증여재산가액이 상속세 과세가액에 가산된 경우 그 증여재산에 대하여 부과한 증여세액을 공제한다. 다만, 상속세 과세가액에 가산하는 증여재산이 「국세기본법」상 부과제척기간 만료로 인하여 증여세가 부과되지 않은 경우와 상속세 과세가액이 5억원 이하인 경우에는 당해 증여세 산출세액은 공제하지 않는다.

증여세액공제 = MIN(ⓐ, ⓑ)
ⓐ 상속재산에 가산한 증여재산에 대한 증여세액(증여 당시의 증여세 산출세액)
ⓑ 상속세 산출세액 $\times \dfrac{\text{사전증여분의 과세표준}}{\text{상속세 과세표준}}$

③ 외국납부세액공제

국내 거주자의 사망으로 상속세를 부과하는 경우 외국에 있는 상속재산에 대하여 상속세를 부과받는 경우에는 일정금액을 공제한다.

외국납부세액공제 = MIN(ⓐ, ⓑ)
ⓐ 외국법령에 의하여 부과된 상속세액
ⓑ 상속세산출세액 $\times \dfrac{\text{당해외국법령에 의한 상속세과세표준}}{\text{상속세과세표준}}$

④ 단기재상속에 대한 세액공제

상속개시 후 10년 이내에 상속인이 사망하여 재상속이 이루어진 경우 상속재산 중 재상속분에 대한 이전의 상속세상당액을 상속세산출세액에서 공제한다.

$$\text{공제세액} = \left[\text{전의 상속세산출세액} \times \frac{\left(\text{재상속분의 재산가액} \times \frac{\text{전의 상속세과세가액}}{\text{전의 상속세재산가액}}\right)}{\text{전의 상속세과세가액}}\right] \times \text{공제율}$$

[표 5-8] 공제율

재상속 기간	1년 이내	2년 이내	3년 이내	4년 이내	5년 이내	6년 이내	7년 이내	8년 이내	9년 이내	10년 이내
공제율	100%	90%	80%	70%	60%	50%	40%	30%	20%	10%

⑤ 신고세액공제

상속세과세표준 신고기한 내에 신고서를 제출한 자는 신고세액에 다음의 금액을 공제한 금액의 3%(2018년도는 5%)를 공제한다.

신고세액공제액
= [상속세산출세액(할증과세액 포함) − (문화재자료 등 징수유예세액 + 증여세액공제액 + 외국납부세액공제액 + 단기재상속세액공제액)] × 3%(5%)

6. 상속세의 신고 및 납부

(1) 신고납부기한과 제출서류

재산을 상속받은 사람은 상속개시일(사망일)이 속하는 달의 말일로부터 6월(외국에 주소를 둔 경우에는 9개월) 내에 사망자의 주소지 관할세무서에 증빙서류 및 상속재산목록과 상속재산가액에서 공제한 금액의 명세서를 관할 세무서장에게 제출하여야 한다.

(2) 연부연납

① 개념

상속세는 일시에 납부하는 것이 원칙이지만 납부할 상속세액이 2천만 원을 초과하는 경우에는 납세의무자의 사정과 편의를 위하여 납세의무자의 신청에 의하여 분할하여 납부할 수 있으며 세무서장의 허가를 받아 담보를 제공하여야 한다. 이것을 연부연납이라고 한다.

② 요건

㉠ 납세의무자는 담보를 제공해야 한다.

㉡ 연부연납금액에 대해 가산금(현재 연 1.8%)이 적용된다.

㉢ 연부연납은 세무서장의 허가를 받아야 한다.

㉣ 상속세 납부세액이 2천만 원을 초과하여야 한다.

③ 연부연납기간

구 분	연부연납기간
일반적인 경우	연부연납 허가일로부터 5년 이내
가업상속재산비율이 50% 미만	연부연납 허가 후 10년 또는 3년 거치후 7년
가업상속재산비율이 50% 이상	연부연납 허가 후 20년 또는 5년 거치후 15년

(3) 물납 및 분납

① 물납의 개념

상속세는 금전으로 납부하는 것이 원칙이나 상속재산 중 부동산과 유가증권의 가액이 많은 경우에 상속세를 금전으로만 납부하도록 요구한다면 상속세를 납부하기가 어려운 경우가 있다. 즉 상속을 받은 재산이 부동산과 유가증권이라면 부동산과 유가증권을 처분하여야 하고, 또 처분할 경우에도 쉽게 처분이 되지 않는 경우에 금전으로만 납부를 강요한다면 상속인은 불이익을 당하게 된다. 따라서 상속인에게 불이익을 주지 않기 위하여 일정한 요건을 갖춘 자에게 상속세를 현물로 내도록 허용하고 있다. 이것을 물납제도라고 한다.

② 요건

㉠ 상속재산 중 부동산과 유가증권의 가액이 상속재산가액의 1/2를 초과해야 한다.

㉡ 상속세 납부세액이 2,000만원을 초과하는 경우에 해당한다.

㉢ 상속받은 금융재산이 상속세 납부세액에 미달하여야 한다.

㉣ 물납신청은 세무서장의 허가를 받아야 한다.

③ **분납**

상속세 납부세액이 1천만 원을 초과하는 경우 납부기한 경과 후 다음 금액을 2개월 이내에 분납할 수 있다.

㉠ 납부할 세액이 2천만 원 이하일 경우 : 1천만 원을 초과하는 금액

㉡ 납부할 세액이 2천만 원 초과하는 경우 : 납부세액의 50% 이하의 금액

7. 상속세의 결정

(1) 결정기한

납세지 관할 세무서장은 과세표준 신고기한으로부터 6월(증여는 3월)이내에 상속세의 과세표준과 세액을 결정하여야 한다.

(2) 경정결정

세무서장 등은 상속세 과세표준 신고에 의하여 과세표준과 세액을 결정한다. 다만, 신고를 하지 아니하였거나 그 신고한 과세표준이나 세액에 탈루 또는 오류가 있는 경우에는 그 과세표준과 세액을 조사하여 결정한다.

(3) 고액상속인의 재산 사후관리

세무서장 등은 결정된 상속재산가액이 30억 원 이상인 경우로서 상속개시일로부터 5년 내에 상속인이 보유한 부동산, 주식 등의 주요재산의 가액이 상속개시 당시보다 현저히 증가한 경우에는 그 결정한 과세표준과 세액에 탈루 또는 오류가 있는지의 여부를 조사하여야 한다.

(4) 가산세

신고납부기한 내에 신고 및 납부를 하지 않으면 가산세가 부과된다.

① 무신고(과소신고) 가산세

신고기한 내에 신고를 하지 않거나 적게 신고한 경우에는 가산세가 부과된다.

㉠ 무신고 가산세 : 부당무신고 40%, 일반무신고 20%

㉡ 과소신고 가산세 : 부당과소신고 40%, 일반과소신고 10%

② 납부불성실가산세

미납부세액 혹은 미달 납부한 세액 × 미납 기간 × 25/100,000

(5) 경정 등의 청구 특례

상속세 과세표준 및 세액을 신고한 자 또는 상속세 과세표준 및 세액의 결정 또는 경정을 받은 자에게 다음에 해당하는 사유가 발생한 경우에는 그 사유가 발생한 날부터 6개월 이내에 결정이나 경정을 청구할 수 있다.

① 상속재산에 대한 상속회복청구소송 등의 사유로 상속개시일 현재 상속인 간에 상속

재산가액이 변동된 경우

② 상속개시 후 1년이 되는 날까지 상속재산의 수용 등의 사유로 상속재산의 가액이 크게 하락한 경우

③ 상속개시 후 1년이 되는 날까지 할증평가된 최대주주의 지분을 일괄매각함으로써 최대주주 등에 해당되지 않는 경우

제 2 절 증여세

1. 증여세의 의의

(1) 증여세의 의의

증여의 법률적 개념은 당사자 중 일방이 무상으로 재산을 상대방에게 수여하는 의사를 표시하고 상대방이 이를 승낙함으로서 그 효력이 생기는 것을 말한다. 이러한 증여에 의하여 취득하는 재산을 과세물건으로 하여 당해 재산을 증여받은 자에게 부과하는 조세를 증여세라 한다.

과거에는 법령에 열거된 경우만 증여세가 부과되었지만 법령에 열거하지 않더라도 증여와 유사한 경우에는 증여세를 부과하여 포괄주의를 채택하고 있다.

(2) 증여의 개념

'증여'란 그 행위 또는 거래의 명칭·형식·목적 등에 불구하고 경제적 가치를 계산할 수 있는 유·무형의 재산을 타인에게 직접 또는 간접적인 방법에 의하여 무상으로 이전(현저하게 저렴한 대가로 이전하는 경우 포함)하는 것 또는 타인의 기여에 의하여 재산의 가치가 증가(형질변경, 사업의 인·허가, 비상장주식의 상장 등)하는 것을 의미한다. 증여는 무상계약, 낙성계약, 불요식계약이다.

(3) 증여세의 유형

증여세는 상속세가 유산과세형을 채택하고 있는데 반해 증여세는 취득과세형을 채택하고 있다. 즉 수증자가 증여받은 재산가액에 대하여 증여세를 납부하여야 한다.

(4) 증여세의 과세대상

① 타인의 증여에 의하여 재산을 취득하는 자가 거주자인 경우에는 거주자가 증여받은 모든 증여재산

② 수증자가 비거주자인 경우에는 비거주자가 증여받은 재산 중 국내에 있는 모든 재산

③ 증여재산에 대하여 소득세법상 수증자에게 소득세가 부과되는 때에는 증여세를 부

과하지 않으나 타익신탁의 경우 과세된 소득세를 차감한 금액에 대하여 과세한다.

(5) 증여세 납세의무

① 원칙

수증자는 증여세를 납부할 의무가 있다. 다만 수증자가 증여일 현재 비거주자인 경우에는 국내에 있는 수증재산에 대하여만 증여세를 납부할 의무를 진다.

② 예외

수증자가 영리법인인 경우에는 수증재산에 대하여 법인세를 부담하기 때문에 증여세 납세의무가 없다.

③ 증여세 연대납세의무자

증여자는 다음의 경우에는 수증자가 납부할 증여세액에 대하여 연대납세의무를 진다.

㉠ 비거주자이거나 주소 또는 거소가 분명하지 아니한 경우로서 조세채권의 확보가 곤란한 경우

㉡ 증여세를 납부할 능력이 없다고 인정되는 경우로서 체납으로 인하여 체납처분을 하여도 조세채권의 확보가 곤란한 경우

다만, 다음에 해당하는 경우에는 위 ㉠, ㉡에 해당하지 않아도 증여자가 연대 납세의무를 진다.

㉢ 수증자가 비거주자인 경우

㉣ 권리의 이전이나 행사에 등기 등을 요하는 명의신탁재산(토지, 건물 제외)에 해당하는 경우

(6) 과세관할

① 증여세는 수증자의 주소지를 관할하는 세무서장 등이 과세한다.

② 수증자가 비거주자인 경우 또는 수증자의 주소 및 거소가 분명하지 아니한 경우에는 증여자의 주소지를 관할하는 세무서장 등이 과세한다.

③ 수증자와 증여자가 모두 비거주자인 경우 또는 수증자와 증여자의 주소 및 거소가 불명하지 아니한 경우에는 증여재산의 소재지를 관할하는 세무서장 등이 과세한다.

2. 증여세의 계산방법

[표 5-9] 증여세의 계산구조

<table>
<tr><th colspan="2">증여세의 계산구조</th></tr>
<tr><td>증여세 과세가액</td><td>(+) 재차증여재산가액
(+) 증여의제금액
(+) 명의신탁재산의 증여의제
(+) 증여추정금액
(-) 비과세증여재산
(-) 과세가액불산입재산
(-) 부담부증여시 채무인수액</td></tr>
<tr><td colspan="2">(-) 증여공제
(-) 재해손실공제</td></tr>
<tr><td colspan="2">(=) 증여세 과세표준</td></tr>
<tr><td colspan="2">(×) 세율 (10%~50%)</td></tr>
<tr><td colspan="2">(=) 증여세 산출세액</td></tr>
<tr><td>(-) 세액공제</td><td>징수유예금액
기납부세액공제
외국납부세액공제
신고세액공제</td></tr>
<tr><td colspan="2">(=) 증여세 신고납부세액</td></tr>
</table>

3. 증여세 과세가액

(1) 일반적인 증여의 경우

증여세 과세가액은 증여일 현재의 본래적 증여가액에 증여의제 및 증여추정에 의한 증여재산가액을 가산하고 당해 증여재산에 담보된 채무로서 수증자가 인수한 금액을 차감하여 계산한다.

(2) 합산배제 증여재산

① 전환이익

② 상장시세차익

③ 합병상장시세차익

④ 재산가치 증가분

⑤ 일감몰아주기 이익

(3) 재차증여재산가액

증여세 과세가액을 계산함에 있어서 당해 증여 전 10년 이내에 동일인으로부터 받은 증여가액의 합계액이 1천만 원 이상인 경우에는 그 가액을 증여세 과세가액에 가산한다.

(4) 증여의제가액

법률상의 증여의 경우에만 과세대상이 아니라 실질적으로 타인으로부터 경제적 이익의 수혜가 있거나 특수관계인 간의 거래 및 명의신탁 등을 증여로 의제하여 증여세 과세대상으로 한다.

① 신탁이익에 대한 증여의제

신탁계약에 의하여 위탁자가 타인을 신탁의 이익의 전부 또는 일부를 받을 수익자로 지정한 경우에는 다음에 규정하는 경우에 신탁의 이익을 받을 권리를 증여한 것으로 본다.

㉠ 원본의 이익을 받을 권리를 소유하게 한 경우에는 수익자가 그 원본을 받을 경우. 다만, 수회로 분할하여 받는 경우에는 최초에 그 일부를 받은 경우

㉡ 수익의 이익을 받을 권리를 소유하게 한 때에는 수익자가 그 수익을 받은 경우. 다만, 수회에 분할하여 받는 경우에는 최초에 그 일부를 받은 경우

② 보험금의 증여의제

생명보험, 손해보험의 경우 보험금 수취인과 보험료 불입자가 다른 경우에는 보험사고가 발생하였을 때 보험료 불입자가 보험금 상당액을 보험금 수취인에게 증여한 것으로 본다. 이때 불입 보험료 중 일부를 보험금 수취인이 불입하였다면 보험금에서 불입한 보험료 총합계액 중 보험금 수취인이 아닌 자가 불입한 보험료액의 점유비율에 상당하는 금액만 증여재산가액으로 한다.

또한 보험계약기간 안에 보험금 수취인이 재산을 증여받아 보험료를 납부한 경우에는 그 보험료 납부액에 대한 보험금 상당액에서 당해 보험료 납부액을 차감한 가액을 보험금 수취인의 증여재산가액으로 한다.

$$\text{증여의제로 보는 보험금} = \text{보험금} \times \frac{\text{보험금수취인이 아닌 자가 불입한 보험료액}}{\text{불입보험료총합계액}}$$

③ 저가, 고가양도 시 증여의제

당해 재산을 양수 또는 양도할 때에 그 대가와 시가와의 차액에 상당하는 금액을 증여받은 것으로 본다. 즉, 특수관계에 있는 자로부터 시가보다 낮은 가격으로 재산을 양수하거나 특수관계에 있는 자에게 시가보다 높은 가격으로 재산을 양도하는 경우에는 일정한 이익에 상당하는 금액을 증여재산가액으로 한다.

㉠ 특수관계자 간의 거래

시가와의 차액이 시가의 30%이상이거나 그 차액이 3억 원 이상인 경우에는 다음의 금액을 양수자 또는 양도자의 증여재산가액으로 한다.

㉮ 저가양수 : 증여재산가액 = (시가 - 양수대가) - MIN[시가의 30%, 3억 원] ㉯ 고가양도 : 증여재산가액 = (양도대가 - 시가) - MIN[시가의 30%, 3억 원]

㉡ 특수관계자 아닌 자와의 거래

정당한 사유없이 시가보다 현저히 낮은 가액 또는 현저히 높은 가액(시가의 30% 이상)으로 재산을 양수 또는 양도한 경우에는 다음의 금액을 양수자 또는 양도자의 증여재산가액을 추정한다.

㉮ 저가양수 증여추정액 = (시가 - 양수대가) - 3억 원 ㉯ 고가양도 증여추정액 = (양도대가 - 시가) - 3억 원

④ 부동산 무상사용 권리의 증여의제

특수관계자의 부동산을 무상으로 사용함에 따라 부동산 무상사용이익(1억 원 이상인 경우에 한함)을 얻은 경우에는 해당 이익에 상당하는 금액을 부동산 무상사용자의 증여재산가액으로 한다. 이 경우 해당 부동산에 대한 무상사용기간은 5년으로 하고, 무상사용기간이 5년을 초과하게 되면 5년이 되는 날의 다음날에 새로이 무상사용을 개시한 것으로 본다. 단, 사업자인 토지소유자에게 당해 토지를 무상으로 사용하는 데에 대하여 소득세가 부과되는 경우에는 증여세를 부과하지 아니한다.

㉠ 토지의 무상사용이익 = 토지의 가액 × 2% × 5년(1억 원 이상의 경우만 해당)

㉡ 토지무상사용권리의 증여의제 사례

㉮ 특수관계에 있는 자의 토지 위에 건물을 신축 또는 증축하여 사용한 경우

㉯ 건물과 부수토지를 함께 소유하고 있는 특수관계에 있는 자로부터 건물만을 매

입하여 사용하는 경우

㉰ 타인으로부터 특수관계에 있는 자와 같이 토지와 건물을 각각 매입하는 경우로서 그 중 건물만을 매입하여 사용하는 경우

㉱ 건물과 그 건물이 속한 토지의 소유자가 다른 경우로서 건물의 소유자가 당해 토지를 유상으로 사용하다가 무상으로 사용하는 경우

⑤ 비상장주식의 상장에 따른 증여

비상장기업의 최대주주가 그 기업의 내부정보를 이용해 상장이 추진 중인 비상장주식을 자녀 등 특수관계가 있는 자에게 미리 증여하여 상장에 따른 시세차익을 얻은 경우 비상장주식의 상장에 따른 증여가 적용된다. 해당 주식 등의 상장일로부터 3개월이 되는 시점의 실제주식가액과 당초 증여가액을 비교하여 30%이상 차이가 나거나 3억 원 이상 차이가 발생하는 경우 그 차액에 대하여 증여세를 과세한다.

⑥ 금전무상대부 등에 따른 이익의 증여

타인으로부터 1억 원 이상의 금전을 무상 또는 적정이자율보다 낮은 이자율로 대부받은 경우에는 그 금전을 대부받은 날에 다음의 금액을 증여받은 것으로 본다. 이 경우 대부기간이 정하여지지 않은 경우에는 대부기간을 1년으로 보고, 대부기간이 1년 이상인 경우에는 1년이 되는 날의 다음 날에 매년 새로이 증여받은 것으로 보아 증여금액을 계산한다.

㉠ 무상으로 대부받은 경우 : 대부금액 × 대부기간 × 적정이자율 ㉡ 적정이자율보다 낮은 이자율로 대부받은 경우 : (대부금액 × 대부기간 × 적정이자율) − 실제지급한 이자상당액

⑦ 채무면제이익에 따른 이익의 증여

채권자로부터 채무의 면제를 받거나 제3자로부터 채무의 인수 또는 변제를 받은 자는 당해 채무를 면제, 인수 또는 변제를 받은 경우에 그 면제, 인수 또는 변제로 인한 이익에 상당하는 금액을 증여받은 것으로 본다.

⑧ 합병에 따른 이익의 증여

특수관계에 있는 법인 간의 합병(분할합병을 포함)으로 소멸하거나 흡수되는 법인 또는 신설되거나 존속하는 법인의 대통령령으로 정하는 대주주 등이 합병으로 인하여 이익을 얻은 경우에는 그 합병등기일을 증여일로 하여 그 이익에 상당하는 금액을 그 대주주 등의 증여재산가액으로 한다(상증법 제38조). 다만, 이러한 합병 시의 증여의제는 1주당

시세차익이 합병법인의 1주당 평가가액의 30% 이상이거나 증여의제금액이 3억 원 이상인 경우에 한하여 적용한다.

⑨ 증자에 따른 이익의 증여

법인이 자본금(출자액을 포함한다. 이하 같다)을 증가시키기 위하여 신주(新株)를 발행함으로써 다음 각 호의 어느 하나에 해당하는 이익을 얻은 경우에는 주식대금 납입일 등 대통령령으로 정하는 날을 증여일로 하여 그 이익에 상당하는 금액을 그 이익을 얻은 자의 증여재산가액으로 한다(상증법 제39조).

㉠ 신주를 시가보다 낮은 가액으로 발행하는 경우: 다음 각 목의 어느 하나에 해당하는 이익

㉮ 해당 법인의 주주 등이 신주인수권의 전부 또는 일부를 포기한 경우로서 해당 법인이 그 포기한 신주(실권주)를 배정하는 경우에는 그 실권주를 배정받은 자가 실권주를 배정받음으로써 얻은 이익

㉯ 해당 법인의 주주등이 신주인수권의 전부 또는 일부를 포기한 경우로서 해당 법인이 실권주를 배정하지 아니한 경우에는 그 신주인수를 포기한 자의 특수관계인이 신주를 인수함으로써 얻은 이익

㉰ 해당 법인의 주주등이 아닌 자가 해당 법인으로부터 신주를 직접 배정받음으로써 얻은 이익

㉱ 해당 법인의 주주등이 소유한 주식등의 수에 비례하여 균등한 조건으로 배정받을 수 있는 수를 초과하여 신주를 직접 배정받음으로써 얻은 이익

㉡ 신주를 시가보다 높은 가액으로 발행하는 경우: 다음 각 목의 어느 하나에 해당하는 이익

㉮ 해당 법인의 주주 등이 신주인수권의 전부 또는 일부를 포기한 경우로서 해당 법인이 실권주를 배정하는 경우에는 그 실권주를 배정받은 자가 그 실권주를 인수함으로써 그의 특수관계인에 해당하는 신주인수 포기자가 얻은 이익

㉯ 해당 법인의 주주 등이 신주인수권의 전부 또는 일부를 포기한 경우로서 해당 법인이 실권주를 배정하지 아니한 경우에는 그 신주를 인수함으로써 그의 특수관계인에 해당하는 신주인수 포기자가 얻은 이익

㉰ 해당 법인의 주주 등이 아닌 자가 해당 법인으로부터 신주를 직접 배정받아 인수함으로써 그의 특수관계인인 주주 등이 얻은 이익

㉱ 해당 법인의 주주 등이 소유한 주식 등의 수에 비례하여 균등한 조건으로 배정

받을 수 있는 수를 초과하여 신주를 직접 배정받아 인수함으로써 그의 특수관계인인 주주 등이 얻은 이익

㉢ 위 ㉠과 ㉡을 적용할 때 「상법」 제346조에 따른 종류주식을 발행한 경우: 발행 이후 다른 종류의 주식으로 전환함에 따라 얻은 다음 각 목의 구분에 따른 이익

㉮ 전환주식을 시가보다 낮은 가액으로 발행한 경우: 교부받았거나 교부받을 주식의 가액이 전환주식 발행 당시 전환주식의 가액을 초과함으로써 그 주식을 교부받은 자가 얻은 이익

㉯ 전환주식을 시가보다 높은 가액으로 발행한 경우: 교부받았거나 교부받을 주식의 가액이 전환주식 발행 당시 전환주식의 가액보다 낮아짐으로써 그 주식을 교부받은 자의 특수관계인이 얻은 이익

⑩ 감자에 따른 이익의 증여

법인이 자본 또는 출자액을 감소시키기 위하여 주식 또는 지분을 소각하는 경우로서 일부 주주의 주식 또는 지분을 소각함으로 인하여 이익을 얻은 경우에는 감자(減資)를 위한 주주총회 결의일을 증여일로 하여 그 이익에 상당하는 금액을 그 이익을 얻은 자의 증여재산가액으로 한다. 이와 같이 일부 주주들만의 주식을 소각하면서 지불한 금액이 감자한 주식의 1주당 평가액보다 낮은 경우에는 나머지 주주에게 그 차액만큼 이익을 분배한 결과가 되기 때문이다.

다만, 감자에 따른 이익의 증여의제는 (감자한 주식 1주당 평가액-주식소각 시 지급한 1주당 금액)이 감자한 주식 1주당 평가액의 30% 이상 차이가 있거나 그 차액이 3억 원 이상인 경우에 한하여 적용한다.

㉠ 주식 등을 시가보다 낮은 대가로 소각한 경우 : 주식 등을 소각한 주주 등의 특수관계인에 해당하는 대주주 등이 얻은 이익

㉡ 주식 등을 시가보다 높은 대가로 소각한 경우 : 대주주 등의 특수관계인에 해당하는 주식 등을 소각한 주주 등이 얻은 이익

⑪ 현물출자에 따른 이익의 증여

현물출자 시에 주식을 시가보다 낮은 가액으로 인수함에 따라 현물출자자가 이익을 얻은 경우나 주식을 시가보다 높은 가액으로 인수함에 따라 현물출자자와 특수관계에 있는 현물출자자 외의 주주가 현저한 이익을 얻는 경우 현물출자에 따른 이익의 증여로 본다.

⑫ 전환사채 등의 주식전환에 따른 이익의 증여

특수관계에 있는 자로부터 전환사채를 취득한 경우로서 당해 전환사채의 취득가액과 전환사채를 주식으로 전환하여 교부받은 주식가액과의 차액에 대하여는 그 차액에 상당하는 다음의 금액을 그 특수관계에 있는 자로부터 증여받은 것으로 본다.

$$\text{증여의제액} = \left(\text{주식 1주당가액} \times \frac{\text{주식으로 전환할 수 있는 전환사채의 총액면가액}}{\text{주식 1주당 전환기준가격}}\right) - \text{전환사채의 취득가액}$$

아래의 경우에는 당해 이익에 해당하는 금액을 신종사채를 발행한 법인의 지배주주 등 또는 특수관계에 있는 자로부터 증여받은 것으로 본다. 신종사채를 다음과 같이 인수·취득·양도하는 경우로서 당해 신종사채의 인수·취득·양도가액과 신종사채를 전환·인수·교환하여 교부받을 주식가액과의 차액에 상당하는 금액을 신종사채 취득, 양도일에 최대주주 등 또는 특수관계자로부터 증여받은 것으로 본다.

㉠ 당해 법인의 주주가 아닌 자로서 최대주주 등에 해당하거나 그와 특수관계에 있는 자

㉡ 당해 법인의 주주로서 최대주주 등에 해당하거나 그와 특수관계에 있는 자

㉢ 신종사채를 특수관계에 있는 자로부터 취득한 경우로서 신종사채를 취득한 자가 이익을 얻는 경우

⑬ 특정법인과의 거래를 통한 이익의 증여

특정법인의 주주 또는 출자자와 특수관계에 있는 자가 당해 법인에게 재산을 증여하거나 다음의 재산의 증여 등을 통하여 당해 특정법인의 주주 또는 출자자에게 나누어 준 이익에 대하여는 그 이익에 상당하는 금액을 당해 특정법인의 주주 또는 출자자가 그 특수관계에 있는 자로부터 증여받은 것으로 본다.

㉠ 재산 또는 용역을 무상 제공하는 거래

㉡ 재산 또는 용역을 통상적인 거래관행에 비추어 볼 때 현저히 낮은 대가로 양도, 제공하는 거래

㉢ 재산 또는 용역을 통상적인 거래관행에 비추어 볼 때 현저히 높은 대가로 양도, 제공받는 거래

㉣ 기타와 유사한 거래

⑭ 합병에 따른 상장 등 이익의 증여

비상장주식을 증여받거나 취득한 후 5년 이내에 해당 법인이 특수관계에 있는 주권상장법인 또는 코스닥상장법인과 합병됨에 따라 그 가액이 증가되어 당초 주식 등을 증여받거나 유상으로 취득한 특수관계자가 현저한 이익을 얻은 경우에는 그 시세차익을 증여받은 것으로 본다. 다만, 합병한 주식 1주당 평가액의 30% 이상 차이가 있거나 그 차액이 5억원 이상인 경우에 한하여 적용한다.

⑮ 기타이익의 증여

㉠ 재산사용 : 타인으로부터 무상 또는 시가보다 낮은 대가를 지급하거나 타인에게 시가보다 높은 대가를 지급받고 1억 원 이상인 재산(부동산과 금전 제외)을 사용하거나 사용하게 함으로써 얻은 이익을 재산사용에 따른 증여로 본다.

㉡ 용역제공 : 타인으로부터 무상 또는 시가보다 낮은 대가를 지급하고 용역(통상 대가가 1천만 원 이상인 경우)을 제공받거나 타인에게 시가보다 높은 대가를 지급받고 용역을 제공받음으로써 얻은 이익을 용역제공에 따른 증여로 본다.

㉢ 자본거래 : 출자·감자 및 합병·분할·전환사채의 전환 등 법인의 자본을 증가시키거나 감소시키는 거래로 인하여 얻은 이익 또는 사업양수도·사업교환 및 법인의 조직변경 등에 의하여 소유지분 또는 그 가액이 변동됨에 따라 얻은 이익을 자본거래에 따른 증여로 본다.

㉣ 타인의 기여에 의한 재산가치 증가 : 미성년자 등 자기의 계산으로 해당 행위를 할 수 없다고 인정되는 자가 재산 취득 후 5년 내에 개발사업의 시행, 공유물분할, 사업의 인·허가, 주식·출자지분의 상장 및 합병 등 재산가치 증가사유로 인하여 해당 재산가치의 증가에 따른 이익을 타인의 기여에 의한 재산가치 증가의 증여로 본다.

(5) 명의신탁재산의 증여의제

명의신탁이란 본인이 실질적인 소유권을 가지면서 등기부 등의 공부상 명의를 타인으로 하는 것을 말한다. 권리의 이전이나 그 행사에 등기, 등록, 명의개서 등을 요하는 재산에 있어서 실질소유자와 명의자가 다른 경우에는 실질과세의 원칙의 규정에 불구하고 그 명의자로 등기 등을 한 날에 실질소유자로부터 증여 받은 것으로 본다.

㉠ 토지와 건물은 부동산실명제에 의하여 과징금이 부과됨으로 증여의제의 대상이 되지 않는다.

ⓛ 부동산을 제외한 특허권, 상표권 등의 무체재산권과 자동차, 항공기, 주식, 채권 등에 대하여만 적용된다.

(6) 특수관계법인 간 일감몰아주기에 따른 이익의 증여의제

계열사 등 특수관계법인을 이용하여 일감을 몰아주는 방법으로 특수관계법인의 주주 등에게 세부담없이 부당하게 부를 이전시키는 일이 발생하였다. 수혜법인의 매출거래를 기준으로 지배주주와 특수관계법인과의 정상거래비율(일반기업은 30%, 중견기업은 40%, 중소기업은 50%)을 초과하는 경우 그 수혜법인의 지배주주와 친족이 일정액을 증여받은 것으로 한다. 이는 특수관계법인간 일감몰아주기에 따른 이익을 증여로 보아 대주주에 대하여 증여세를 과세하기 위함이다.

① 일반 법인의 증여의제이익

수혜법인의 세후영업이익 × 5%를 초과하는 특수관계법인거래비율 × 주식보유비율

② 중소기업 증여의제이익

수혜법인의 세후영업이익 × 정상거래비율을 초과하는 특수관계법인거래비율 × 한계보유비율을 초과하는 주식보유비율

③ 중견기업 증여의제이익

수혜법인의 세후영업이익 × 정상거래비율의 50%를 초과하는 특수관계법인거래비율 × 한계보유비율의 50%를 초과하는 주식보유비율

(7) 증여추정금액

타인에게 재산을 증여하였을 것이라고 추정할 수 있는 상황이 존재하는 경우에 납세의무자의 반증이 없으면 증여세를 과세하게 되는 것이 증여추정금액이다. 증여의제는 납세의무자가 반증을 제기할 수 없으나 증여추정의 경우에는 단지 증여가 있을 것이라고 추정하는 것이므로 납세의무자가 증여가 없었음을 입증하면 증여세를 과세하지 않는다.

[표 5-10] 증여추정 배제기준금액

구분	취득재산		채무상환	총액한도
	주택	기타재산		
세대주인 경우 - 30세 이상인 자 - 40세 이상인 자	 2억 원 4억 원	 5천만 원 1억 원	 5천만 원 5천만 원	 2억 5천만 원 5억 원
세대주가 아닌 경우 - 30세 이상인 자 - 40세 이상인 자	 1억 원 2억 원	 5천만 원 1억 원	 5천만 원 5천만 원	 1억 5천만 원 3억 원
30세 미만인 자	5천만 원	3천만 원	3천만 원	8천만 원

① 배우자 등에 대한 양도시의 증여추정

배우자 또는 직계존비속에게 매매 등의 형태로 양도한 재산은 양도자가 당해 재산을 양도한 때에 그 재산의 가액을 그 양수자에게 증여한 것으로 추정한다.

② 우회양도시의 증여추정(배우자 등에 대한 양도 시)

특수관계자 등에 양도한 재산을 3년 이내 당초 양도자의 배우자 등에게 재양도하는 경우에 양도 당시의 재산가액을 당초 양도자가 그의 배우자 또는 직계존비속에게 직접 증여한 것으로 추정한다. 다만, 당초 양도자 및 양수자가 부담한 양도소득세액의 합계액이 배우자 등에 대한 증여세액보다 큰 경우 증여로 추정하지 않는다.

③ 재산취득자금 등의 증여추정

직업, 연령, 소득 및 재산 상태로 보아 재산을 자력으로 취득하였거나 채무를 자력으로 상환하였다고 인정하기 어려운 경우로서 취득 또는 상환자금의 출처가 입증되지 아니한 경우에는 당해 재산을 취득하거나 당해 채무를 상환하는 때에 당해 재산의 취득자 또는 당해 채무의 상환자가 다른 자로부터 취득 또는 상환자금을 증여받은 것으로 추정한다.

④ 증여추정의 예외

㉠ 법원의 결정으로 경매절차에 의하여 처분된 때

㉡ 파산선고로 인하여 처분된 때

㉢ 국세징수법에 의하여 공매된 때

㉣ 한국거래소를 통하여 유가증권이 처분된 때

㉤ 대가를 지급하고 양도된 사실이 명백히 인정되는 때

(8) 비과세 증여재산

① 국가나 지방자치단체로부터 증여받은 재산의 가액 또는 국가나 지방자치단체가 증

여받은 재산의 가액

② 정당, 사내 근로복지기금 및 근로복지진흥기금이 증여 받은 재산가액

③ 장애인을 수취인으로 하는 연간 4천만 원 이하의 보험금

④ 사회통념상 인정되는 이재구호금품, 치료비, 생활비, 교육비, 장학금, 축의금 등

(9) 과세가액 불산입

① 공익법인 등이 출연받은 재산

공익법인 등이 출연받은 재산의 가액은 증여세 과세가액에 산입하지 아니한다. 다만, 공익법인 등이 내국법인의 주식 등을 출연받은 경우로서 출연받은 주식 등과 다음의 주식을 합한 것이 당해 법인의 의결권 있는 발행주식 총수 등의 5%(성실공익법인은 10%)를 초과하는 경우에는 당해 초과분은 증여세를 과세한다.

㉠ 출연자가 출연할 당시 당해 공익법인 등이 보유하고 있는 동일한 내국법인의 주식 등

㉡ 출연자 및 그와 특수관계에 있는 자가 당해 공익법인 등의 다른 공익법인 등에 출연한 동일한 내국법인의 주식 등

② 공익신탁재산

증여재산 중 증여자가 공익신탁을 통하여 공익법인 등에 출연하는 재산의 가액은 증여세 과세가액에 산입하지 아니한다.

③ 장애인의 증여받은 재산

장애인이 그 직계존비속과 친족으로부터 신탁업법에 의한 신탁회사에 신탁이 가능한 금전, 유가증권, 부동산 등을 증여받은 경우로서 증여세 신고기한 이내에 다음의 요건을 모두 갖춘 때에는 당해 증여받은 재산가액을 증여세과세가액에 산입하지 아니한다.

㉠ 증여받은 재산의 전부를 신탁업법에 의한 신탁회사에 신탁할 것

㉡ 한도는 5억원으로 신탁재산은 금전 · 유가증권 · 부동산일 것

㉢ 당해 장애인이 신탁의 이익의 전부를 받는 수익자일 것

㉣ 신탁기간이 당해 장애인이 사망할 때까지로 되어 있을 것. 다만, 신탁기간이 장애인의 사망 전에 만료되는 경우에는 신탁기간을 장애인이 사망할 때까지 계속 연장하여야 한다.

(10) 부담부증여시 채무인수가액

부담부증여란 수증자가 증여를 받는 동시에 일정한 책임을 부담하는 증여방식을 말한다. 증여세는 증여받을 당시의 증여재산가액을 과세대상금액으로 하는데 증여자의 채무가 담보된 재산을 증여받는 경우에 그 채무를 수증자가 부담하기로 할 때 증여재산가액에서 수증자가 인수한 채무가액을 공제해 준다. 다만 배우자나 직계존비속에게 증여해 주고 배우자나 직계존비속이 증여자의 채무를 인수하기로 약정한 경우의 해당 채무액은 증여재산가액에서 공제되지 않는다.(객관적 거래증빙으로 확인된 경우 공제 가능)

4. 증여로 보지 않는 경우

(1) 증여재산의 반환

① 증여를 받은 후 증여받은 재산(금전 제외)을 당사자의 합의에 의하여 증여세 신고기간 내에 반환하는 경우(반환 전에 과세표준과 세액의 결정을 받은 경우 제외)에는 당초의 증여와 반환 모두 증여로 보지 않는다.

② 수증자가 증여받은 재산(금전 제외)을 3개월 이내에 반환하거나 재증여하는 경우에는 반환하거나 재증여하는 것을 증여로 보지 않는다.

[표 5-11] 증여재산 반환 시 증여여부

구 분	당초 증여	반환 또는 재증여
신고기한(3개월)이내 반환	증여 아님	증여 아님
신고기한 경과 후 3개월 내 반환	증여	증여 아님
신고기한 경과 후 3개월 후 반환	증여	증여

증여재산이 금전이라면 당초 증여 및 반환 모두 과세대상이 된다. 왜냐하면 금전의 경우 등기 및 등록을 요하는 것이 아니기 때문에 증여자에게 당초 증여한 것을 그대로 반환하는 것인지 여부를 확인하기 어렵기 때문이다.

(2) 사인증여(死因贈與)

증여자의 사망으로 인하여 효력이 발생하는 사인증여에 대하여는 상속세가 과세됨으로 증여세는 과세되지 않는다.

(3) 상속재산의 협의분할

상속재산을 상속인이 협의분할하는 경우에는 법정상속분을 초과하여 재산을 취득하는 경우에도 그 초과분을 증여로 보지 않는다. 그러나 상속재산에 대하여 등기 · 등록 · 명의개서 등에 의하여 각 상속인의 상속분이 확정되어 등기 등의 된 후 그 상속재산에 대하여 공동상속인 사이의 협의에 의해 재분할에 이루어지는 경우에 특정상속인이 당초 상속분을 초과하여 취득하는 재산가액은 해당 분할에 의하여 상속분이 감소된 상속인으로부터 증여받은 재산에 포함한다. 그러나 상속세과세표준 신고기한 이내에 재분할에 의하여 당초 상속분을 초과하여 취득한 경우와 당초 상속재산의 재분할에 대하여 무효 또는 취소 등의 사유가 있는 경우에도 증여로 보지 않는다.

(4) 위자료로 받은 재산

(5) 민법에 의한 재산분할청구권의 행사에 의한 재산의 분할

(6) 취득원인무효에 의한 권리말소

5. 증여세 과세표준

일반적인 증여재산에 대한 증여세 과세표준은 증여세 과세가액에서 증여공제와 재해손실공제를 차감하여 계산한다. 과세표준이 50만 원 미만인 경우에는 증여세를 과세하지 않는다.

증여세 과세표준 = 증여세 과세가액 – 증여공제 – 재해손실공제

(1) 증여재산공제

거주자가 다음에 해당하는 자로부터 증여를 받는 경우 해당 금액을 증여세 과세가액에서 공제한다. 증여재산공제액은 10년간 합산하여 계산하며 2이상의 증여가 증여시기를 달리하는 경우에는 둘 이상의 증여 중 최초의 증여세과세가액에서부터 순차로 공제하고 둘 이상의 증여가 동시에 있는 경우에는 각각의 증여세과세가액에 대하여 안분하여 공제한다.

① 배우자로부터 증여를 받은 때 : 6억 원

② 직계존비속으로부터 증여를 받은 때 : 5천만 원(미성년자는 2천만 원)

③ 6촌 이내의 혈족, 4촌 이내의 인척으로부터 증여받은 때 : 1천만 원

따라서 친족이 아닌 자로부터 증여를 받은 때에는 증여재산공제가 없다.

(2) 재해손실공제

증여세과세표준 신고기한 이내에 화재, 붕괴, 폭발 등의 재난으로 인하여 증여재산이 멸실, 훼손된 경우에는 그 손실가액을 증여세과세가액에서 공제한다.

6. 세율과 세액공제

(1) 증여세 산출세액

증여세 산출세액 = 증여세 과세표준 × 세율
차감납부할 세액 = 증여세 산출세액 - 징수유예금액 - 기납부세액공제 - 외국납부세액공제 - 신고세액공제

(2) 세율

상속세와 동일한 세율을 적용한다(10%~50%, 초과누진세율).

[표 5-12] 증여세의 세율

과세표준	세 율
1억 원 이하	과세표준의 10/100
1억 원 초과 5억 원 이하	1천만 원 + 1억 원을 초과하는 금액의 20/100
5억 원 초과 10억 원 이하	9천만 원 + 5억 원을 초과하는 금액의 30/100
10억 원 초과 30억 원 이하	2억4천만 원 + 10억 원을 초과하는 금액의 40/100
30억 원 초과	10억4천만 원 + 30억 원을 초과하는 금액의 50/100

(3) 징수유예금액

다음의 재산이 포함되어 있는 경우에는 증여세액의 징수를 유예한다.

① 문화재보호법에 의한 문화재자료

② 박물관 및 미술관진흥법의 규정에 의하여 등록한 박물관자료 또는 미술관자료로서 박물관 또는 미술관에 전시 또는 보존 중에 있는 것

단, 위 재산을 증여받은 수증자가 이를 유상으로 양도하거나 인출하는 경우에는 납세지 관할 세무서장은 즉시 그 징수 유예한 증여를 징수하여야 한다.

(4) 세액공제

① 기납부세액공제

재차증여에 의하여 증여세과세가액에 가산한 증여재산의 가액에 대하여 납부하였거나 납부할 증여세액은 증여세산출세액에서 공제한다. 다만, 증여세과세가액에 가산하는 증여재산에 대해 국세부과의 제척기간의 만료로 인해 증여세가 부과되지 아니하는 경우에는 제외된다.

$$\text{공제세액한도액} = \text{증여세 산출세액} \times \frac{\text{가산한 증여재산에 대한 과세표준}}{\text{당해 증여재산가액에 대한 과세표준} + \text{가산한 증여재산가액}}$$

② 외국납부세액공제

거주자가 타인의 증여에 의하여 재산을 취득하는 경우에는 외국에 있는 증여재산에 대하여 외국의 법령에 의하여 증여세를 부과 받은 경우에는 그 부과 받은 증여세에 상당하는 금액을 증여세산출세액에서 공제한다.

$$\text{외국납부세액공제} = \text{증여세산출세액} \times \frac{\text{당해 외국법령에 의한 증여세과세표준}}{\text{증여세 과세표준}}$$

(5) 과세최저한

증여세의 과세표준이 50만원 미만인 경우 증여세를 부과하지 아니한다.

(6) 세대생략 할증과세

세대를 건너뛴 증여재산에 대해 30%을 할증과세를 적용한다. 단, 수증자가 미성년자이고 증여재산가액이 20억원을 초과할 경우 40%의 세율이 적용된다.

7. 증여의 취득시기

증여재산의 취득시기는 증여재산의 종류에 따라 다르다. 원칙적으로 권리이전에 등기, 등록을 필요로 하는 재산의 경우는 등기, 등록일(등기접수일)로 하고, 그 이외의 동산은 인도 받은 날로 한다.

[표 5-13] 증여재산의 취득시기

재산의 종류	취득시기
부동산	· 소유권 이전등기일 · 건물의 사용승인서 교부일(신축 건물의 경우)
무기명채권	· 이자지급사실 등으로 취득사실이 객관적으로 확인되는 날. 단, 취득일이 불분명한 때에는 당해 채권의 이자지급을 청구한 날이나 당해 채권의 상환을 청구한 날
주식	· 배당금 지급이나 주주권행사 등으로 인도사실이 확인되는 날. 단, 인도사실이 불명한 경우 그 명의개서일
자동차, 선박, 중기	· 등록일
상표권, 특허권, 실용신안권	· 등록일
그 밖의 동산	· 인도 또는 점유일

8. 신고 및 납부

(1) 신고

수증자는 증여일로부터 3개월 안에 주소지 관할 세무서장에게 증여세를 신고하여야 한다.

(2) 자진납부

증여세산출세액에서 기납부세액공제, 외국납부세액공제, 징수유예세액, 연부연납신청금액, 물납신청금액을 공제하여 증여세 신고기간 내(증여받은 날로부터 3월 이내)에 자진납부하여야 한다.

(3) 연부연납

증여세납부세액이 2천만 원을 초과하는 경우에 관할 세무서장의 허가를 받아 연부연납을 신청할 수 있다. 연부연납기간은 5년 이내이고 이자상당액의 계산 등은 상속세의 연부연납을 준한다.

(4) 물납제도

납세지 관할 세무서장은 증여받은 재산 중 부동산과 유가증권의 가액이 당해 재산가액의 50%를 초과하고 증여세납부세액이 2천만 원을 초과하는 경우에 납세의무자의 신청을 받아 당해 부동산과 유가증권에 한하여 물납을 허가한다.

(5) 결정과 경정

납세지 관할 세무서장은 과세표준신고기한으로부터 3개월 이내에 증여세의 과세표준과 세액을 결정하여야 하며, 이렇게 결정한 과세표준과 세액을 수증자에게 통지하여야 한다.

(6) 가산세

신고납부기한 내에 신고 및 납부를 하지 않으면 가산세가 부과된다. 상속세와 동일하다.

① 무신고(과소신고) 가산세

신고기한 내에 신고를 하지 않거나 적게 신고한 경우에는 가산세가 부과된다.

㉠ 무신고 가산세 : 부당무신고 40%, 일반무신고 20%

㉡ 과소신고 가산세 : 부당과소신고 40%, 일반과소신고 10%

② 납부불성실가산세

미납부세액 혹은 미달 납부한 세액 × 미납 기간 × 3/10,000

(7) 경정청구의 특례

증여세 과세표준 및 세액을 신고한 자 또는 증여세 과세표준 및 세액의 결정 또는 경정을 받은 자에게 다음 중 어느 하나에 해당하는 경우에는 그 사유가 발생한 날부터 3개월 이내에 결정 또는 경정을 청구할 수 있다.

① 증여세를 결정 또는 경정받은 자가 부동산 무상사용기간 중 부동산 소유자로부터 해당 부동산을 상속 또는 증여받거나 해당 부동산을 무상으로 사용하지 아니하게 되는 경우

② 증여세를 결정 또는 경정받은 자가 대부기간 중에 대부자로부터 해당 금전을 상속 또는 증여받거나 해당 금전을 무상으로 또는 적정이자율보다 낮은 이자율로 대부받지 아니하게 되는 경우

9. 증여세의 결정

납세지 관할 세무서장은 과세표준 신고기한으로부터 3월 이내에 증여세의 과세표준과 세액을 결정하여야 하며 이렇게 결정한 과세표준과 세액을 수증자에게 통지하여야 한다.

10. 상속재산 · 증여재산의 평가

(1) 원칙

상속 및 증여재산의 평가 원칙은 시가평가이다. 상속개시일 또는 증여일(평가기준일) 현재의 시가에 의한다. 여기서 시가란 불특정 다수인 사이에 자유롭게 거래가 이루어지는 경우 성립되어 인정되는 금액을 말한다.

(2) 시가로 인정하는 경우

평가기준일 전후 6개월(증여재산의 경우 3개월)내에 다음의 가액이 있다면 이를 시가로 인정한다.

① 해당 재산에 대한 매매사실이 있는 경우 그 거래가액

② 해당 재산에 대한 2이상의 감정평가기관의 감정이 있는 경우 감정가액의 평균액

③ 해당 재산에 대한 수용, 경매, 공매 등이 있는 경우 그 보상 · 경매 · 공매가액

(3) 보충적 평가방법

시가를 알 수 없는 경우에는 다음의 가액을 보충적으로 적용할 수 있다.

① 토지 : 개별공시지가

② 건물 : 국세청장 고시가액

③ 주택 : 국토교통부 또는 시 · 군 · 구 고시가액

④ 상장주식(코스닥주식) : 평가기준일 전 · 후 2개월간의 한국거래소 종가평균액

⑤ 비상장주식(1주당 평가액)

㉠ 일반 법인의 경우 : (1주당 순손익가치 × 3 + 1주당 순자산가치 × 2) / 5

㉡ 부동산 과다보유 법인(자산가액 중 부동산 및 부동산에 관한 권리의 가액이 50% 이상인 법인) : (1주당 순손익가치 × 2 + 1주당 순자산가치 × 3) / 5

⑥ 주식 및 출자지분의 평가특례

㉠ 최대주주 및 특수관계인이 보유한 주식은 평가액의 20%(중소기업 주식 10%), 지분율 50%를 초과하는 최대주주 등 30%(중소기업 주식 15%)를 가산.

㉡ 금융재산공제 시 최대주주의 주식은 공제대상에서 제외

⑦ 매입한 무체재산권 : 매입가액 - 법인세법상 감가상각비 상당액

⑧ 저당권 등이 설정된 재산 : MAX[평가기준일 당시의 시가(보충적 평가방법에 의한 평가액), 당해 재산이 담보하는 채권액 등]

제3절 증권거래세

1. 과세대상

주권이나 지분의 양도를 과세대상으로 한다. 단, 외국의 증권거래소에 상장된 주권이나 지분을 양도하거나 외국증권시장에 상장하기 위하여 주권이나 지분을 양도하는 경우에는 제외한다.

2. 증권거래세의 납세의무자

증권거래세의 납세의무자는 주권, 지분, 주권으로 보는 것의 거래 유형에 따라 아래와 같이 구분한다.

[표 5-14] 증권거래세의 납세의무자

구 분	납세의무자
① 장내 또는 장외거래에서 양도되는 주권을 계좌 간 대체로 매매결제하는 경우	당해 대체결제회사(한국예탁결제원)
② ① 외에 금융투자업자를 통해 주권 등을 양도하는 경우	당해 금융투자업자
③ ①, ② 이외의 주권 등을 양도하는 경우	당해 양도자
④ 국내사업장이 없는 비거주자(외국법인 포함)가 금융투자업자를 통하지 않고 주권 등을 양도하는 경우	당해 주권의 양수자

3. 증권거래세를 부과하지 않는 경우(비과세양도)

① 국가 또는 지방자치단체가 주권 등을 양도하는 경우

② 자본시장법 119조에 따라 주권을 매출하는 경우

③ 위 ①, ②외에 대통령령으로 정하는 주권을 양도하는 경우

④ 주권을 목적물로 하는 소비대차의 경우

4. 과세표준

(1) 원칙

증권거래세의 과세표준은 주권의 양도가액을 과세표준으로 한다. 그러나 양도가액이 불분명한 경우에는 아래의 보충적 방법으로 평가한 가액을 과세표준으로 한다.

(2) 양도가액이 불분명한 경우

① 특수관계자에게 시가액보다 낮은 가액으로 양도된 것으로 인정되는 경우 그 시가액을 과세표준으로 한다.

② 비거주자 또는 외국법인이 국외특수관계자에게 정상가격보다 낮은 가액으로 양도한 것으로 인정되는 경우 '국제조세조정에 관한 법률상 정상가격'을 과세표준으로 한다.

③ 양도가액이 확인되지 않은 장외거래의 경우

㉠ 상장주권 : 거래소가 공표한 양도일의 매매거래 기준가격

㉡ 장외주권 : 장외거래에서 공표한 양도일의 매매거래 기준가격

㉢ 기타주권 : 소득세법 시행령 제165조에 의한 평가액

5. 세율

기본세율은 0.5%이다. 다만, 자본시장의 육성을 위하여 한국거래소 또는 장외중개회사에서 거래되는 주권에 한하여 그 세율을 조정할 수 있으며 현행세율은 다음과 같다.

(1) 유가증권 시장에서 양도되는 주권 : 0.15%

(2) 코스닥시장 또는 코넥스 시장에서 양도되는 주권 : 0.3%

(3) 장외에서 양도되는 주권, 기타 주권 : 0.5%

6. 신고 및 납부기한

(1) 한국예탁결제원, 금융투자업자 : 매월분을 다음달 10일까지

(2) 그 외 양도자 : 양도일이 속하는 반기의 말일로부터 2개월 이내

실전예상문제

1. 다음 조세 중 과세주체가 지방자치단체인 것은?
   ① 소득세 ② 법인세 ③ 부가가치세 ④ 취득세

[해설] ④ 취득세, 등록면허세는 지방세이다.

2. 다음 중 간접세가 아닌 것은?
   ① 개별소비세 ② 부가가치세 ③ 상속세 ④ 증권거래세

[해설] ③ 상속세, 증여세는 직접세이다.

3. 다음 중 "소득에 맞게 세금을 차등 부과한다."는 원칙에 입각할 때 가장 바람직한 조세부과 방식은?
   ① 직접세 - 누진세 ② 직접세 - 비례세
   ③ 간접세 - 누진세 ④ 간접세 - 비례세

[해설] ① 소득별 차등부담의 원칙이 지켜지기 위해서는 직접세, 누진세 비중이 커져야 한다.

4. 조세에 대한 내용으로 틀린 것은?
   ① 소득세의 과세주체는 지방자치단체이다.
   ② 국세징수권의 소멸시효는 5년이다.
   ③ 납세의무자가 사망했을 때 납세의무는 상속인에게 승계된다.
   ④ 피담보채권은 국세에 우선한다.

[해설] ① 소득세의 과세주체는 국가이다.

5. 다음 중 각 세목별 납세의무 성립시기가 잘못된 것은?
   ① 법인세 - 과세기간이 종료되는 때 ② 증여세 - 증여계약을 체결한 때
   ③ 상속세 - 상속을 개시하는 때 ④ 종합부동산세 - 과세기준일

[해설] ② 증여세의 납세의무 성립시기 : 증여에 의해 재산을 취득하는 때

6. 다음 중 거주자와 비거주자에 대한 설명으로 옳지 않은 것은?

① 국내에 주소를 두거나 1과세기간 동안 국내에 183일 이상 거소를 둔 개인은 거주자로 본다.

② 거주자의 종합소득에 대해서는 원칙적으로 종합과세하는 반면, 비거주자에 대해서는 분리과세한다.

③ 거주자와 비거주자의 구분은 영주권과 국적과는 관계가 없다.

④ 비거주자에 대한 납세지는 국내원천소득이 발생하는 장소로 한다.

[해설] ④ 비거주자에 대한 납세지는 국내사업장의 소재지로 한다. 다만, 국내사업장이 없는 경우 국내원천소득이 발생하는 장소로 한다.

7. 다음 중 우리나라 소득세법에 대한 설명으로 잘못된 것은?

① 소득세는 1년을 과세단위로 한다.

② 2천만원 이하의 금융소득, 일용근로자의 근로소득에 대해서는 분리과세한다.

③ 종합소득, 퇴직소득, 양도소득의 3가지로 구분하여 과세하고 있다.

④ 우리나라 소득세법은 순자산증가설에 기반을 두고 있으며, 일부 소득에 대해서는 유형별 포괄과세주의를 도입하였다.

[해설] ④ 우리나라 소득세법은 소득원천설에 기반을 두고 있으며 순자산증가설은 법인세이다. .

8. 연금소득에 대한 설명으로 잘못된 것은?

① 소득세법에서는 연금의 납입단계와 운용단계에서 과세하지 않고 수령단계에서 과세하는 체계를 갖고 있다.

② 연금소득공제액이 1,200만원을 초과하는 경우 1,200만원을 한도로 공제한다.

③ 연금소득 중 공적연금은 기본세율을 적용하며, 종신연금은 4%를 적용한다.

④ 공적연금 중 유족연금, 장애연금, 상이연금 등의 연금소득은 비과세된다.

[해설] ③ 연금소득공제액이 900만원을 초과하는 경우 900만원을 한도로 공제한다.

9. 종합소득금액에 대한 설명으로 가장 거리가 먼 것은?

① 장애인인 기본공제대상자는 연령에 제한이 없으며 200만원의 추가공제를 받을 수 있다.

② 배우자의 연간소득금액이 100만원을 초과하는 경우 공제대상에서 제외되며, 연간소득금액에는 퇴직소득 및 양도소득도 포함된다.

③ 종합소득금액이 3천만원 이하인 거주자가 배우자 없는 여성으로서 부양가족이 있는

세대주인 경우 부녀자공제를 적용받을 수 있다.

④ 소득공제 합계액이 2,500만원을 초과하는 경우 그 초과액은 공제받을 수 없다.

[해설] ③ 해당 거주자가 배우자 없는 여성으로서 부양가족이 있는 세대주인 경우 부녀자공제와 한부모가족공제 중복적용이 가능하며, 이 경우 공제한도가 큰 한부모가족공제를 적용한다.

10. 다음 중 신용카드 등 사용금액 소득공제에 대한 설명으로 거리가 가장 먼 것은?

① 총 급여액의 25%를 초과하는 신용카드 등 사용액이 공제대상이다.

② 현금영수증, 대중교통, 전통시장 사용분의 공제율은 40%이다.

③ 도서, 공연사용분에 대해서도 총급여 7천만원 이하인 경우에 한해 30% 공제가능하다.

④ 근로자 본인과 기본공제대상자 중 배우자 및 생계를 같이 하는 직계존비속으로서 연간 종합소득금액이 100만원 이하인 자가 사용한 금액에 대해서 일정금액을 공제한다.

[해설] ④ 현금영수증의 공제율은 30%이다.

11. 종합소득공제에 대한 설명으로 가장 거리가 먼 것은?

① 종합소득공제사항 중 특별공제는 근로소득자가 아닌 경우에는 표준공제만 적용받을 수 있다.

② 사업소득자는 국민건강보험료 공제를 받을 수 없다.

③ 부녀자공제와 한부모가족공제가 모두 해당하는 경우 한부모가족공제를 적용한다.

④ 배우자의 직계존속 및 형제자매, 직계비속의 배우자도 기본공제대상에 포함된다.

[해설] ④ 부양가족 공제에 배우자의 직계존속이 포함되며, 거주자 및 배우자의 형제자매는 포함될 수 있으나 직계비속의 배우자(며느리, 사위 등) 및 형제자매의 배우자(형수, 제수 등)은 기본공제대상이 아니다.

12. 다음 중 퇴직소득에 대한 설명으로 옳지 않은 것은?

① 종업원이 임원이 된 경우에는 퇴직금을 받지 않아도 퇴직으로 본다.

② 합병으로 인한 조직변경이 되었으나 퇴직급여를 실제로 받지 않은 경우 퇴직으로 보지 않는다.

③ 퇴직금 중간정산 사유에 해당되어 퇴직급여를 미리 지급받은 경우 퇴직으로 본다.

④ 퇴직연금제도가 폐지되어 퇴직급여를 미리 지급받으면 퇴직으로 본다.

[해설] ① 종업원이 임원이 된 경우에도 퇴직금을 받지 않으면 퇴직으로 보지 않는다.

13. 종합소득세 절세방안에 대한 설명으로 옳지 않은 것은?

① 맞벌이 부부는 소득이 많은 쪽의 세율이 높으므로 소득이 많은 쪽에서 소득공제를 선택한다.

② 부모님과 주거 형편상 별거하고 있는 경우에도 부양가족공제 및 추가공제가 적용된다.

③ 퇴직금은 가능하면 연금으로 수령하여 세부담을 줄인다.

④ 근로소득자가 연말정산시기를 놓친 경우 확정신고기한으로부터 4년 이내에 경정청구를 하도록 한다.

[해설] ④ 경정청구기한은 3년이다.

14. 금융소득 종합과세에 대한 설명으로 가장 거리가 먼 것은?

① 비과세 · 분리과세 금융소득은 2천만 원을 따질 때에 포함된다.

② 부부합산 과세하지 않는다.

③ 중도 양도가 가능한 채권에 대해서는 보유기간별 이자소득을 계산하여 과세한다.

④ 원천징수당한 세액은 종합과세 신고시 공제하여 계산한다.

[해설] ① 비과세 · 분리과세 금융소득은 2천만 원을 따질 때에 포함되지 않는다.

15. 종합소득세의 신고 및 납부에 대한 설명으로 옳지 않은 것은?

① 중간예납세액이 2천만원을 초과하는 경우 납부할 세액의 50%를 분납할 수 있다.

② 거소의 국외이전을 위해 출국하는 경우 출국일까지 종합소득금액을 신고하여야 한다.

③ 종합소득이 있는 거주자는 당해 과세기간의 다음연도 5/1~5/31일까지 확정소득금액을 신고 및 납부하여야 한다.

④ 거주자가 사망한 경우 상속개시일이 속하는 달의 말일부터 6월 이내에 거주자의 과세표준을 신고하여야 한다.

[해설] ② 거주자가 출국하는 경우 출국일이 속하는 과세기간의 과세표준을 출국일 전날까지 신고하여야 한다.

16. 다음 중 이자소득에 해당하지 않는 것은?

① 직장공제회로부터 받는 반환금액에서 납입공제료를 차감한 금액

② 채권 또는 증권의 환매조건부 매매차익

③ 10년 이상의 장기 저축성보험의 보험차익

④ 외국법인이 발행한 채권 또는 증권의 이자와 할인액

[해설] ③ 보험차익 중 장기저축성보험차익은 정책적으로 과세제외하고 있기 때문에 이자소득에 해당하는 보험차익은 단기저축성보험의 보험차익이다.

17. 자본잉여금의 전입에 의한 의제배당사항 중 Gross-up대상에 해당하는 것은?

① 자기주식소각이익을 자본에 전입함으로써 주식을 발행하는 경우 중 소각당시 시가가 취득가액을 초과하는 경우
② 채무의 출자전환으로 주식을 발행하는 경우 당해 주식의 시가를 초과하여 발행한 금액(채무면제익)
③ 재평가적립금을 자본에 전입함으로써 주식을 발행하는 경우 중 1%의 재평가세를 부담한 것
④ 자본준비금의 자본전입이라도 법인의 자기주식 해당분 중 다른 주주가 받는 무상주

[해설] ② 이 해당된다.

18. 다음 중 금융소득의 원천징수세율이 잘못된 것은?

① 비실명금융소득 : 42%(90%)
② 직장공제회 초과 반환금 : 기본세율
③ 출자공동사업자의 배당소득 : 25%
④ 분리과세 신청한 장기채권의 이자와 할인액 : 14%

[해설] ④ 분리과세 신청한 장기채권의 이자와 할인액의 원천징수세율은 30%이다.

19. 배당소득의 Gross-up제도에 대한 설명으로 옳지 않은 것은?

① 외국법인으로부터 받은 배당소득은 Gross-up 대상이 아니다.
② 소득세와 법인세가 이중과세되는 부분을 완벽하게 조정해준다.
③ 현행 배당소득의 Gross-up비율은 11%이다.
④ 배당소득에 귀속법인세를 가산하고 귀속법인세액을 배당세액공제로 공제한다.

[해설] ② 현행 배당소득의 Gross-up제도는 완전한 이중과세 조정이 되지 못한다.

20. 비거주자에 대한 과세방법에 대한 설명으로 가장 거리가 먼 것은?

① 국내사업장이 없는 비거주자 및 부동산소득이 없는 비거주자는 각 소득별로 구분하여 원천징수로 납세의무가 종결된다.

② 국내사업장이 있거나 부동산소득이 있는 비거주자는 금융소득이 당해 국내사업장 또는 부동산에 실질적으로 관련되지 않거나 귀속되지 않는 경우에는 원천징수로 납세의무가 종결된다.

③ 국내사업장이 있거나 부동산 소득이 있는 비거주자는 금융소득이 당해 국내사업장 또는 부동산에 실질적으로 관련되거나 귀속되는 경우 다른 소득과 금융소득을 합산하여 종합과세한다.

④ 당해 국내사업장 또는 부동산에 실질적으로 관련되거나 귀속되는 경우 합산되는 금융소득은 2천만원을 초과하는 금액에 한하여 적용한다.

[해설] ④ 비거주자의 종합과세대상 금융소득은 2천만원을 초과하지 않더라도 종합과세한다.

21. 금융소득 종합과세 절세전략에 대한 설명으로 가장 거리가 먼 것은?

① 주식시장에서 직접 주식 등을 매매하기 어려운 경우 주식형 펀드상품을 활용한다.

② 주거래 금융회사를 선정하여 거래하는 것이 좋다.

③ 중도해지 이자소득 감액분에 대한 처리는 중도해지일이 속하는 과세기간의 종합소득금액에서 감액하거나 당초 신고한 과세기간의 소득을 감액하는 방법 중 세부담이 적은 방법을 선택할 수 있다.

④ 만기기간 10년, 보유기간 3년인 장기채권에 대해서는 30%의 분리과세를 선택하는 것이 유리하다.

[해설] ④ 적용되는 종합소득세율이 30%를 넘는 경우에는 분리과세 신청이 유리하다 볼 수 있으나 종합소득세율이 30%미만에 해당하는 경우에는 오히려 불리할 수 있다.

22. 다음 중 취득세 과세대상이 아닌 것은?

① 어업권 ② 골프회원권 ③ 입목 ④ 영업권

[해설] ④ 영업권은 취득세 과세대상이 아니다.

23. 사실상의 취득가액을 취득세의 과세표준으로 하는 경우가 아닌 것은?

① 외국으로부터의 수입에 의한 취득 ② 공매방법에 의한 유상취득

③ 국가로부터의 취득 ④ 상속에 의한 취득

[해설] 사실상의 취득가액을 취득세 과세표준으로 하는 경우로 법인장부에 의해 실제 취득가액이 입증되는 취득도 포함되며 상속에 의한 취득은 포함되지 않는다.

24. 다음 중 취득세 비과세 대상이 아닌 것은?
① 이혼에 따른 재산분할로 인한 취득
② 위탁자와 신탁자간 신탁재산 이전
③ 토지수용 등 1년 내 대체 부동산 취득
④ 국가나 지방자치단체 등의 취득

[해설] ① 이혼에 따른 재산분할로 인한 취득은 중과기준세율(종전의 취득세율)을 뺀 세율을 적용하여 취득세를 과세한다.

25. 1월 20일에 차량을 취득한 경우 취득세 신고기한은?
① 1월 31일
② 2월 21일
③ 3월 21일
④ 3월 31일

[해설] ③ 취득세 신고기한은 취득일로부터 60일 이내이다.

26. 다음 중 재산세 과세대상이 아닌 것은?
① 주택
② 항공기
③ 토지
④ 기계장비

[해설] ④ 재산세 과세대상은 주택, 토지, 건축물, 선박, 항공기이다.

27. 다음 중 재산세에 대한 설명으로 옳지 않은 것은?
① 공시가격 3억원 이하인 주택은 직전연도 재산세액의 105%를 세부담의 상한으로 한다.
② 부부가 주택을 공동으로 소유할 경우의 재산세는 단독으로 소유했을 경우보다 절감된다.
③ 건물의 재산세 산출세액은 7월에 100% 납부한다.
④ 주택의 재산세 산출세액은 7월과 9월에 2차에 걸쳐 납부한다.

[해설] ② 주택을 단독보유시 산출세액의 100%를 단독으로 납부하게 되는 재산세를 부부공동소유함으로써 산출세액이 줄어드는 것이 아니라 100%에 해당하는 세액을 부부가 공동으로 납부하게 되기 때문에 공동소유한다고 해서 재산세 부담이 절감되는 것이 아니다.

28. 다음 중 가장 높은 재산세율이 적용되는 것은?
① 공장용지
② 농지
③ 목장용지
④ 골프장용 토지

[해설] ④ 골프장용 토지는 고율분리 과세대상으로 4%의 가장 높은 세율이 적용된다. .

29. 다음 중 종합부동산세에 대한 설명으로 옳은 것은?
① 기숙사와 사원용 주택은 종합부동산세 과세대상이 아니다.

② 재산세 과세대상 중 주택에 대해서만 과세한다.
③ 단독명의로 1세대 1주택을 소유한 자의 주택분 종합부동산세의 사실상 기준금액은 6억원이다.
④ 종합부동산세는 과세대상별로 세대 합산과세한다.

[해설] ② 종합부동산세 과세대상은 주택과 토지가 해당, ③ 단독명의로 1세대 1주택을 소유한 자의 사실상 기준금액은 9억원임, ④ 종합부동산세는 과세대상(주택, 토지)별로 개인별 과세한다.

30. 주택분 종합부동산세 납세의무자의 세부담 상한선은?
① 105% ② 110% ③ 130% ④ 150%

[해설] ④ 주택분 종합부동산세 납세의무자의 세부담 상한선은 150%이다. 단, 3주택 이상을 보유한 경우에는 300%, 그 외(조정대상 지역내 2주택 보유자)의 경우에는 200%를 세부담 상한선으로 한다.

31. 다음 중 부부가 공동으로 취득할 경우 절세효과를 얻을 수 세금을 모두 고른 것은?

가. 양도세	나. 취득세	다. 종합부동산세	라. 상속세	마. 재산세

① 가, 나 ② 나, 마 ③ 가, 다, 라 ④ 나, 다, 마

[해설] ③ 취득세와 재산세는 공동 취득에 관계없이 세액이 동일하다.

32. 다음 중 양도시기 또는 취득시기가 잘못 연결된 것은?
① 원칙적인 양도시기 - 대금청산일
② 대금청산일이 불분명한 경우 - 실제 잔금청산일
③ 자기건설 건축물의 취득시기 - 사용검사필증 교부일
④ 장기할부조건 매매 시 양도시기 - 등기접수일 · 인도일 또는 사용수익일 중 빠른 날

[해설] ② 대금청산일이 불분명한 경우 - 등기 · 등록접수일 또는 명의개서일

33. 양도일이 2월 10일인 토지의 양도소득세 예정신고기한은?
① 2월 28일 ② 4월 30일 ③ 6월 31일 ④ 12월 31일

[해설] ② 양도소득세 예정신고기한은 양도일(2월10일)이 속하는 달의 말일(2월28일)로부터 2개월(4월 30일) 이내

34. 다음 중 1세대 1주택의 양도소득세 비과세요건에 해당되지 않은 것은?

① 양도하는 주택이 고급주택에 해당되지 않을 것

② 주택의 취득일로부터 3년 이상 보유할 것

③ 양도하는 주택에 적어도 1년 이상 거주했을 것

④ 양도일 현재 1세대가 국내에 1주택만을 보유할 것

[해설] ③ 양도하는 주택을 2년 이상 보유하여야 하며, 2017.8.3.일이후 조정대상지역 내의 주택을 취득하는 경우 2년 이상 거주도 하여야 한다.

35. 소득세법상 양도에 대한 설명으로 옳지 않은 것은?

① 자산은 반드시 유상으로 이전되어야 한다.

② 등기·등록과 같은 형식적인 절차를 이행해야 한다.

③ 무상으로 자산이 이전되는 증여는 양도로 볼 수 없다.

④ 소득세법상 양도소득으로 열거하고 있는 자산의 양도에 대해서만 양도소득세가 과세된다.

[해설] ② 등기·등록과 같은 형식적인 절차에 관계없이 거래의 실질적 내용에 따른 사실상의 양도가 이루어져야 한다.

36. 부동산 양도소득세 절세전략으로 맞지 않는 것은?

① 부동산은 장기보유 할수록 공제해택이 커져 유리하다.

② 1세대 2주택 이상인 경우 양도소득세가 적게 나오는 주택부터 양도하는 것이 유리하다.

③ 2주택 중 낡은 주택이 있다면 낡은 주택을 멸실한 상태에서 다른 주택을 양도하는 것이 유리하다.

④ 부동산을 한 연도에 몰아서 중복양도하면 공제를 많이 받을 수 있어 더 유리하다.

[해설] ④ 1과세기간(1.1~12.31)동안의 양도차익은 합산하여 과세하므로 부동산을 한 연도에 몰아서 중복양도하면 양도차익에 커져 오히려 더 많은 양도소득세를 내야한다.

37. 양도소득세율에 대한 설명으로 옳지 않은 것은?

① 미등기 양도자산에 대해서는 70%의 최고 양도소득세율이 적용된다.

② 1년미만 보유한 주택을 양도할 경우 40%의 세율이 적용된다.

③ 중소기업 법인 주식을 보유한 소액주주의 경우 20%의 세율이 적용된다.

④ 1년 미만 보유한 대기업 주식을 대주주가 양도하는 경우 30%의 세율이 적용된다.

[해설] ③ 중소기업 법인 주식을 보유한 대주주가 아닌 자의 경우 10%의 세율이 적용된다.

38. 다음 중 1980년 4월 1일에 취득한 토지와 주식의 의제취득일이 올바르게 연결된 것은?

① 토지 - 1980년 1월 1일, 주식 - 1980년 1월 1일
② 토지 - 1982년 1월 1일, 주식 - 1980년 1월 1일
③ 토지 - 1985년 1월 1일, 주식 - 1985년 1월 1일
④ 토지 - 1985년 1월 1일, 주식 - 1986년 1월 1일

[해설] ④ 1984년 12월 31일 이전에 취득한 부동산은 1985년 1월 1일에 취득한 것으로 보며, 1985년 12월 31일 이전에 취득한 주식은 1986년 1월 1일자에 취득한 것으로 본다.

39. 다음 중 미등기 양도자산에 대한 불이익에 해당하지 않는 것은?

① 장기보유특별공제 배제
② 각종 비과세나 감면제도의 적용 배제
③ 최고 양도소득세율(70%) 적용
④ 필요경비공제액 적용 배제

[해설] ④ 미등기 양도자산의 경우에도 필요경비가 공제된다.

40. 다음 중 배우자 등 이월과세에 대한 설명으로 옳지 않은 것은?

① 10년 이내에 배우자 또는 직계존비속으로부터 증여받은 자산을 다시 양도할 때 적용되는 규정이다.
② 당해 배우자 등의 최초 취득 당시의 가액을 취득가액으로 본다.
③ 토지 · 건물 및 특정시설물 이용권 · 회원권의 양도차익 계산시 적용하는 규정이다.
④ 거주자가 증여받은 재산에 대해 납부했거나 납부할 증여세액이 있는 경우 이를 기타 필요경비에 산입한다.

[해설] ① 배우자 등 이월과세는 5년 이내에 배우자 또는 직계존비속으로부터 증여받은 자산을 다시 양도할 때 적용되는 규정이다.

41. 상속세의 계산에 대한 설명으로 옳지 않은 것은?

① 미성년자인 손자녀에게 20억원을 초과하여 상속하는 경우 산출세액의 40%를 할증하여 과세한다.
② 상속개시 전 10년 이내에 상속인에게 증여한 재산은 상속세 과세가액에 가산하며 증여세액을 상속세 산출세액에서 공제한다.

③ 상속개시 후 1년 이내에 재상속이 이루어질 경우 단기재상속세액공제율은 100%이다.
④ 상속세 신고기한 이내에 상속세를 신고하고 납부해야만 산출세액의 5%를 공제한다.

[해설] 상속세 신고기한 이내에 과세표준신고를 하는 경우에는 산출세액의 3%를 공제해준다.

42. 상속세에 대한 설명으로 옳지 않은 것은?
① 상속세는 세대 간 부의 무상이전에 대한 과세이다.
② 증여세는 상속세의 보완기능을 한다.
③ 상속세와 증여세의 세율 및 분납, 연부연납, 물납규정은 같다.
④ 현행 상속세는 취득과세방식을 취하며 따라서 납세의무자는 재산을 상속받는 상속인들이다.

[해설] ④ 상속세는 유산과세방식을 취한다. 단, 납세의무자규정은 상속인을 납세로 규정함으로써 취득과세방식을 취한다고 볼 수 있다.

43. 다음 중 상속재산에 합산되는 재산이 아닌 것은?
① 상속개시일로부터 소급하여 10년 내에 상속인에게 증여한 재산
② 상속개시일로부터 일정 기간 내에 처분한 일정 금액 이상의 재산으로서 상속인들이 그 사용용도를 밝히지 못하는 금액
③ 피상속인이 타인으로부터 신탁의 이익을 받을 권리를 소유하고 있는 재산
④ 상속인이 보험료를 부담한 보험금 청구권

[해설] ④ 상속인이 부담한 보험료를 기초로 지급받는 보험금은 상속재산에서 제외된다.

44. 다음 중 상속공제에 대한 설명으로 옳은 것은?
① 배우자가 65세 이상이면 5천만원의 연로자공제를 받을 수 있다.
② 자녀공제는 친생자에 한하여 받을 수 있으며 자녀의 수에는 제한이 없다.
③ 은행예금 2천만원, 주식 5억원(최대주주)의 금융재산에 대한 금융재산 상속공제액은 2억원이다.
④ 피상속인이 부양하고 있는 장애인인 미성년자녀에 대해서는 미성년자공제와 장애인공제를 중복 적용할 수 있다.

[해설] ① 연로자공제는 배우자를 제외한 상속인 및 동거가족 중 65세 이상인 경우에 해당하며, ② 자녀공제는 친생자 뿐만 아니라 법률상 자녀도 포함된다. ③ 최대주주 주식은 공제대상에서 제외되므로 금융재산 상속공제액은 2천만원이 된다.

45. 다음 중 상속재산에서 공제되는 항목이 아닌 것은?
① 상속개시일 현재 피상속인이 납부할 의무가 있는 노동조합비
② 상속개시일로부터 장례일까지 장례에 직접 소요된 비용
③ 상속개시일 현재 피상속인이 체납 중인 소득세
④ 상속개시 전에 고지된 주차위반 과태료

[해설] ④ 벌금 및 과태료, 가산금 등은 공제되는 항목이 아니다.

46. 다음 상속재산의 공제액에 대한 내용 중 잘못된 것은?
① 상속세를 신고하지 않는 경우 일괄공제가 적용되지 않는다.
② 피상속인이 비거주자인 경우 상속재산공제가 인정되지 않는다.
③ 자녀공제와 미성년자공제는 중복해서 공제할 수 있다.
④ 순금융재산이 10억 원일 때 금융재산 상속공제를 최대화할 수 있다.

[해설] ① 상속세를 신고하지 않은 경우에도 일괄공제는 인정된다. 피상속인이 비거주자인 경우 기초공제는 인정된다.

47. 다음 중 증여세가 과세되는 행위는?
① 각 상속인의 상속분이 확정되고 등기된 후 공동상속인 간 상속부동산을 재분할하여 소유권을 넘겨주는 행위
② 증여받은 부동산을 당초 증여일로부터 3개월 이내에 반환하는 행위
③ 손해배상의 대가로 위자료를 받는 행위
④ 증여재산이 취득원인무효 판결에 의하여 소유권이 말소되는 행위

[해설] ① 상속재산의 재분할 후 소유권이전은 증여세가 부과된다.

48. 다음 중 증여세 절세전략으로 가장 거리가 먼 것은?
① 부담부증여를 적극 활용하라.
② 부동산을 증여하는 데도 길일이 있다.
③ 부동산 실물보다 현금으로 증여하는 것이 유리하다.
④ 경제적 능력이 없는 자녀에게는 세금납부용 현금을 별도로 증여하라.

[해설] ③ 시가가 없는 부동산 증여가액은 시가가 아닌 기준시가에 의해 평가하므로 부동산으로 증여하는 것이 시가상당 현금을 증여하는 것보다 유리하다.

49. 금융재산 상속공제 내용으로 옳지 않은 것은?

① 금융재산 상속공제 시 최대주주 보유 주식은 제외한다.

② 금융재산이란 금융자산에서 금융부채를 차감한 순금융자산이다.

③ 금융재산 상속공제는 순금융자산가액 × 20%이므로 순금융재산이 20억 원인 경우 공제액은 4억 원이다.

④ 금융재산 상속공제는 상속재산 간의 형평을 위해 도입한 것이다.

[해설] ③ 금융재산 상속공제액은 2억 원을 한도로 한다.

50. 상속재산의 평가로서 옳지 않은 것은?

① 상속재산은 상속개시일 현재 시가에 의해 평가를 한다.

② 상속개시일 전·후 6개월 내 공매 등의 가액이 있다면 이를 간주시가로서 적용한다.

③ 토지의 보충적 평가방법은 개별공시지가에 의한다.

④ 상장주식은 평가기준일 전 2개월간의 최종시세가액의 평균액을 보충적 평가방법에 의한 평가액으로 적용한다.

[해설] ④ 평가기준일 전후 2개월이므로 4개월간의 평균액이다.

참고문헌

강병호 저, 금융기관론, 박영사, 2010.
강병호・김대식・박경서, 금융기관론(제17개정판), 박영사, 2011.
강병호・김석동 공저, 금융시장론, 박영사, 2010.
강신기・김기승・송영호 공저, 자산관리 기본지식 재정전 5판, 한국금융연수원, 2019.
강인철・김동옥 공저, 증권투자론, 대명, 2008.
강철준・이도윤 공저, 자산운용Ⅰ- 주식・채권・파생금융상품, 한국금융연수원, 2011.
권혁제・이관두 공저, 새경제학원론, 청목출판사, 1997.
금융투자교육원 편저, 증권투자권유대행인 Ⅰ, 금융투자협회, 2018.
금융투자교육원 편저, 증권투자권유대행인 Ⅱ, 금융투자협회, 2018.
김경식・김철교 공저, 금융자산관리, 형설출판사, 2007.
김석진・김주현・우영호・이원흠・장범식 공저, 한국자본시장론, 삼영사, 2011.
김석진 저, 선물・옵션의 기초와 거래전략, 삼영사, 2004.
김성우 저, 선물거래와 옵션거래, 삼영사, 2005.
김영진 저, 금융기관경영, 경문사, 2005.
김원기 저, 투자론, 삼영사, 2000.
김종선・김종오 공저, 금융시장론, 학현사, 2007.
김철교 저, 금융파생상품, 일문사, 2010.
김철교 저, 증권시장의 이해, 형설출판사, 2009.
김철교 저, 증권선물시장, 형설출판사, 2007.
김효상・김민규・이창구 공저, 자산운용Ⅰ- 금융상품, 한국금융연수원, 2011.
남시환・이규원 공저, 세무설계 재전정 4판, 한국금융연수원, 2019.
송영욱・민영기・오기열・김윤석 공저, 증권투자상담사[길라잡이], 형설, 2012.
오정근・여윤경 공저, FP기본지식, 한국금융연수원, 2011.
윈에듀플러스, 완전정복 은행FP 자산관리사(최신개정판), 윈에듀플러스, 2011.
유성희 저, 선물・옵션, 형설출판사, 2001.
윤봉한・황선웅 공저, 금융기관론, 문영사, 2005.
윤봉한・황선웅 공저, 금융기관의 이해(제2판), 문영사, 2011.
윤평구・황인태 공저, 알기쉬운 재무관리, 청목출판사, 2005.
이래영 저, 부동산투자론, 삼영사, 2009.
장경천・김현석 공저, 증권투자론, 삼영사, 2009.
장경천・정현용 공저, 파생상품의 이해, 2009.
장덕조 저, 회사법, 법문사, 2015.
장영광 저, 증권투자론, 신영사, 2009.
장영광 저, 현대투자론, 신영사, 2008.

정종락 저, 투자론, 세경사, 2003.
차현진 저, 우리나라 자산유동화증권(ABS)시장의 현황과 발전방향, 한국은행, 2004.
최기원 저, 기업법개설(제17판), 박영사, 2017.
최용식 저, 금융시장과 기업재무전략(제2판), 신영사, 2006.
최정일·황인태 공저, 증권시장의 이해, 청목출판사, 2005.
허 화·박종해 공저, 증권시장론(제3판), 삼영사, 2009.
황선웅 저, 증권투자론, 문영사, 2006.
황선웅 저, 재무관리(제3판), 문영사, 2011.
황인태 저, 금융자산관리사 핵심요약 및 적중예상문제, 전경련미디어아카데미, 2000.
황인태 저, 금융자산관리, 청목출판사, 2006.
황인태 저, 금융자산관리론, 형지사, 2011.
황인태 저, 증권관계법규, 형지사, 2013.

찾아보기

[저자 약력]

• 황 인 태

숭전대학교 경영학과 졸업
한남대학교 대학원 경영학과 졸업(경영학석사)
한남대학교 대학원 경영학과 졸업(경영학박사)
침례신학대학교 신학대학원 신학석사(M. Div.) 졸업
나사렛대학교 신학대학원 신학석사(Th. M.) 졸업
나사렛대학교 대학원 신학과 신학박사(Ph. D.) 졸업
대한경영학회, 한국전문경영인학회, 한국로고스경영학회 상임이사 및 감사 역임
협성대학교 학생복지처장, 총장비서실장, 입학홍보처장, 경영대학장, 대학평의원회의장 역임
현 협성대학교 글로벌경영대학 교수

〈주요 논문 및 저서〉
· 우리나라 증권시장에 있어서 체계적 위험의 안정성에 관한 연구
· 기업합병 및 인수가 기업가치에 미치는 영향에 관한 실증적 연구
· 성경적 목회 리더십에 관한 연구
· 담임목사의 리더십유형이 차세대 목회리더들이 태도에 미치는 영향에 관한 연구 외 다수
· 『금융자산관리사(FP) 자산설계운용전문인력시험 종합문제집』(청목출판사, 2001)
· 『제2판 알기쉬운 재무관리』(청목출판사, 공저, 2005)
· 『증권시장의 이해』(청목출판사, 공저, 2005)
· 『경영학개론』(형지사, 2008)
· 『금융자산관리론』(형지사, 2011)
· 『증권관계법규』(형지사, 2013)
· 『금융정보처리를 위한 엑셀기초와 활용』(형지사, 공저, 2015)

• 오 근 혜

한남대학교 경영학과 졸업
한남대학교 대학원 경영학과 졸업(경영학석사)
한남대학교 대학원 경영학과 졸업(경영학박사)
국민은행 근무
협성대학교, 한남대학교, 우송대학교, 거제대학교 강사
현 협성대학교, 한남대학교 겸임교수
현 BSR KOREA 전문위원

〈주요 논문 및 저서〉
· 우리나라 기업의 윤리경영이 기업가치 및 재무적 성과에 미치는 영향
· 지속가능경영활동이 재무적 성과 및 기업가치에 미치는 영향에 관한 연구
· 지속가능경영활동과 이익지속성간의 관계에 관한 연구
· 선교적 기업의 재무적 성과에 관한 연구

• 조 인 영

협성대학교 금융보험학과 졸업
경희대학교 대학원 경영학과 졸업(경영학석사)
경희대학교 대학원 경영학과 졸업(경영학박사)
KDB생명보험 재무관리부 근무
에프피에듀 금융전문교육원 전문위원
협성대학교, 남서울대학교, 용인대학교, 장안대학교, 숭실대학교 강사
현 대전보건대학교 의료경영과 겸임교수
현 리더스앤컴퍼니 책임컨설턴트

〈주요 논문 및 저서〉
· 주택저당채권(MBS)의 조기상환 및 연체위험에 관한 연구
· 피라미드형 기업집단의 지분구조 결정요인
· 한국산업의 고객만족도(KCSI)와 재무성과와의 연관관계에 관한 연구 외 다수
· 『금융정보처리를 위한 엑셀기초와 활용』(형지사, 공저, 2015)

금융관계법규

2021년 8월 20일 중판인쇄
2021년 8월 25일 중판발행

저 자 황인태 · 오근혜 · 조인영

발행인 유 성 열
발행처 청목출판사
서울특별시 영등포구 신길로 40길 20
전화 (02) 833-6091
FAX (02) 849-0817
등록 제318-2005-000030호

파본은 바꾸어 드립니다. 값 18,000원

http : //www.chongmok.co.kr

ISBN 979-11-5908-040-1

이 연구는 2019년도 협성대학교 교내연구비 지원에 의한 연구임(제2019-0065호).
This work was supported by the Hyupsung University Research Grant of 2019.